桥梁工程施工技术与组织管理

韦浩成 ◎著

吉林科学技术出版社

图书在版编目（CIP）数据

桥梁工程施工技术与组织管理 / 韦浩成著. -- 长春：
吉林科学技术出版社，2023.7
ISBN 978-7-5744-0755-8

Ⅰ．①桥… Ⅱ．①韦… Ⅲ．①桥梁施工－工程施工②
桥梁施工－施工管理 Ⅳ．①U445.4

中国国家版本馆 CIP 数据核字(2023)第 155310 号

桥梁工程施工技术与组织管理

著　　　　韦浩成
出 版 人　宛　霞
责任编辑　李永百
封面设计　金熙腾达
制　　版　金熙腾达
幅面尺寸　185mm×260mm
开　　本　16
字　　数　345 千字
印　　张　15.25
印　　数　1–1500 册
版　　次　2023年7月第1版
印　　次　2024年2月第1次印刷

出　　版　吉林科学技术出版社
发　　行　吉林科学技术出版社
地　　址　长春市福祉大路5788号
邮　　编　130118
发行部电话/传真　0431-81629529 81629530 81629531
　　　　　　　　　81629532 81629533 81629534
储运部电话　0431-86059116
编辑部电话　0431-81629518
印　　刷　三河市嵩川印刷有限公司

书　　号　ISBN 978-7-5744-0755-8
定　　价　90.00元

编委会

著

韦浩成（吴江市明港道桥工程有限公司）

副主编

徐　锋（江苏四通路桥工程有限公司）
李　静（江苏四通路桥工程有限公司）

编　委

孙展宏（吴江市明港道桥工程有限公司）
周济平（吴江市明港道桥工程有限公司）
吕想想（江苏四通路桥工程有限公司）

前　言

随着近些年我国经济水平的飞速发展，人们日常生活质量和水平都得到明显的提升，人们对于日常出行以及交通运输等方面都有了更高层次的要求，加之物流行业的飞速发展，都推动了国内道路桥梁的建设与完善。它不但标志着现代化技术的发展水平，还是推动社会发展的重要工具。现阶段，我国对于道路桥梁工程的建设规模和建设数量都在不断的提升中，加之道路桥梁的质量关系着交通运输和人们出行的安全，因此有针对性地提升道路安全质量就变得非常重要了；而施工材料和施工技术在一定程度上决定了道路桥梁的整体质量，因此对材料质量进行检测、对施工技术进行优化就变得至关重要。只有保证材料质量的优良性和施工技术的先进性，才能有效保证道路桥梁工程的质量，进而保证人们出行顺畅以及交通运输的安全性。

加强公路桥梁工程施工管理对于公路桥梁工程具有重大意义，是降低材料消耗、提高公路桥梁工程质量的重要途径，并且是保证公路桥梁工程施工安全以及提高施工企业经济效益的重要举措。公路桥梁施工过程中施工企业要以质量、安全、施工期限、成本控制为施工验收的考核标准。公路桥梁工程施工管理过程中，最重要的是考虑施工安全方面的管理。为了加强工程施工的安全管理力度，必须改进作业人员的配备条件，将安全隐患消除在发生之前。

本书是关于桥梁工程施工技术和施工组织研究的著作，以实际工程项目为载体，明确知识定位，论述了桥梁施工的技术和实践。内容上本书首先对桥梁工程施工的基础理论做了简单介绍，就桥梁工程的上部结构施工技术和下部结构施工技术重点做了阐述，然后基于此对桥梁工程的施工准备和施工组织的管理工作做了系统介绍，最后结合具体实例，对桥梁工程的施工实践做了具体分析。本书始终以理论与实践紧密结合为指导思想，在桥梁工程施工理论方法的阐述中适当引用工程实例来实证理论与方法的可行性、有效性和实用性。希望读者朋友可以为桥梁工程的施工实践提供指导性意见。

目　录

第一章 桥梁工程施工的基础理论

第一节 桥梁的构造

一、桥梁的组成与类型

（一）桥梁组成

桥梁由上部结构、下部结构、支座系统和附属设施四个基本部分组成。

上部结构通常又称为桥跨结构，是在线路中断时跨越障碍的主要承重结构；下部结构包括桥墩、桥台和基础；桥梁附属设施包括桥面系、伸缩缝、桥头搭板和锥形护坡等，桥面系包括桥面铺装（或称行车道铺装）、排水防水系统、栏杆（或防撞栏杆）、灯光照明等。

（二）相关尺寸术语

1.梁式桥净跨径是设计洪水位上相邻两个桥墩（或桥台）之间的净距，用l_0表示。对于拱式桥是每孔拱跨两个拱脚截面最低点之间的水平距离。

2.总跨径是多孔桥梁中各孔净跨径的总和，也称桥梁孔径（Σl_0），它反映了桥下水的能力。

3.计算跨径对于具有支座的桥梁，是指桥跨结构相邻两个支座中心之间的距离，用l表示。拱圈（或拱肋）各截面形心点的连线称为拱轴线，计算跨径为拱轴线两端点之间的水平距离。

4.桥梁全长简称桥长，是桥梁两端两个桥台的侧墙或八字墙后端点之间的距离，以L表示。对于无桥台的桥梁为桥面系行车道的全长。

5.桥梁高度简称桥高，是指桥面与低水位之间的高差，或为桥面与桥下线路路面之间的距离。桥高在某种程度上反映了桥梁施工的难易性。

6.桥下净空高度是设计洪水位或计算通航水位至桥跨结构最下缘之间的距离，以H表示，它应保证能安全排洪，并不得小于对该河流通航所规定的净空高度。

7.建筑高度是桥上行车路面（或轨顶）标高至桥跨结构最下缘之间的距离，它不仅与桥梁结构的体系和跨径的大小有关，而且还随行车部分在桥上布置的高度位置而异。公路（或铁路）定线中所确定的桥面（或轨顶）标高，对通航净空顶部标高之差，又称为容许建筑高度。桥梁的建筑高度不得大于其容许建筑高度，否则就不能保证桥下的通航要求。

8.净矢高是从拱顶截面下缘至相邻两拱脚截面下线最低点之连线的垂直距离，以f_0表示；计算矢高是从拱顶截面形心至相邻两拱脚截面形心之连线的垂直距离，以f表示。

9.矢跨比是拱桥中拱圈（或拱肋）的计算矢高f与计算跨径l之比（$\frac{f}{l}$），也称拱矢度，它是反映拱桥受力特性的一个重要指标。

10.涵洞是用来宣泄路堤下水流的构造物。通常在建造涵洞处路堤不中断。为了区别于桥梁，单孔跨径不到5 m的结构物，均称为涵洞。

（三）桥梁的分类

1.按桥梁的结构分类

按结构体系划分，有梁式体系、拱式体系、刚架桥、悬索桥四种基本体系。其他还有几种由基本体系组合而成的组合体系等。

（1）梁式体系

梁式体系是古老的结构体系。梁作为承重结构是以它的抗弯能力来承受荷载的。梁分简支梁、悬臂梁、固端梁和连续梁等。悬臂梁、固端梁和连续梁都是利用支座上的卸载弯矩去减少跨中弯矩，使梁跨内的内力分配更合理，以同等抗弯能力的构件断面就可建成更大跨径的桥梁。

（2）拱式体系

拱式体系的主要承重结构是拱肋（或拱箱），以承压为主，可采用抗压能力强的圬工材料（石、混凝土与钢筋混凝土）来修建。拱分单铰拱、双铰拱、三铰拱和无铰拱。拱是有推力的结构，对地基要求较高，一般常建于地基良好的地区。混凝土拱桥因铰的构造复杂，不易制作，故一般采用无铰拱体系。无铰拱结构的外部增加了超静定次数，将引起更大的附加内力，为了获得结构合理的受力状态，在拱桥设计中，必须寻求合理的拱轴线形式。

（3）刚架桥

刚架桥是介于梁与拱之间的一种结体系，它是由受弯的上部梁（或板）结构与承压的下部柱（或墩）整体结合在一起的结构。由于梁与柱的刚性连接，梁因柱的抗弯刚度而得到卸载作用，整个体系是压弯结构，也是有推力的结构。刚架分直腿刚架与斜腿刚架。刚架桥的桥下净空比拱桥大，在同样净空要求下可修建较小的跨径。刚架桥施工较复杂，一般用于跨径不大的城市桥或公路高架桥和立交桥。

（4）悬索桥

悬索桥是指以悬索为主要承重结构的桥。其主要构造是缆、塔、锚、吊索及桥面，一般还有加劲梁。其受力特征是：荷载由吊索传至缆，再传至锚墩，传力途径简捷、明确。悬索桥的特点是：构造简单，受力明确；跨径越大，材料耗费越少，桥的造价越低。悬索桥是大跨桥梁的主要形式，因其主要杆件受拉力，材料利用效率最高，更由于近代悬索桥的主缆采用高强钢丝，悬索桥的自重较轻，在刚度满足使用要求的情况下，能充分显示出其优越性，使其比其他形式的桥梁更能经济合理地修建大跨度桥。

（5）组合体系

①连续刚构

连续刚构都是由梁和刚架相结合的体系，它是预应力混凝土结构采用悬臂施工法而发展起来的一种新体系。

②梁、拱组合体系

这类体系中有系杆拱、桁架拱、多跨拱梁结构等。它们利用梁的受弯与拱的承压特点组成联合结构。

③斜拉桥

它是由承压的塔、受拉的索与承弯的梁体组合起来的一种结构体系。梁体用拉索多点拉住，好似多跨弹性支承连续梁，使梁体内弯矩减小，降低了建筑高度；又因栓焊连接与正交异性板的箱形断面构造的应用，使结构充分利用材料的受力特性，从而减小了结构自重，节省了材料。

2.桥梁的其他分类

（1）按用途划分，有公路桥、铁路桥、公路铁路两用桥、农桥、人行桥、运水桥（渡槽）及其他专用桥梁（如通过管路、电缆等）。

（2）按桥梁全长和跨径的不同，分为特殊大桥、大桥、中桥和小桥。

（3）按主要承重结构所用的材料划分，有圬工桥（包括砖、石、混凝土桥）、钢筋混凝土桥、预应力混凝土桥、钢桥和木桥等。

（4）按跨越障碍的性质，可分为跨河桥、跨线桥（立体交叉）、高架桥和栈桥。

（5）按上部结构的行车道位置，分为上承式桥、下承式桥和中承式桥。

二、桥梁基础分类和受力特点

桥梁基础按施工方法可分为扩大基础、桩基础、管柱基础、沉井基础、地下连续墙等，下面分别介绍各类基础的分类及受力特点。

（一）扩大基础

所谓扩大基础，是将墩（台）及上部结构传来的荷载由其直接传递至较浅的支承地基的一种基础形式，一般采用明挖基坑的方法进行施工，故又称为明挖扩大基础或浅基础。

扩大基础按其施工方法分为机械开挖基坑浇筑法、人工开挖基坑浇筑法、土石围堰开挖基坑浇筑法、板桩围堰开挖基坑浇筑法。

扩大基础按其材料性能特点可分为配筋与不配筋的条形基础和单独基础。无筋扩大基础常用的有混凝土基础、片石混凝土基础等，不配筋基础的材料都具有较好的抗压性，但抗拉、抗剪强度不高，设计时必须保证发生在基础内的拉应力和剪应力不超过相应的材料强度设计值。钢筋混凝土扩大基础的抗弯和抗剪性能良好，可在竖向荷载较大、地基承载力不高以及承受水平力和力矩荷载下使用。

扩大基础是由地基反力承担全部上部荷载，将上部荷载通过基础分散至基础底面，使之满足地基承载力和变形的要求。扩大基础主要承受压应力，一般用抗压性能好，抗弯拉、抗剪性能较差的材料（如混凝土、毛石、三合土等）建造，适用于地基承载力较好的各类土层，根据土质情况分别采用铁镐、十字镐、挖掘机、爆破等设备与方法开挖。

扩大基础在埋置深度和构造尺寸确定以后，应先根据最不利而且有可能情况下的荷载组合，计算出基底的应力，然后进行基础的合力偏心距、稳定性以及地基的强度（包括持力层、弱下卧层的强度）的验算，需要时还应进行地基变形的验算。

（二）桩基础

桩基础是深入土层的柱形结构，其作用是将作用于桩顶以上的结构物传来的荷载传到较深的地基持力层中。当荷载较大或桩数量较多时，须在桩顶设承台将所有基桩连接成一个整体，共同承担上部结构的荷载。

桩是垂直或微斜埋置于土中的受力杆件，它的横截面尺寸比长度小得多，其所承受的荷载由桩侧土的摩阻力及桩端地层的反力共同承担。

桩的分类：

（1）按桩的使用功能分类

①竖向抗压桩

主要承受竖向下压荷载（简称竖向荷载），应进行竖向承载力计算，必要时还须计算桩基沉降，验算软弱下卧层的承载力以及负摩阻力产生的下拉荷载。

②竖向抗拔桩

主要承受竖向上拔荷载，应进行桩身强度和抗裂计算以及抗拔承载力验算。

③水平受荷桩

主要承受水平荷载，应进行桩身强度和抗裂验算以及水平承载力和位移验算。

④复合受荷桩

承受竖向、水平荷载均较大，应按竖向抗压（或抗拔）桩及水平受荷桩的要求进行验算。

（2）按桩承载性能分类

①摩擦桩

当软土层很厚，桩端达不到坚硬土层或岩层上时，则桩顶的极限荷载主要靠桩身与周围土层之间的摩擦力来支承，桩尖处土层反力很小，可忽略不计。

②端承桩

桩穿过软弱土层，桩端支承在坚硬土层或岩层上时，则桩顶极限荷载主要靠桩尖处坚硬岩土层提供的反力来支承，桩侧摩擦力很小，可忽略不计。

③摩擦端承桩

桩顶的极限荷载由桩侧阻力和桩端阻力共同承担，但主要由桩端阻力承受。

④端承摩擦桩

桩顶的极限荷载由桩侧阻力和桩端阻力共同承担，但主要由桩侧阻力承受。

（3）按桩身材料分类

可分为木桩、混凝土桩、钢桩、组合桩等。

（4）按桩径大小分类

①小桩：桩径 $d \leqslant 250$ mm。

②中等直径桩：250 mm $<$ 桩径 $d <$ 800 mm。

③大直径桩：桩径 $d \geqslant 800$ mm。因为桩径大且桩端还可以扩大，因此，单桩承载力较高。此类桩除大直径钢管桩外，多数为钻、冲、挖孔灌注桩，近年来的发展较快，应用范围逐渐增大，并可实现柱下单桩的结构形式。

（5）按施工方法分类

可分为沉桩、钻孔灌注桩、挖孔灌注桩，其中沉桩又分为锤击沉桩、振动沉桩、射水沉桩、静力压桩。

①沉桩：锤击沉桩一般适用于松散、中密砂土、黏性土，桩锤有坠锤、单动汽锤、双动汽锤、柴油机锤、液压锤等，可根据土质情况选用适用的桩锤；振动沉桩一般适用于砂土、硬塑及软塑的黏性土和中密及较松的碎石土；射水沉桩适用在密实砂土、碎石土的土层中，用锤击法或振动法沉桩有困难时，可用射水法配合进行；静力压桩用在标准贯入度 $N < 20$ 的软黏土中，可用特制的液压机或机力千斤顶或卷扬机等设备沉入各种类型的桩。钻孔埋置桩为钻孔后，将预制的钢筋混凝土圆形有底空心桩埋入，并在桩周压注水泥砂浆

固结而成，适用于在黏性土、砂土、碎石土中埋置大量的大直径圆桩。

②钻孔灌注桩适用于黏性土、砂土、砾卵石、碎石、岩石等各类土层。

③挖孔灌注桩适用于无地下水或少量地下水，且较密实的土层或风化岩层，如空气污染物超标，必须采取通风措施。

（三）管柱基础

管柱基础是由管柱群和钢筋混凝土承台组成的基础结构，也有由单根大型管柱构成基础的。它是一种深基础，埋入土层一定深度，柱底尽可能落在坚实土层或锚固于岩层中，作用在承台的全部荷载，通过管柱传递到深层的密实土或岩层上。

管柱基础因其施工方法和工艺较为复杂，所需机械设备较多，所以较少采用。但当桥址处的地质水文条件十分复杂，如大型的深水或海中基础，特别是深水岩面不平、流速大或有潮汐影响等自然条件下，不宜修建其他类型基础时，可采用管柱基础。管柱基础主要适用于岩层、紧密黏土等各类紧密土质的基底，并能穿过溶洞，孤石支承在紧密的土层或新鲜岩层上，不适用于有严重地质缺陷的地区，如断层挤压破碎带或严重的松散区域。管柱按材料分类有钢筋混凝土管柱、预应力混凝土管柱及钢管柱三种。

管柱基础按地基土的支承情况可分为以下两种。

1.如管柱穿过土层落于基岩上或嵌于基岩中，则柱的支承力主要来自柱端岩层的阻力，称为支承式管柱基础。

2.如管柱下端未达基岩，则柱的支承力将同时来自柱侧土的摩擦力和柱端土的阻力，称为摩擦式或支承及摩擦式管柱基础。

由于管柱基础的结构形式和受力状态类似桩基础，故其设计计算与桩基础类同。

（四）沉井基础

沉井基础是一种断面和刚度均比桩要大得多的井筒状结构，是依靠在井内挖土，借助井体自重及其他辅助措施而逐步下沉至预定设计标高，最终形成的一种结构深基础形式。沉井基础施工时占地面积小，坑壁不须设临时支撑和防水围堰或板桩围护，与大开挖相比较，挖土量少，对邻近建筑物的影响比较小，操作简便，无须特殊的专业设备。

当桥梁结构上部荷载较大，而表层地基土的容许承载力不足，但在一定深度下有好的持力层，扩大基础开挖工作量大，施工围堰支撑有困难，或采用桩基础受水文地质条件限制时，采用沉井基础与其他深基础相比，经济上较为合理。

沉井是桥梁墩台常用的一种深基础形式，有较大的承载面积，可以穿过不同深度覆盖层，将基底放置在承载力较大的土层或岩面上，能承受较大的上部荷载。

沉井基础刚度大，有较大的横向抗力，抗振性能可靠，尤其适用于竖向和横向承载力大的深基础。

沉井基础按其制造情况可分为就地浇筑下沉沉井、浮式沉井；按其横截面形状分为圆形沉井、矩形沉井、椭圆形沉井、圆端形沉井、多边形沉井及多孔井字形沉井等；按其竖向剖面形状可分为柱形沉井、锥形沉井、阶梯形沉井等；按材料可分为混凝土沉井、钢筋混凝土沉井、钢沉井、砖沉井、石沉井、木沉井等。

（五）地下连续墙

地下连续墙是采用膨润土泥浆护壁，用专用设备开挖出一条具有一定宽度与深度的沟槽，在槽内设置钢筋笼，采用导管法在泥浆中浇筑混凝土，筑成一单元墙段，依次顺序施工，以某种接头方法连接成的一道连续的地下钢筋混凝土墙。

地下连续墙具有多功能性，可适用于各种用途，通常可作为基坑开挖时防渗、挡土，或挡水围堰，或邻近建筑物基础的支护，或直接作为承受上部荷载的基础结构。地下连续墙可用于除岩溶和地下承压水很高处的其他各类土层中施工。

地下挡土墙墙体刚度大，主要承受竖向和侧向荷载，通常既要作为永久性结构的一部分，又要作为地下工程施工过程中的防护结构，因此，设计时应计算在施工期间及使用各个阶段，各种支承条件下的墙体内力。作用在墙体上的荷载，除自重外，主要有水压力、土压力、地震力以及上部荷载、施工荷载等。

地下连续墙分类如下：

按成墙方式可分为桩排式、壁板式、组合式；

按墙的用途可分为临时挡土墙、用作主体结构一部分兼作临时挡土墙的地下连续墙、用作多边形基础兼作墙体的地下连续墙；

按挖槽方式大致可分为抓斗式、冲击式、回转式。

三、桥梁下部结构分类和受力特点

（一）桥梁下部结构分类

公路桥梁下部结构可分为重力式桥墩、重力式桥台、轻型桥墩、轻型桥台。

1.重力式桥墩、桥台

重力式桥墩与重力式桥台的主要特点是靠自身质量来平衡外力而保持其稳定，因此，墩、台身比较厚实，可以不用钢筋，而用天然石材或片石混凝土砌筑。它适用于地基良好的大、中型桥梁，或流冰、漂浮物较多的河流。在砂石料方便的地区，小桥也往往采用。主要缺点是圬工体积较大，所以其自重和阻水面积也较大。

拱桥重力式桥墩分为普通墩与制动墩，制动墩要能承受单向较大的水平推力，防止出现一侧的拱桥坍塌，所以尺寸较大；与梁桥重力式桥墩相比较，具有拱座等构造设施。

梁桥和拱桥上常用的重力式桥台为U形桥台，它适用于填土高度在10 m以下或跨度稍大的桥梁。缺点是桥台体积和自重较大，增加了对地基的要求。此外，桥台的两个侧墙之间填土容易积水，结冰后冻胀，使侧墙产生裂缝。所以，宜用渗水性较好的土夯填，并做好台后排水措施。

2.轻型桥墩、桥台

（1）梁桥轻型桥墩

①钢筋混凝土薄壁桥墩

施工简便，外形美观，过水性良好，适用于低级土软弱的地区。缺点是须耗费用于立模的木料和一定数量的钢筋。

②柱式桥墩

外形美观，圬工体积少，而且质量较轻。

③钻孔桩柱式桥墩

适合于多种场合和各种地质条件。通过增大桩径、桩长或用多排桩加建承台等措施，也能适用于更复杂的软弱地质条件以及较大的跨径和较高的桥墩。

④柔性排架桩墩

优点是用料省、修建简便、施工速度快。主要缺点是用钢量大，使用高度和承载能力受到一定限制。因此它只适合于在低浅宽滩河流、通航要求低和流速不大的水网地区河流上修建小跨径桥梁时采用。

（2）梁桥轻型桥台

①设有支撑梁的轻型桥台

适用于单跨桥梁，桥孔跨径6 ~ 10 m，台高不超过6 m。

②埋置式桥台

桥台所受的土压力小，桥台的体积相应地减少。但是由于台前护坡是用片石做表面防护的一种永久性设施，存在有被洪水冲毁而使台身裸露的可能，故设计时必须慎重地进行强度和稳定的验算。分为后倾式、肋形埋置式、双柱式、框架式等类型。其中桩柱式桥台对于各种土壤地基都适宜。其适用范围是：桥孔跨径8 ~ 20 m，填土高度3 ~ 5 m。当填土高度大于5 m时，宜采用框架式埋置式桥台。

③钢筋混凝土薄壁桥台

适用于软弱地基的条件。但其构造和施工比较复杂，并且钢筋用量也较多。

④加筋土桥台

在台后路基填土不被冲刷的中、小跨径桥梁，台高3 ~ 5 m时，可采用加筋土桥台。

（3）拱桥轻型桥墩

①带三角杆件的单向推力墩：只在桥不太高的旱地上采用。

②悬臂式单向推力墩：适用于两铰双曲拱桥。

（4）拱桥轻型桥台

拱桥轻型桥台适用于13 m以内的小跨径拱桥和桥台水平位移量很小的情况。其工作原理是，当桥台受到拱的推力后，便发生绕基底形心轴而向路堤方向的转动，此时台后的土便产生抗力来平衡拱的推力，从而使桥台的尺寸较小。

①八字形桥台：适合于桥下需要通车或过水的情况。

②U形桥台：适合于较小跨径的桥梁。

③背撑式桥台：适用于较大跨径的高桥和宽桥。

④靠背式框架桥台：适合于在非岩石地基上修建拱桥桥台。

（5）拱桥的其他形式桥台

①组合式桥台：适用于各种地质条件。

②空腹式桥台：一般在软土地基、河床无冲刷或冲刷轻微、水位变化小的河道上采用。

③齿槛式桥台：适用于软土地基和路堤较低的中小跨径拱桥。

（二）桥梁下部结构的构造特点与受力特点

1.桥梁下部结构的构造特点

（1）重力式桥墩

梁桥重力式桥墩由墩帽、墩身、基础等组成，墩帽要满足支座布置和局部承压的需要；与梁桥重力式桥墩相比较，拱桥重力式桥墩具有拱座等构造设施，且制动墩要比普通墩尺寸更大，能承受单向较大的水平推力，防止倾塌。

（2）重力式桥台（U形桥台）

由台帽、背墙、台身（前墙、侧墙）、基础、锥坡等组成。背墙、前墙与侧墙结合成一体，兼有挡土墙和支撑墙的作用。

（3）梁桥轻型桥墩

①钢筋混凝土薄壁桥墩

圬工体积小，结构轻巧，比重力式桥墩可减少圬工量70%左右。

②柱式桥墩

由分离的两根或多根立柱（或桩柱）组成，是公路桥梁中采用较多的桥墩形式之一。

③柔性排架桩墩

由单排或双排的钢筋混凝土桩与钢筋混凝土盖梁连接而成。其主要特点是，可以通过一些构造措施，将上部结构传来的水平力（制动力、温度影响力等）传递到全桥的各个柔性墩台，或相邻的刚性墩台上，以减少单个柔性墩所受到的水平力，从而达到减小桩墩截面的目的。

（4）梁桥轻型桥台

①设有支撑梁的轻型桥台

台身为直立的薄壁墙，台身两侧有翼墙，在两桥台下部设置支撑梁，上部结构与桥台锚栓连接，构成四铰框架。

②埋置式桥台

将台身埋在锥形护坡中，只露出台帽在外以安置支座及上部结构。

③钢筋混凝土薄壁桥台

由扶壁式挡土墙和两侧的薄壁侧墙构成。

④加筋土桥台

一般由台帽和由竖向面板、拉杆、锚碇板及其间填料共同组合的台身组成。

（5）拱桥轻型桥墩

①带三角杆件的单向推力墩

在普通墩的墩柱上，从两侧对称地增设钢筋混凝土斜撑和水平拉杆，用来提高抵抗水平推力的能力。为了提高构件的抗裂性，可以采用预应力混凝土结构。

②悬臂式单向推力墩

墩柱顶部向两桥跨处伸出悬臂段，当该墩的一侧桥孔遭到破坏以后，可以通过另一侧拱座上的竖向分力与悬臂长所构成的稳定力矩来平衡由拱的水平推力所导致的倾覆力矩。

（6）拱桥轻型桥台

①八字形桥台

台身由前墙和两侧的八字翼墙构成。

②U形桥台

由前墙和平行于车行方向的侧墙组成，与U形重力式桥台比较，桥台侧墙是拱上侧墙的延伸。

③背撑式桥台

在八字形桥台或U形桥台的前墙背后加一道或几道背撑，稳定性好。

④靠背式框架桥台

用三角形框架把台帽、前壁、耳墙和设置在不同标高且具有不同斜度的分离式基础连接而成。水平和仰斜的基底能满足施工期间的稳定性，且能合理承受主拱作用力。

2.桥梁下部结构的受力特点

桥梁墩台承担着桥梁上部结构所产生的荷载，并将荷载有效地传递给地基基础，起着"承上启下"的作用。

桥墩为多跨桥梁中的中间支承结构物，除承受上部结构产生竖向力、水平力和弯矩外，还承受风力、流水压力及可能发生的地震作用、冰压力、船只和漂流物的撞击力。

桥台设置在桥梁两端，除了支承桥跨结构外，又是衔接两岸接线路堤的构筑物；它既要能挡土护岸，又能承受台背填土及填土上车辆荷载所产生的附加土侧压力。

桥梁墩台不仅自身应有足够的强度、刚度和稳定性，而且对地基的承载能力、沉降量、地基与基础之间的摩阻力等也都提出一定的要求，避免在上述荷载作用下产生危害桥梁整体结构的水平、竖向位移和转角位移。

桥梁墩台受力计算时的荷载及其组合应根据可能出现的各种荷载情况进行最不利的荷载组合。

四、桥梁上部结构分类和受力特点

（一）斜交板桥

1.荷载有向两支承边之间最短距离方向传递的趋势。

2.各角点受力情况可用比拟连续梁的工作来描述，钝角处产生较大的负弯矩，反力也较大，锐角点有向上翘起的趋势。

3.在均布荷载作用下，当桥轴向的跨长相同时，斜板桥的最大跨内弯矩比正桥要小。

4.在均布荷载作用下，当桥轴向的跨长相同时，斜板桥的跨中横向弯矩比正桥要小。

（二）装配式钢筋混凝土简支 T 梁

梁肋与翼板（桥面板）结合在一起作为承重结构，肋与肋之间处于受拉区域的混凝土得到较大挖空，减轻结构自重。既充分利用扩展的桥面板的抗压能力，又有效地发挥了梁肋下部受力钢筋的抗拉作用。

（三）预应力混凝土简支 T 梁

预应力混凝土简支梁存在核心距的概念，其越大则抗力效应增加。为提高核心距，在构造上可采用大翼缘、薄肋板、宽矮马蹄的结构形式。配合梁内正弯矩的分布，防止出现拉应力，纵向预应力筋须在梁端弯起或中间截断张拉。但弯起筋可增强支点附近的抗剪能力。

（四）连续体系桥梁

1.由于支点存在负弯矩，使跨中正弯矩显著减少，可以减少跨内主梁的高度，提高跨径，当加大支点截面附近梁高形成变截面时，还可进一步降低跨中弯矩。

2.由于是超静定结构，产生附加内力的因素包括预应力、混凝土的收缩徐变、墩台不均匀沉降、截面温度梯度变化等。

3.配筋要考虑正负两种弯矩的要求，顶推法施工要考虑截面正负弯矩的交替变化。

（五）斜拉桥

1.斜拉索相当于增大了偏心距的体外索，充分发挥抵抗负弯矩的能力，节约钢材。

2.斜拉索的水平分力相当于混凝土的预压力。

3.主梁多点弹性支承，高跨比小，自重轻，提高跨径。

（六）悬索桥

1.主缆为主要承重结构，其巨大的拉力需要牢固的地锚承受，对于连续吊桥，中间地锚的两侧拉索水平推力基本平衡，主要利用自重承受向上的竖向力。

2.主缆的变形非线性，一般采用挠度理论或变形理论。挠度理论是考虑原有荷载（如恒载）已产生的主缆轴力对新的荷载（如活载）产生的竖向变形（挠度）将产生一种新的抗力，在变形之后再考虑内力的平衡。变形理论将悬索桥看作由各单根构件所组合的结构体系，在力学分析中先计算每个构件的刚度，放入结构体系的矩阵内，进行总体平衡的求积。

（七）拱桥

拱桥的拱圈是桥跨结构的主要承载部分，在竖直荷载作用下，拱端支撑处不仅有竖向反力，还有水平推力，这样拱的弯矩比相同跨径的梁的弯矩小得多，而使整个拱主要承受压力。

第二节　施工用机械和设备

一、沉拔桩机械

（一）振动沉拔桩锤

振动沉拔桩锤广泛应用于各类钢桩和混凝土预制桩的沉拔作业。振动沉拔桩锤主要由原动机、振捣器、夹桩器和减振器等组成。与相应的桩架配套后，也可用于混凝土灌注桩、石灰桩、砂桩等各种类型的地基处理作业。

1.振动沉拔桩锤的特点

贯入力强，沉桩质量好；不仅可用于沉桩，还可用于拔桩；使用方便，施工速度快，成本低；结构简单，维修保养方便；与柴油打桩机相比，噪声小，无大气污染。

2.振动沉拔桩锤的分类

按动力可分为电动振动沉拔桩锤和液压振动沉拔桩锤，前者动力是耐振电动机，后者是柴油发动机驱动液压泵——马达系统；按其产生的振动频率可分为低频（300 ~ 700 r/min）、中频（700 ~ 1500 r/min）、高频（2300 ~ 2500 r/min）、超高频（约6000 r/min），以适应不同地基的土质情况；按振动偏心块结构可分为固定式偏心块和可调式偏心块。

3.振动沉拔桩锤的操作顺序

（1）在电源导通前，先按一下停止按钮，液压夹桩器的操纵杆应放在中立位置。

（2）合上电源总开关，然后检查操纵盘上的电压表的电压值是否在额定电压范围内。

（3）合上操纵盘上的总开关，导通操纵盘上液压泵的电源，电动机启动，准备投入运行。

（4）当桩插入夹桩器内后，将操纵杆扳到夹紧位置，夹桩器将桩慢慢夹紧，直至听到油压卸载声为止。

（5）检查液压系统压力是否达到额定值。在整个沉拔桩过程中，操纵盘上操纵杆应始终放在夹紧位置，液压系统压力不能下降。

4.安全作业操作规程

（1）悬挂振动沉拔桩锤的起重机，其吊钩必须有保险装置。

（2）拔钢板桩时，应按通常打入顺序的相反方向起拔。夹桩器在夹持桩时，应尽量先拔靠近的。

（3）钢板桩或其他型钢的桩，当其头部被钻过孔时，应将钻孔处填平或割掉，或在钻孔处焊上加强板，以防桩身拔断。

（4）拔桩前，当夹桩器将桩夹持后，须待压力表的压力达到额定值后，方可指挥起重机起拔。

（5）当桩拔离地面1.0 ~ 1.5 m时，可停止振动，将吊桩用钢丝绳拴好，然后继续启动振动沉拔桩锤进行拔桩。

（6）拔桩时，当桩尖距地面还有1 ~ 2 m时，应关闭振动沉拔桩锤，由起重机直接将桩拔出。

（7）桩被完全拔出后，在吊桩钢丝绳未吊紧前，不得将夹桩器松掉。

（8）沉桩时，吊桩的钢丝绳必须紧跟桩下沉的速度而放松。一般在入土3 m之前，可利用桩机的回转或导杆前后移动，校正桩的垂直度。超过此深度进行修正时，打桩机的导杆易损坏或变形。

（9）沉桩时，操作者必须有效地控制沉桩速度，防止电流表指数急剧上升，引起耐振电动机损坏。

（10）如按电流指数控制沉桩速度，桩沉入慢，可在振动沉拔桩锤上适当加一定量的配重。

（11）作业时，应经常保持减振装置各摩擦部位的润滑。

（12）严禁在大风、大雨天气通电启动振动沉拔桩锤。

（二）柴油桩锤

柴油打桩机由柴油桩锤和桩架两部分组成。柴油桩锤按其动作特点可分为导杆式和筒式两种。导杆式柴油桩锤冲击体为气缸，它构造简单，但打桩能量小，只适用于打小桩，已逐渐被淘汰；筒式柴油桩锤冲击体为活塞，打击能量大，施工效率高。

柴油桩锤主要由锤体、燃油供给系统、润滑系统、冷却系统及起落架等组成。柴油打桩机作业中的注意事项如下。

1.作业时，必须由专人指挥，协调工作，严禁多人指挥。多班作业要坚持交接班制度，并按规定填写交接班记录。

2.作业时，无关人员要远离作业区，严禁将身体、手臂伸入桩架龙口内。

3.作业时，必须将桩锤对正桩位后再起锤打桩。

4.作业时，卷扬机钢丝绳在卷筒上应排列整齐，不得扭绕、挤压，禁止用手引导钢丝绳。落锤时，卷筒上的钢丝绳要随之放松，卷筒上的钢丝绳至少保留五圈，不得放尽。

5.随时检查钢丝绳的磨损、断丝情况。超过规定时，必须处理更换。

6.必须在正确位置吊装桩锤和桩，不允许偏斜吊装。

7.筒式柴油打桩机吊桩时，应开动伸缩平台机构，将主机移至最后方，稳定桩架，并应避免桩对主机的碰撞。

8.随时检查卷扬机的制动性能和保险装置，防止油污进入制动带。起锤和吊装时，必须用卷扬机的棘轮做保险。

9.桩锤底部冲击活塞和桩帽之间，必须有缓冲垫木，若有损坏应及时更换。

10.严禁在桩锤处于悬挂状态时，开动和运行打桩机。

11.桩吊起后，安装在龙口的专用夹具上，核对桩位中心，桩位上安装桩锤落帽，然后落锤压桩，卷扬机钢丝绳预放 2 ~ 3 m，方能解脱桩锤钩和桩的吊索。

12.作业中，严禁进行任何检查和修理。有故障时，应停机待桩落地或使用保险装置锁住后，方能进行检查和修理。

13.在桩锤极限状态连击 10 次，桩的贯入深度值小于 5 mm 时，应停机查明原因，并进行处理后，方能继续作业。

14.筒式柴油打桩机打斜桩时，应在打桩柱处于垂直位置时进行吊桩，待桩安装在龙口夹具中，再调整主柱的倾斜度进行作业。主柱后倾度为18.5°时，禁止将桩锤提升到万向铰接处以上。当桩重为4 t或超过规定值时，在平台后部与主柱之间应加设临时支撑。

15.筒式柴油打桩机打桩锤活塞起跳位置超出第二组活塞导向环或全部露出时，应立即停机，待处理后方能继续作业。

16.用桩架上的卷扬机拖拉桩架、桩等物品时，定滑轮必须装在桩架底座上，严禁用桩架顶部的滑轮组进行拖拉作业。

17.经常检查燃油箱的油面，不足时应补足符合规定的燃油。

18.当开动电动机倒转卷筒时，启动电动机之前，必须将卷扬机上的摇手柄取下。

二、起重机械

（一）卷扬机

卷扬机是最常用、最简单的起重设备之一，广泛应用在建筑施工中。它既可单独使用，也可作为其他起重机械上的主要工作机构，如起重机的起升机械和变幅机构、门式和井式起降机的动力装置等，用来起吊和运移各种物料。

卷扬机的种类很多，按动力装置分为电动式、内燃式和手动式三种，电动式占多数；按工作速度分为快速、慢速和调速三种；按卷筒的数量分为单卷筒、双卷筒和多卷筒。电动机通过减速器带动两个卷筒转动。摩擦锥和锥套结合与分离，使减速器传给卷筒的动力接通与断开。

（二）起重葫芦

常用的起重葫芦有手动和电动两种。电动起重葫芦是一种具有起升和行走两个机构的轻小型起重机械，通常安装在直线或曲线工字钢轨上，用以起升和运移重物，重物只能在已安装好的线路上运行。电动起重葫芦具有体积小、质量轻、结构紧凑、操作和维修方便等特点。

三、排水设备

水泵广泛应用于各项给水和排水工程，在建桥时它可用于桥基础施工时的抽水和排除施工地段的积水。

（一）水泵的分类

1.按作用原理分类

水泵的种类很多，按作用原理可分为叶片泵和容积泵两大类。

（1）容积泵

容积泵是利用工作室容积周期性的变化来输送液体，如活塞泵、隔膜泵等。

（2）叶片泵

叶片泵是利用叶轮的叶片和水相互作用来输送液体，如离心泵、混流泵、轴流泵、旋涡泵等，以离心泵和轴流泵两种应用较多。离心泵是利用叶轮叶片的旋转所产生的离心力连续不断地吸水与压水。轴流泵是利用叶轮旋转时所产生的轴向推力连续不断地吸水与压水。

离心泵与容积泵相比，具有体积小、质量轻、噪声小、效率高及使用方便等优点，因此被广泛使用在路桥工程中。

离心泵的种类很多。根据叶轮的数目分有单级、双级和多级三种。单级离心泵只有一个叶轮进行工作，它大多为低压泵。双级与多级离心泵是在同一根轴上同时并列安装两个或两个以上的叶轮。工作时第一个叶轮压出的水流入下一个毗邻的进水口，依此顺序，直至最后一个叶轮才将水从水管压送出去。因此，多级离心泵都为高压泵，其扬程在60 m以上。

2.按吸水口数目分类

水泵根据吸水口数目分，有单吸式、双吸式和多吸式三种。单吸式水泵只有一个面吸水。双吸式水泵有两个面吸水。多吸式即多级式水泵，水从几个叶轮口同时吸进，因此出水量大，适用于大量给水的自来水厂等处。

3.按水泵叶轮有无盖板分类

根据水泵叶轮有无盖板来分，有开式、半开式和闭式三种。

开式叶轮泵是叶轮两侧都无盖板，它适用于抽吸含杂质的污水，所以常称为污水泵。半开式叶轮泵是叶轮一侧有盖板，它适用于抽吸有杂质沉淀的水。闭式叶轮泵是叶轮两侧都有盖板，适用于抽清水，效率高。

4.按安装位置分类

根据安装位置来分，有动力和泵在一起，且安装在水面以上的普通泵；动力和泵分开的深井泵；动力与泵在一起且安装于水下的潜水泵。普通泵应用最多，对一般的排水工程都适用。深井泵的泵体是用很长的轴吊在水下，动力是通过长轴传递的。

5.按有无导轮分类

水泵根据有无导轮分为有导轮泵和无导轮泵两种。导轮的作用是引导水的流向，减小涡流损失，提高水的压力。

（二）离心泵的使用

1.水泵选用

选用水泵，一般只要根据需要水的流量和扬程即可查阅水泵技术性能表来选定。

　　水泵的流量可根据每天所需的供水量（或排水量）和水泵每天的工作时间（小时）计算出来。水泵的扬程可通过测量进水水面到需要安装水泵的出水口的垂直高度，即实际扬程，然后再加上损失扬程，便可得出水泵所需要的总扬程。损失扬程可按实际扬程的10% ～ 25%估算。对于管路细长、弯头附件多的要估算大些，而对管路粗短、弯头附件少的可估算小些。

　　2.水泵的安装

　　水泵的安装位置根据吸水扬程确定，不得超过进水水面8 m。

　　3.水泵的扬程

　　在一台水泵的扬程不能满足要求时，常将两台水泵（型号相同或流量相近）串联运转，两台水泵串联时的总扬程等于两泵在相同流量时的扬程之和。

　　4.水泵的流量

　　当一台水泵运行其流量不能满足需用量时，可将两台或两台以上的水泵并联运行供水。这种方式的优点是节省管路、减少投资，缺点是降低泵的工作效率（总流量小于单泵流量之总和）。

第二章　桥梁下部结构施工技术

第一节　基础施工

桥梁基础作为桥梁结构物的重要组成部分，起着支承桥跨结构，保持体系稳定，把上部结构、墩台自重及车辆荷载传递给地基的重要作用。

桥梁基础可以根据埋置深度及施工工艺特点将其分为浅基础和深基础，一般将埋置深度较浅（通常在5 m以内），只须经过开挖、排水等普通施工程序就可以建造起来的基础称为浅基础，通常包括独立基础、条形基础、筏形基础和箱形基础；由于地层土质不良或建筑物荷载过大须将基层底面置于较深的（通常在5 m以上）良好的土层上，且施工较为复杂的基础称为深基础，如桩基础、沉井基础、沉箱基础和地下连续墙等。

实际上，浅基础和深基础没有绝对明确的尺寸界限，因此，对大多数情况埋深较浅、一般可用较简便的方法来修建的均属于浅基础，而采用桩基、沉井、地下连续墙等某些特殊施工方法修建且利用较深土层承载的基础则称为深基础。所谓施工复杂，通常指施工需要专门的设备及经过专门培训的施工人员。对于某些特定情况，基础在土层内深度较浅，但在水下部分较深，如深水中的桥墩基础，称为深水基础，在施工中应作为深基础考虑。

一、浅基础施工

浅基础也称扩大基础或明挖基础，是指在原地面直接开挖修筑的一种桥涵基础，一般以片石（块石）、片石混凝土、素混凝土或钢筋混凝土建造。桥梁墩（台）常用的浅基础的平面形式有矩形、圆端形、圆形、八角形和T形等。

无论何种形式的浅基础，在实际施工过程中常根据工程地质和水文地质、开挖的深浅与大小以及有无水和水量大小等情况的不同，将其施工方法分为无支护开挖（直接开挖）法和支护开挖法。

公路工程桥梁的浅基础一般设于承载力较高的基岩上。

（一）基坑开挖前的准备

基坑开挖与自然条件较密切，应充分了解工程周围环境与基坑开挖的关系。在确保基坑及周围环境安全的前提下，合理确定施工方案，准确选用支护结构。

1.了解工程地质及水文地质条件。在施工前应掌握工程地质报告，对基坑处的地质构造、土层分类及参数、地层描述、地质剖面图及钻孔柱状图应充分了解。

2.工程周围环境调查。基坑开挖会引起周围地下水位下降，地表沉降会对周围建筑物、管线及地下设施带来影响，因此在基坑开挖前，应对周围环境进行调查，采取可靠措施将基坑开挖对周围环境的影响控制在允许的范围内。

3.浅基础地基施工前，应对基坑边坡进行稳定性验算，并制订专项施工方案和安全技术方案。若基坑开挖须爆破，爆破作业的安全管理应符合现行国家标准的规定。

4.基坑开挖时应对其边坡的稳定性进行验算，对于开挖深度超过5 m的特大型深基坑，除按照边开挖、边支护的原则开挖外，在施工开挖之前，应编写专项的边坡稳定监测方案。

5.基坑的定位放样。在基坑开挖前，测量放样人员根据施工技术人员提供的基坑开挖边线尺寸及位置计算出基坑边线控制点坐标，采用全站仪或GPS放样出基坑的开挖范围。

（二）引截地表水

基坑开挖前应先做好地面排水系统，在基坑坑顶外缘四周向外设置排水坡或设置防水梁，在适当距离处设截水沟，应采取防止水沟渗水的措施，避免影响坑壁稳定。在雨季施工过程中，特别要注意地表水的截流，防止基坑大规模地进水。

（三）基坑开挖

1.无支护开挖

当基坑所处区域土质条件较好，无水或少量地下水，基坑深度较浅，施工期较短，基坑开挖不影响邻近建筑物安全时，可采用无支护形式对基坑进行开挖并尽量在少雨季节施工。

（1）开挖形式的选择。常见的无支护基坑坑壁形式有垂直坑壁、斜坡和阶梯形坑壁、变坡度坑壁三种。

天然含水量接近最佳含水量、构造均匀、不致发生坍滑、移动或不均匀下沉土质的基坑开挖可采取垂直坑壁的形式。

附近无重要构筑设施、地下管线及施工场地许可的地区，基坑深度在5 m以内，土的湿度正常、土层构造均匀，采用斜坡开挖或按相应斜坡高、宽比值挖成阶梯形坑壁，每级台阶高度以0.5 ~ 1.0 m为宜。阶梯可兼作人工运土的台阶。

坑壁边缘应留有护道，静荷载距基坑边缘不小于0.5 m；动载时，坑顶缘与动载间应留有大于1 m的护道。如地质、水文条件不良或动载过大，应进行基坑开挖边坡检算，根据检算结果确定采用增宽护道或其他加固措施。

基坑穿过不同土层时，坑壁边坡可按各层土质采用不同坡度。当下层土质为密实黏性土或岩石时，下层可采用垂直坑壁。在坑壁坡度变化处可视需要设不少于0.5 m宽的平台。

当开挖后，坑壁有失稳的可能时，可对边坡进行喷射混凝土、挂网喷射混凝土及施做土钉或锚杆等方式进行坑壁防护，并应符合下列规定。

①对基坑开挖深度小于10 m的较完整风化基层，可直接喷射混凝土加固坑壁。喷射混凝土之前应将坑壁上的松散层或岩渣清理干净。

②锚杆、预应力锚索和土钉支护，均应在施工前按设计要求进行抗拉拔力的验证试验，并确定适宜的施工工艺。

③采用锚杆挂网喷射混凝土加固坑壁时，各层锚杆进入稳定层的长度、间距和钢筋的直径均应符合设计要求。孔深小于或等于3 m时，宜采用先注浆后插入锚杆的施工工艺；孔深大于3 m时，宜先插入锚杆后注浆。锚杆插入孔内后应居中固定，注浆应采用孔底注浆法，注浆管应插至距孔底50 ~ 100 mm处，并随浆液的注入逐渐拔出，注浆的压力不宜小于0.2 MPa。

④采用预应力锚索加固坑壁时，预应力锚索（包括锚杆）编束、安装和张拉等的施工应符合规范规定。

⑤采用土钉支护加固坑壁时，施工前应制订专项施工技术方案和施工监控方案，配备适宜的机具设备。土钉支护中的开挖、成孔、土钉设置及喷射混凝土面层等施工可按现行行业标准规定执行。

⑥不论采用何种加固方式，均应按设计要求逐层开挖、逐层加固，坑壁或边坡上有明显出水点处应设置导管排水。

（2）土石方开挖。根据地质情况可采用人工、半机械和机械等开挖方法。对于岩石基坑，必要时可进行松动爆破结合人工开挖；对于各种大、中、小桥基础工程，首选采用机械进行开挖，条件困难时可选用风镐、铁镐等工具进行开挖。采用机械开挖时，基底应留20 ~ 30 cm土层改为人工开挖，避免机械施工时扰动基底土层。

2.支护开挖

（1）基坑支护的形式。当基坑壁坡不易稳定并有地下水渗入，或放坡开挖场地受到限制，或基坑较深、放坡开挖工程数量较大，不符合技术经济要求时，可采用坑壁有支护的基坑。

（2）对坑壁采取支护措施进行基坑的开挖时，应符合下列规定。

①基坑较浅且渗水量不大时，可采用竹排、木板、混凝土板或钢板等对坑壁进行支护；基坑深度小于或等于4 m且渗水量不大时，可采用槽钢、H形钢或工字钢等进行支护；

地下水位较高，基坑开挖深度大于4 m时，宜采用锁口钢板桩或锁口钢管桩围堰进行支护，其施工要求应符合《公路桥涵施工技术规范》（JTG/T F50—2011）的相关规定；在条件许可时也可采用水泥土墙、混凝土围圈或桩板墙等支护方式。

②对支护结构应进行设计计算，当支护结构受力过大时应加设临时支撑，支护结构和临时支撑的强度、刚度及稳定性应满足基坑开挖施工的要求。

（3）重力式水泥土挡土墙。重力式水泥土挡土墙是以水泥、石灰等材料为固化剂，利用深层搅拌机械强制搅拌或者高压喷射注浆法，水泥浆和软土之间发生一系列的物理反应和化学反应，使软土硬结成整体桩，充分利用原位土，形成重力式挡墙，从而提高了基坑壁的稳定性；同时，因为水泥土的渗透系数比较小，因此可兼作止水帷幕。重力式水泥土挡土墙适用于淤泥、淤泥质土、地基承载力标准值小于120 kPa的黏性土和粉性土等软地层区域，开挖深度小于或等于7.0 m和周边环境保护要求较低的基坑工程，基坑开挖深度为4 ~ 6 m时最为经济合理，基坑开挖深度比较大和对周围环境保护要求较高的工程要谨慎使用。对于有机质含量高、pH小于7，初始抗剪强度低的土，以及土中包含伊利石、氯化物、水铝英石等矿物或者地下水具有较强的侵蚀性时，加固效果比较差。

重力式水泥土挡土墙具有如下特点。

①把固化剂和原土在现场搅拌成料，最大限度利用了原位土。

②对周边原有建筑物影响小。

③能根据土性质和设计要求，可靠选定固化剂和其配比，设计相对灵活。

④施工时振动小、噪声小、污染小，对环境的影响程度小。

⑤施工简单，成桩工期短，造价相对较低。

⑥具有隔水、止水功能。

⑦开挖时通常不需要加支撑或者拉锚。

⑧基坑内空间大，便于土方开挖和后期施工。

重力式水泥土挡土墙的形式有多种。

①按照搅拌机的搅拌轴数不同，搅拌桩截面分为双轴和三轴两种。

②搅拌桩还可以分为加筋和无加筋两种，加筋搅拌桩主要有型钢水泥土搅拌桩。

③根据平面布局分为满堂形式、格栅形式以及宽窄相间的齿形形式，格栅形式为主要形式。

④按挡土墙竖向布置区分有断面布置、台阶形布置。

（4）排桩。排桩支护结构是将桩体按照一定的距离或者咬合排列形成的支护挡土结构，常用的有钢板桩、钢筋混凝土排桩、钢筋混凝土板桩，其中钢筋混凝土桩常用钻孔灌注桩、人工挖孔桩和预制桩等。

①钢板桩。钢板桩是一种广泛应用于各类临时或永久建筑中的挡土结构，其具有承载

力强、自身结构轻、水密性好、耐久性好、施工灵活、可重复使用等优点。但由于板桩打入时有挤土现象，而拔出时则又会将土带出，造成板桩之间有空隙，这会对周边环境造成一定的影响。通常其支护的基坑最大开挖深度在7～8m。

钢板桩断面形式较多，在公路工程浅基础基坑支护施工中常采用U形拉森钢板桩和槽钢两种形式。

钢板桩支护结构在施工前，均应对其进行设计及计算，并绘制支护结构平、立面图。为保证基坑的稳定性，在含地下水的砂土地层施工时，要保证齿口咬合，并应使用专门的角桩，以保证止水效果。

钢板桩打拔均采用专用打桩机施工。

②钢筋混凝土排桩。排桩支护结构是采用某种特定的平面布置形式的桩群组成一个挡土结构来维护基坑的稳定，如若基坑深度较深时，可与锚杆和其他支撑结构结合使用。

排桩支护结构根据成桩工艺的不同，可以将排桩分为钻孔灌注桩、挖孔桩、压浆桩、预制混凝土桩和型钢混凝土搅拌桩等。这些桩体根据实际需要可以有多种不同的平面排列形式。

其中分离式排列形式适用于没有地下水或者地下水位比较低、土质好的基坑工程，如果地下水位高需要防水时，可以在排桩后面加止水帷幕；如基坑工程要求增加支护结构的整体刚度，可以将桩交错排列；要求更大的整体刚度时可以用双排桩形式；如果需要防水且空间有限，可以选择咬合排列形式；有空间时可以在排桩后面进行连续形止水形式或者分离式止水形式。

排桩支护结构适用于中等深度的基坑工程，深基坑工程中可以采用排桩+内支撑或排桩+锚杆的形式，用支撑或锚杆增加支护结构整体的稳定性，控制位移变形。与地下连续墙支护结构相比，排桩支护结构具有施工工艺简单、成本较低、布置灵活的优点，但是整体性和止水抗渗性不好。

（5）地下连续墙。地下连续墙是在基坑开挖之前，在地面上采用专用的挖槽机械，沿着基坑的周边，按照事先设计的轴线，在泥浆护壁条件下开挖出一条狭长的深槽，清槽后，在槽内吊放钢筋笼，然后用导管法灌注水下混凝土筑成一个单元槽段，如此逐段进行。在地下沿着基坑四周筑成一道连续钢筋混凝土墙壁，作为截水、防渗、承重、挡水的结构。其主要适用于深度不小于10m的基坑。

地下连续墙作为基坑支护结构有如下优点：施工时振动小、噪声小，墙体刚度大，对周边地层扰动小；可适用于多种土层，除夹有孤石、大颗粒卵砾石等局部障碍物时影响成槽效率外，对黏土、无黏性土、卵砾石层等各种地层均能高效成槽。

①成槽方式。地下连续墙通常采用泥浆护壁措施下的挖槽方式，挖槽方法一般有抓斗式、冲击式和回转式等类型。

②槽段接头。地下连续墙宜采用圆形锁口管接头、波纹管接头、楔形接头、工字钢接头或混凝土预制接头等柔性接头；当地下连续墙作为主体结构外墙，且需要形成整体墙体时，宜采用刚性接头；刚性接头可采用一字形或十字形穿孔钢板接头、钢筋承插式接头等；在采取地下连续墙墙顶设置通长的冠梁、墙壁内侧槽段接缝位置设置结构壁柱、基础底板与地下连续墙刚性连接等措施时，也可采用柔性接头。

（四）基坑排水与降水

当基坑在地下水位以下时，随着基坑的下挖，渗水将不断涌集在基坑内，因此在施工过程中不断地排水，以保持基坑干燥，便于基坑土方开挖和基础施工。

1.集水明排

集水明排是在基坑开挖过程中，沿坑底周围开挖排水沟，在排水沟最低处设置集水井，基坑底、排水沟底与集水井底应保持一定的水流坡度，使水流入集水井，然后用水泵将集水井的水抽出基坑外。除了发生严重的流沙情况外，一般情况下均可采用集水明排的方式排水。

集水坑一般设在下游位置，坑深应大于进水笼头高度，并用荆篱、竹篾、编筐或木笼围护，以防止泥沙阻塞吸水笼头。

采用集水坑排水时应符合下列规定。

（1）基坑开挖时，宜在坑底基础范围外设置集水坑并沿坑底周围开挖排水沟，使水流入集水坑内，排出坑外。集水坑的尺寸宜根据渗水量的大小确定。

（2）排水设备的排水能力宜为总渗水量的1.5～2.0倍。

2.井点法降水

井点法降水适用于粉、细砂或地下水位较高、挖基较深、坑壁不易稳定和普通排水方法难以解决的基坑，通常有轻型井点降水法、喷射井点降水法、电渗井点降水法、水平井点降水法和管井井点降水法等。目前，在公路工程桥梁浅基础施工中常用轻型井点降水。

轻型井点降水系统是沿基坑四周以一定间距埋入井点管至地下含水层内，井点管的上端通过连接管与总管相连接、利用抽水设备将地下水从井点管内不断抽出，使原有地下水位降至坑底以下不小于50 cm。该系统主要由井点管、连接管、集水总管和抽水设备等组成。

轻型井点布置应根据基坑平面的大小与深度、土质、地下水位高低与流向、降水深度等要求确定，一般有单排、双排和环形布置等方式。井点管间距一般选用0.8 m、1.2 m和1.6 m三种，井点管距离基坑边缘应大于1.0 m，以防漏气，影响降水效果。

井点降水应在基坑开挖前3～5 d投入运行，在施工过程中要不断地抽水，保持降水效果，直至基础施工完成并回填土为止，并按要求在井点降水范围内设置水位观测井以观测降水效果。

3.土石方开挖

土石方开挖应根据支护结构设计、降水排水要求，分层、分块、对称、均衡地开挖，分块开挖后必须及时施工支撑。当上层支撑未达到设计要求时，严禁向下超挖土方。

开挖过程中，必须采取措施防止开挖机械等碰撞支护结构、降水井点或扰动基底原状土。当开挖揭露的实际土层性状或地下水情况与设计依据的勘察资料明显不符或出现异常现象、不明物体时，应停止开挖，在采取相应措施后方可开挖。

（五）基坑检验及清理

基坑开挖到设计基底高程后，必须进行基底检验，方可进行基础施工。基底检查方法可采用观察或触探方法，触探试验包括静力触探和动力触探两种。根据基底土质条件、工程要求和操作经验，可采用不同的触探类型、探头规格和方法。对于特大桥及重要的大、中桥墩台基础等，必要时还应在坑底钻探（至少4 m）取样做土工试验，或按设计的特殊要求进行荷载试验。

基底检验合格后，应对基底进行必要的清理，根据不同的土质按下列要求进行。

1.岩层。在未风化的岩层上修筑基础时，应先将岩面上松碎石块、淤泥、苔藓等清除干净，凿出新鲜岩面，表面应清洗干净；倾斜岩层应将岩面凿平或凿成台阶，以免基础滑动；在风化岩层上建筑基础时，开挖基坑宜尽量不留或少留坑底富余量，将基础与圬工填满坑底，封闭岩层。

2.碎石类或砂类土层。应将其修理平整，砌筑基础时，先铺一层稠水泥砂浆。

3.黏性土层。铲平坑底时，应尽量保持其天然状态，不得用回填土夯实。必要时可夯入一层厚10 cm以上的碎石层，碎石层顶面应略低于基底设计标高。处理完后，尽快砌筑基础，不得暴露过久，以免土面风化松软，致使土的强度显著降低。

4.泉眼。应用堵塞或排除的方法处理。对水流较小的泉眼，可用木塞、圆木包缠麻袋打入泉眼或向泉眼挤速凝水泥砂浆等封堵；对水流大的泉眼，可用塑料管、钢管等塞入泉眼将水引入集水坑排出，待基础完成后，再用速凝砂浆封堵。

基底检验后报请设计院进行地质确认，经设计院确认基底承载力能满足设计要求后，应尽快进行基础施工，尽量缩短基坑暴露时间。

基底检查时如发现土质与设计不符，应按照相关程序进行设计变更，由设计院提出相应处理措施。常规的处理方法有换填地基、重锤夯实、强夯、挤密桩、砂桩、碎石桩、粉喷桩和旋喷桩等，所用处理方法应满足《公路桥涵施工技术规范》（JTG/T F50—2011）的相关规定。

（六）基础施工

基础施工常采用组合钢模板就地浇筑混凝土施工，施工中注意防止模板胀模、跑模及爆模，对桥墩（桥台）预埋钢筋保证其位置准确，对大体积混凝土工程采取必要的保温降温措施。其施工质量控制参照一般钢筋混凝土结构施工要求执行即可。

（七）浅基础施工控制要点

模板支立后应具有足够的强度、刚度和稳定性，具有能够承受新浇筑混凝土的侧压力及施工中可能产生的各项荷载的能力。采用优质胶带粘贴模板接缝，防止接缝处漏浆。混凝土开仓前必须对模板的高程、垂直度、平面位置进行校对，核对无误后方可进入下一道工序。

高温期浇筑混凝土前，应做好充分准备，备足施工设备，保证连续进行浇筑。混凝土从搅拌机到入模的时间及浇筑时间要尽量缩短，并尽快开始养护。混凝土浇筑宜选在一天温度较低的时间内进行。应加快混凝土的收光速度。收光时，可用喷雾器喷少量水防止表面裂纹，但禁止直接往混凝土表面洒水。混凝土浇筑前应将模板喷水润湿，浇筑宜连续进行。

混凝土终凝后，用浸湿的草袋或草帘覆盖，再覆盖薄膜，保持潮湿状态最少7 d。混凝土洒水养护时，也可拆模后将混凝土表面洒水湿润，立即采用双层薄膜覆盖，保湿养生。夏季施工混凝土保湿养护安排专人负责，质检员至少每日检查一次。各工点必须制作混凝土养护标牌。混凝土浇筑完毕后，在养护标牌上注明开始养护时间、结束时间，保证养护效果。

二、桩基础施工

桩基础简称桩基，采用一根桩来传递和承受上部结构荷载的独立基础称为单桩基础，由两根以上桩组成的桩基础称为群桩基础。群桩基础通常由基桩（桩基础中的桩）和承台板（或系梁）组成。其具有承载力高、稳定性好、沉降稳定快和沉降变形小、抗震能力强，适用于机械化施工以及能适应各种复杂地质条件的显著优点，尤其在桥梁基础中，是一种常用的深基础结构。

桩的分类依据有很多，根据桩的材料有钢桩、混凝土桩、钢筋混凝土桩、预应力混凝土桩及组合材料桩等；根据桩截面形式有圆形桩、方形桩、多边形桩等；根据桩的承载性状有摩擦桩和端承桩；根据桩的制作及施工方法有预制沉入桩和现场灌注桩。

（一）预制沉入桩施工

预制沉入桩是指在工厂或工地加工制作的成品桩，运至设计位置后采用沉桩设备插打入地基土中的桩基础。

常用的沉入桩有钢筋混凝土桩、预应力混凝土桩和钢管桩。

1.施工准备

（1）确定沉入施工方法

沉入桩的沉桩方法有锤击沉桩法、振动沉桩法、射水法、静力压桩法。

锤击沉桩法是以桩锤的撞击力撞击预制桩头将桩打入地下土层中的施工方法，一般适用于中密砂类土、软塑和可塑的黏性土。由于锤击沉桩依靠桩锤的冲击能量将柱打入土中，因此桩径不能太大，一般土质中桩径不大于60 cm，桩的入土深度也不能太深，一般土质为20 ~ 30 m，否则对打桩设备要求较高，且打桩效率低。该法施工时产生较大的噪声和振动，会受到一定的环境限制。

振动沉桩法是用振动打桩机（振动桩锤）将桩打入土中的施工方法，一般适用于砂质土、硬塑及软塑的黏性土和中密及较松散的碎、卵石类土。该法施工也可用于拔桩，噪声较小，施工速度快，不会损坏桩头，不用导向架也能打进，移位操作方便，但需电源功率大。

射水法是利用小孔喷嘴以0.3 ~ 0.5 MPa的压力喷射水，使桩尖和桩周围土层松动，同时桩在自重作用下下沉的方法。该法很少单独使用，常与锤击或振动法联合使用。方法的选择应视土质情况而异。在砂夹卵石层或坚硬土层中，一般以射水为主，锤击或振动为辅；在亚黏土或黏土中，为避免降低承载力，一般以锤击或振动为主，以射水为辅，并应适当控制射水时间和水量；下沉空心桩时，一般用单管内射水。

静力压桩法是在松软地基中，用液压千斤顶或桩头加重物以施加顶进力将桩压入土层中的施工方法，一般适用于高塑性黏土或砂性较轻的亚黏土层。该法施工时产生的噪声和振动较少，桩头不易损坏，不仅可以施工直桩，也可施工斜桩，但机械的拼装、移动等均需要较多的时间。

（2）相关技术工作

①沉桩前应处理空中和地面上下的障碍物，平整场地或搭设支架、平台，做好准备工作。

②在旱地打桩时，只须将打桩设备移动范围内的地面整平、夯实，再铺设垫木、钢轨及简单脚手架。在浅水中打桩时，先打脚手桩，组成桩排架再搭设工作平台。在深水中，则须拼组打桩船在船上打桩。设置脚手桩时，都应留出桩位。桩位根据墩（台）的纵横中心线测定并做出标志；水中的桩位须用导框控制。

③打桩前应合理安排打桩顺序，安排打桩顺序时要考虑两个问题：一是尽量减少桩架移动距离；二是考虑打桩时，土壤被挤紧和隆起，致使后续的桩不易打下去，特别是桩数多、间距小时，问题更严重。因此，当基坑较小、土质密实时，应由中间向两端进行；当

基坑较大、桩数较多时，应分段进行。

④编制施工组织设计、施工工艺设计和工序质量控制设计；编制作业指导书和操作规程；制定安全、质量保证及防治措施；组织技术交底和技术培训。

⑤对地质复杂的大桥、特大桥，为检验桩的承载能力和确定沉桩工艺应进行试桩。用于地下水有侵蚀性的地区或腐蚀性土层的钢桩应按照设计要求做好防腐处理。

2.桩架组立

桩架可在地面上拼组后，再用吊车以及桩架本身的起吊设备将其竖立起来，也可逐节向上拼组。桩架竖立好后应按规定设平衡重，再拉好缆风绳，保持桩架稳定。

3.吊桩、插桩

当桩架组立好后即可吊桩、插桩，吊点应符合规定，各吊点必须同时受力。插桩时要对准桩位，做到桩位、桩中心线及锤中心线在同一直线，然后徐徐放下桩锤，利用锤重把桩压入土中，开打时应慢打低击，随着桩入土深度的增加逐渐加大锤击力量。打桩过程中应有专人负责填写打桩记录。

4.打桩

（1）正式打桩前，在桩位或附近地质相同地点先试桩。施工阶段的试桩，主要是确定施工工艺、选定施工机具设备及检验桩的承载力等。

（2）打桩选择桩锤时，应根据桩的类型、桩重、桩的设计承载力、土质及施工动力设备等因素综合考虑选取桩锤重量。桩锤太轻，桩难以打下，效率低，还可能将桩头打坏，所以应按"重锤轻击"的原则选锤和确定落距。

（3）打桩顺序

①密集群桩采用隔桩或隔行跳打，或隔行且隔桩跳打，以利于土中水压力消散。

②先打中部桩，再向两侧推进。在邻近建筑物时，应从接近建筑物的一端向另一端推进。

③在斜坡上打桩，应从地面较高一侧向低侧推进。

（4）垂直度控制

当桩尖进入土层500 mm后，用经纬仪调整桩机桩架处于垂直位置，然后再调整首节桩的垂直度（经纬仪一般架设在距桩机15 m以外），使桩架与桩身保持平行，其精度误差小于桩长的1%（首节管桩插入地面时的垂直度偏差不得超过0.5%），即可沉桩，并在沉桩过程中进行跟踪监测，指挥桩架保持精度。如果超差，必须及时调整，但须保证桩身不裂，必要时拔出重插应尽可能拔出桩身，查明原因，排除故障，以沙土回填后再进行施工。不允许采取强扳的方法进行快速纠偏，否则将桩身拉裂、折断。

（5）打桩遇到岩层或孤石的处理

①当基岩面倾斜时，应提出修改设计建议，选择不同长度的桩，满足打到基岩面的深

度要求。

②遇到土中夹大石块时，可以采用钻孔穿透石块，然后再打桩。施工填土时，应将大石块解小，避免影响打桩。

③桩尖接近基岩时，应控制锤的落距，防止将桩打坏。

④当桩接近倾斜岩层或孤石而出现桩身倾斜时，应将桩拔出重打。

5.沉入桩的施工要点

（1）锤击沉桩法施工要点

①沉桩前，应对桩架、桩锤、动力机械等主要设备部件进行检查；开锤前应再次检查桩锤、桩帽或送桩与桩中轴线是否一致；锤击沉桩开始时，应严格控制各种桩锤的动能。如桩尖已沉入施工图标示高程，但沉入度仍达不到要求时，应继续下沉直至达到要求的沉入度为止。沉桩时，如遇到下列情况应立即停止锤击，查明原因，采取措施后方可继续施工：

•沉入度突然发生急剧变化；

•桩身突然发生倾斜、移位；

•桩不下沉，桩锤有严重回弹现象；

•桩顶破碎或桩身开裂、变形；

•桩侧地面有严重隆起现象；

•其他不正常现象。

②锤击沉桩的停锤控制标准

•施工图标示桩尖高程处为硬塑黏性土、碎石土、中密以上的砂土或风化岩等土层时，根据贯入度变化并对照地质资料，确认桩尖已沉入该土层，贯入度达到控制贯入度。

•当贯入度已达到控制贯入度，而桩尖高程未达到施工图标示高程时，应继续锤入0.10 m左右（或锤击30 ~ 50次），如无异常变化即可停锤；若桩尖高程比施工图标示高程高得多时，应报有关部门研究确定。

•施工图标示柱尖高程处为一般黏性土或其他松软土层时，应以高程控制、贯入度作为校核。

•同一桩基中，各桩的最终贯入度应大致接近，而沉入深度不宜相差过大，避免基础产生不均匀沉降。

（2）振动沉桩法施工要点

①振动锤的选择：应验算振动上拔力对桩身结构的影响。

②施工过程注意事项

•振动沉桩机、机座、桩帽必须连接牢固；沉桩和桩中心线应尽量保持在同一直线。

•开始沉桩时宜用自重下沉或射水下沉，待桩身有足够稳定性后，再采用振动下沉。

•每根桩的沉入作业应一次连续完成,不可中途停振过久,以免土的摩阻力恢复,使继续下沉困难。

③振动沉桩停振控制标准:应以通过试桩验证的桩尖高程控制为主,以最终贯入度或可靠的振动承载力公式计算的承载力作为校核。如果桩尖已达到高程而最终承载力相差较大时,则应查明原因,报请有关单位研究处理。

④出现异常情况的处理:出现柱的偏移、倾斜或严重回弹,以及其他不正常情况时,均应停止锤振,并查明原因,采取相应对策处理后方可继续沉桩。

(3)混凝土管桩内射水结合锤击下沉施工要点

①施工顺序

•按照计算长度配好射水管,将所有接头连接牢固,装上弯管,并与输水胶管接通,进行通水试验。

•射水管装上导向环,缚好保险绳,插入即将起吊的管桩,然后在桩顶安装钢质送桩。

•吊插桩基时要注意及时引送输水胶管,防止拉断与脱落。

•管桩插正立稳后,压上桩帽及桩锤,吊桩钢丝绳暂不解脱,即开启水阀,开始射水冲刷桩尖下的土壤,用较小水压使桩主要依靠自重下沉。开始时使用较小的水压,具体视土质而定。

•沉桩至距施工图标示高程一定距离(2.0 m以上)停止射水,拔出射水管,进行锤击或振动使桩下沉至施工图标示高程。

②注意事项

•初期应控制桩身下沉过快,以免阻塞射水管嘴,并注意随时控制和校正桩的方向。

•下沉渐趋缓慢时,可开锤轻击,沉至一定深度(8 ~ 10 m)已能保持桩身稳定后,可逐步加大水压和锤的冲击动能。但是在桩的自由长度仍较大时,不宜使用过大的锤击能量。

•就地接桩需要同时接长射水管时,为防止停水导致泥沙涌入桩内堵塞或卡住射水嘴可在停水前先将射水管吊起约50 cm,继续不停地射水,待桩顶涌出较清水时,停止射水,拆除弯管,进行接管、接桩。接好桩后,开启水阀,并将射水嘴伸出桩尖至原来位置。若在射水管上安装三通阀,则在接桩时可不中断射水,亦可不提起射水嘴。射水时,水阀不宜突然大开,以免射水量、水压突然降低,涌入泥沙堵塞射水嘴。

(4)钢管桩内射水结合锤击下沉施工要点

①施工顺序

•吊插钢管桩前,将射水管、供气管安装完毕后放入钢管桩内。

•将桩吊起后固定,然后接通射水管与供气管。

•沉桩船行驶至设计位置，固定好船体后进行插桩作业，待桩沉入水中3～5 m时开始冲水供气，桩顶有清水溢出，桩体依靠自重缓慢下沉，直至桩身自沉停止后，重复压锤直到插扦至设计高程，沉桩完成。

②注意事项

•桩顶溢出的泥水颜色变淡时，开始锤击。边锤击边射水将桩芯泥沙用压缩空气送出桩顶。

•射水冲散桩芯泥沙时，应随时注意河面有无大量气泡或翻冒的泥浆。如果有此情况，则表明桩内射水已从桩端溢出，破坏了桩周土壤，应立即停止射水和下沉。

•施工过程中应严格控制桩内射水的水量及水压，始终保持桩内土芯高度为2.5～6 m，以便锤击沉至施工图标示桩尖高程。

（5）静力压桩法施工要点

①压桩过程中，当桩尖碰到砂夹层时，压桩阻力可能增大，甚至超过压桩能力，使柱锤上抬。此时，可以最大的压桩力作用在柱顶上，采用停车"进一进"的方法，使桩可能缓慢穿过砂层。倘有少量桩确实不能沉达施工图标示高程，相差不多时，可截除柱头。

②接近施工图标示高程时，应注意严格掌握停压时间。停压早，补压困难；停压迟，则沉桩超过深度。

③压桩时，特别是压桩初期要注意桩的下沉有无走位、偏斜，是否符合桩中心位置，以便及时校正。无法校正时，应拔出重新下沉。如遇障碍，应予清除，重新插桩。

④多节桩施工，接桩面应距地面1 m以上，以便操作。

⑤尽量避免压桩中途停歇，停歇时间较长时再次启动的阻力增大。

⑥压桩中，桩身倾斜或下沉速度突然加快时，多为桩接头失效或桩身破裂。一般可在原桩位附近补压新桩。

⑦当压桩阻力超过压桩能力，或者配重不足，而使桩机发生较大倾斜时，应立即采取停压措施，以免造成断桩或压桩架倾倒事故。

（6）水中沉桩法施工要点。在河流较浅时，一般可以搭设施工便桥、便道、土岛和各种类型的脚手架组成工作平台，其上安置桩架并进行水中沉桩作业。在较宽阔的河中，可将桩安设在组合的浮体上或固定平台，亦可使用专门打桩船。此外，还可采用以下方法。

①先筑围堰后沉桩基法一般在水不深、桩基临近河岸时采用。

②先沉桩基后筑围堰法一般适用于较深的水中桩基。

③有底钢套箱围堰修筑水中桩基法一般适用于修筑深水中的高桩承台。

（二）钻孔灌注桩基础施工

钻孔灌注桩是指采用不同的钻孔方法在土中形成一定直径的井孔，达到设计高程后将钢筋骨架（笼）吊入井孔中，再灌注混凝土形成桩基础。我国在公路桥梁上使用钻孔灌注桩是从1963年河南省首先进行简易锥具钻孔灌注桩开始的。其后，逐渐在我国发展出冲抓钻、冲击钻、正反循环旋钻、潜水钻等各种钻孔工艺。钻孔直径从25 cm发展到350 cm以上，桩长从十余米发展到百米以上。

钻孔灌注桩施工技术凭借其成本低、具有良好的适应性优势被广泛地应用在公路桥梁工程中。运用钻孔灌注施工技术不仅能够有效提高公路桥梁工程的质量，增加其安全性，还能够延长公路桥梁的使用年限。当然，由于钻孔灌注桩施工技术具有隐蔽性，其施工操作主要是在地面或者水面进行，往往会涉及比较复杂的施工工艺，因此对钻孔灌注桩的整个施工工艺流程须进行重点把控，避免出现质量事故。

1.施工准备

钻孔灌注桩施工前，施工技术人员应按照技术管理的相关规定对施工图纸进行认真识读，重点把控相应工点的桩数、桩长、桩基及桩位，对不同类型的桩基配筋图进行区分，最好能够对各部位桩基做详细的分析并记录。

2.施工场地平整

钻孔前，测量放样出钻孔作业工作场地范围，并进行必要的场地准备工作及平面布置工作。其内容包括：

①场地为旱地时，应清除杂物，换除软土，整平、夯实。

②场地为陡坡时，可用枕木、型钢等搭设工作平台。

③场地为浅水时，宜采用筑岛施工，筑岛面积应根据钻孔方法、设备大小等要求确定。

④场地为深水或淤泥较厚时，应搭设工作平台。平台必须牢固、稳定，能承受工作时所有的静、动荷载，并保证施工机械能安全进出。

如水流平稳，水位升降缓慢，全部工序可在船舶或浮箱上进行，但必须锚固稳定，桩位准确。如流速较大，但河床可以整理平顺，可采用钢桩或钢丝网水泥薄壁浮式沉井，就位后灌水下沉至河床然后在其顶部搭设工作平台，在其底部安设护筒；某些情况下，可在钢板桩围堰内搭设钻孔平台。

3.桩基放样

利用全站仪或GPS通过坐标法对桩基进行放样，放样时应放出桩位中心桩同时打入标示桩，在标示桩四周5 m范围内沿桩中心呈"十"字形引出四个护桩用来控制桩位。单桩护桩采用3 cm×3 m木桩，桩顶钉钉，高度80 cm，埋入地下45 cm，并用砂浆或素混凝土保护。测量完成后，向测量监理工程师报检，经监理检验合格后进入下一步施工。

4.埋设钢护筒

护筒的作用是固定钻孔位置；开始钻孔时对钻头起导向作用；保护孔口防止孔口土层

坍塌；隔离孔内孔外表层水，并保持钻孔内水位高出施工水位以产生足够的静水压力稳固孔壁。

护筒制作要求坚固、耐用、不易变形、不漏水、装卸方便和能重复使用。一般用木材、薄钢板或钢筋混凝土制成，护筒内径应比钻头直径稍大，旋转钻须增大 0.1 ~ 0.2 m，冲击钻或冲抓钻增大 0.2 ~ 0.3 m。

护筒埋置时应注意下列几点。

（1）护筒平面位置应埋设正确，偏差不宜大于 50 mm，倾斜度不得大于 1%。

（2）护筒顶面宜高出地面 0.3 m 或水面 1.0 ~ 1.2 m。当钻孔内有承压水时，应高出稳定后的承压水位 2.0 m 以上。处于潮水影响地区时，应高于施工水位 1.5 ~ 2.0 m，并应采取稳定护筒内水头的措施。

（3）护筒底应低于施工最低水位（一般低于 0.1 ~ 0.3 m 即可）。深水下沉埋设的护筒应沿导向架借自重、射水、振动或锤击等方法将护筒下沉至稳定深度。对于入土深度，黏性土应达到 0.5 ~ 1 m，砂性土则为 3 ~ 4 m。

（4）下埋式及上埋式护筒挖坑不宜太大（一般比护筒直径大 0.1 ~ 0.6 m），护筒四周应夯填密实黏土。护筒应埋置在稳固的黏土层中，否则应换填黏土并密实，其厚度一般为 0.5 m。

（5）护筒连接处要求筒内无突出物，应耐拉、压，不漏水。

根据桩基设计直径，选择相应规格的钢护筒，防止顶部土层塌方对钻孔桩施工造成影响。

护筒埋置过程中，采用十字护桩复核钢护筒中心，人工进行调整，调整好后，护筒四周采用黏土回填，并人工夯实。护筒埋设完成后，测量班对桩位中心进行复测，并记录护筒实测顶面高程，计算设计孔深。

5. 泥浆制备

在钻孔过程中，为了防止坍孔，常采用高稠度的泥浆对孔壁进行保护。泥浆由水、黏土（膨润土）和添加剂 [稜甲基纤维素、CMC 及纯碱（Na_2CO_3）] 组成，它具有浮悬钻渣、冷却钻头、润滑钻具、增大静水压力，并有在孔壁形成泥膜、隔断孔内外渗流、防止坍孔的作用。

调制的钻孔泥浆及经过循环净化的泥浆，应根据钻孔方法和地层情况采用不同的性能指标。泥浆稠度应视地层变化和操作要求，灵活掌握。泥浆太稀，排渣能力小，护壁效果差；泥浆太稠，会削弱钻头冲击功能，降低钻进速度。

对大直径或超长钻孔灌注桩，泥浆选择应根据钻孔的工程地质情况、孔位、钻机性能、泥浆材料条件等确定。在地质复杂、覆盖层较厚、护筒下沉不到岩层的情况下，宜使用不分散、低固相及高黏度的泥浆，如丙烯酰胺即 PHP 泥浆。

6.钻孔

根据井孔中土（钻渣）的取出方法不同，常用的方法有螺旋钻孔、正循环回转钻孔、反循环回转钻孔、潜水钻机钻孔、冲抓钻孔、冲击钻孔、旋挖钻机钻孔等。在公路工程中，常采用冲击钻孔、旋挖钻机钻孔、正循环回转钻孔及反循环回转钻孔。

（1）冲击钻孔。冲击钻孔是通过反复提钻、落钻，采用重力原理反复冲击岩层，将岩层砸成碎末、细渣，并采用泥浆循环的方式将石渣排出孔外。其适用于黄土、黏性土或粉质黏土和人工杂填土层，特别适合于在有孤石的砂砾石层、漂石层、硬土层、岩层中使用。

施工中根据现场地质状况，合理选择冲击钻。冲击钻成孔一个最重要的关键点就是泥浆护壁，护壁泥浆含砂量一定要小。泥浆浓度可以根据试验测定或经验判断，泥浆太浓，钻孔速度慢；泥浆太轻，护壁容易坍塌。开始钻进宜慢不宜快，因为护筒刃脚周围岩层处最容易穿孔，须反复冲击挤压密实；施工中注意垂直度校正，2～3 m后立即校正，钻孔太深且偏差太大必须回填重来；岩层一般是倾斜的，与钻机解除面位置垂直，此处位置通过回填卵石反复冲钻，直到岩层平整，然后再继续钻进，防止卡钻、孔位倾斜等。

施工过程中护筒及时跟进，护筒内水头一定要保持，随时检查控制泥浆指标，不可马虎。随时检查钻机、钢丝绳等，防止掉钻；每天根据钻渣判断地质情况，做好地质柱状图标识；钻至设计位置后通知监理验收，共同确定孔底地质与设计是否一致；钻孔整个过程控制应严谨，防止刃脚穿孔、塌孔、偏孔、十字孔、卡钻、埋钻、吊钻事故发生。

（2）旋挖钻机钻孔。旋挖钻机是一种高度集成的桩基施工机械，采用一体化设计、履带式360°回转底盘及桅杆式钻杆，一般为全液压系统。旋挖钻机采用筒式钻斗，钻机就位后，调整钻杆垂直度，注入调制好的泥浆，然后进行钻孔。当钻头下降到预定深度后，旋转钻斗并施加压力，将土挤入钻斗内，仪表自动显示筒满时，钻斗底部关闭，提升钻斗将土卸于堆放地点。钻进施工过程中应保证泥浆面始终不得低于护筒底部，保证孔壁稳定性。通过钻斗的旋转、削土、提升、卸土和泥浆撑护孔壁，反复循环直至成孔。

旋挖钻机特殊的桶形钻头直接取土出渣，不须接长钻杆，钻孔时孔口注浆以保持孔内泥浆高度即可，因而能大大缩短成孔时间，提高施工效率。由于带有自动垂直度控制和自动回位控制，成孔垂直度和孔位等能得到保证。桶钻取土上提过程中对孔壁扰动较小，桶钻周边设有溢浆孔，溢出泥浆可起到护壁作用。旋挖钻机一般适用于黏土、粉土、砂土、淤泥质土、人工回填土及含有部分卵石、碎石的地层。具有大扭矩动力头和自动内锁式伸缩钻杆的钻机可适用于微风化岩层的孔施工。

（3）正循环回转钻孔。正循环回转钻孔是指利用钻具旋转切削土体钻进，泥浆泵将泥浆压进泥浆笼头，通过钻杆中心从钻头喷入钻孔内，泥浆挟带钻渣沿钻孔上升，从护筒顶部排浆孔排出至沉淀池，钻渣在此沉淀而泥浆流入泥浆池循环使用。其特点是钻进与排渣同时连续进行，在适用的土层中钻进速度较快，但须设置泥浆槽、沉淀池等，施工占地较多，且机具设备较复杂。

（4）反循环回转钻孔。与正循环法不同的是泥浆输入钻孔内，然后从钻头的钻杆下口吸进，通过钻杆中心排出至沉淀池内。其钻进与排渣效率较高，但接长钻杆时装卸麻烦，钻渣容易堵塞管路。另外，因泥浆是从上向下流动，孔壁坍塌的可能性较正循环法大，为此须用较高质量的泥浆。

（5）钻孔注意事项。钻进过程中做到勤抽渣、勤检查钢丝绳和钻头的磨损情况。抽渣后及时向孔内补浆或补水。钻进过程中，做好相关的现场记录，包括钻孔记录（开钻成孔时间、钻机型号、地质描述等内容）、泥浆测试记录、地质取样资料。正常钻进按照 4 h 抽取泥浆稠度。针对设计图纸地层变化捞取渣样。正常钻进每 2 m 取一次，接近微风化时每 0.5 m 取一次样，渣样提取后存放于渣样盒中，并标明取渣时间、桩号、标高和渣样名称，判明后记入记录表，并绘制桩基地质柱状图。

钻孔过程中应防止坍孔、孔形扭歪或孔斜，钻孔漏水、钻杆折断，甚至把钻头埋住或掉进孔内等事故，因此钻孔时应注意以下四点。

①钻孔过程中，始终要保持孔内外既定的水位差和泥浆浓度，以起到护壁、固壁作用，防止坍孔。若发现有漏水（漏浆）现象，应找出原因及时处理。如护筒本身漏水或因护筒埋置太浅而发生漏水，应堵塞漏洞或用黏土在护壁周围夯实加固，或重埋护筒；若因孔壁土质松散，泥浆加固孔壁作用较差，应在孔内重新回填黏土，待沉淀后再钻进，以加强泥浆护壁。

②钻孔过程中，应根据土质等情况控制钻进速度、调整泥浆稠度，以防止坍孔及钻孔偏斜、卡钻和旋转钻机负荷超载等。

③钻孔宜一气呵成，不宜中途停钻以避免坍孔，若坍孔严重应回填重钻。

④钻孔过程中应加强对桩位、成孔情况的检查工作。终孔时应对桩位、孔径、形状深度、倾斜度及孔底土质等情况进行检验，合格后立即清孔、吊放钢筋笼，灌注混凝土。

钻进过程中应认真填写钻进记录，详细记录地层变化情况、出现的有关问题（如加钻杆、钻进深度、地质特征、机械设备损坏、障碍物等情况）及处理措施和效果。发现地层异常时，应及时通知现场技术人员。记录必须认真、及时、准确、清晰，钻机操作手或班长必须在记录上签字。

当成孔深度达到设计深度后，由项目部技术员进行成孔质量检验符合设计、规范要求后，请监理复检认可。

7. 钻孔弃渣处理及泥浆外运

（1）钻渣外运。旋挖钻机等钻孔机械挖出的渣土不能直接随地倾倒，应运至设计的弃渣场堆放。若渣土是湿泥状态，无法直接装车运走，必须转运至工地临时存土场晾晒后再倒运出工地。临时堆存场的渣土应使用人工配合装载机、挖掘机打齐堆放并用黑色网覆盖，防流失、防扬尘。

渣土宜采用挖掘机装车，自卸汽车运输。运输车出场前，使用洗车机清洗车底部及四周，使其满足环保要求，不对道路造成污染，运输时间及线路须遵守国家及地方政府的法律法规。

（2）泥浆外运。钻进、清孔及灌注过程中产生的废浆应采用全封闭的罐式运输车及时外运至指定的处理场地，不得随地倾倒污染环境。废弃的泥浆可采用物理、化学及生物等方式处理，处理时不得污染环境及影响居民生活。

8.成孔检查

钻孔灌注桩在成孔过程中及终孔后，以及灌注混凝土前，应对钻孔进行阶段性的成孔质量检查（如孔深、孔径、垂直度、沉淀厚度等），检测前准备好检测工具（如测绳、检孔器等）。

（1）孔径和孔形检测。孔径检测在桩孔成孔后，下钢筋笼前进行。孔径及孔形检查通常采用检孔器进行检查。检孔器采用直径不小于20 mm的螺纹钢筋制作。内部每1.5 m设置一道加劲箍筋，加劲箍筋上焊接十字钢筋固定。

检测时将检孔器吊起，孔中心与起吊钢绳保持一致，慢慢放入孔内，检孔器靠自重下沉，不借助其他外力顺利下至孔底，不停顿，证明钻孔符合规范及设计要求，如不能顺利下至孔底，则用钻机进行扩孔处理。

（2）孔深和孔底沉渣检测。钻孔深度=护筒顶部标高—设计桩底高程，孔深和孔底沉渣采用测绳和标准锤检测。测锤一般采用锥形锤，锤底直径13 ～ 15 cm，高20 ～ 22 cm，质量4 ～ 6 kg，挂在测绳上，利用测锤自重锤击检查。测绳采用钢尺进行校核，浇筑混凝土前检查孔底沉渣厚度，要求厚度不大于5 cm，严禁采用加深钻孔深度方法代替清孔。

（3）合格标准。

9.清孔

钻孔作业过程中，通常需要稠度大、比重大的泥浆，而大稠度的泥浆会黏结在钢筋上影响结构受力。在灌注水下混凝土过程中，大稠度的泥浆会导致孔底沉渣过厚，也会增加灌注阻力和灌注难度，因此在吊放钢筋笼前需要将孔内泥浆进行稀释，以使孔底沉渣厚度、泥浆液中含浮土量符合质量要求和设计要求，即清孔。

常用的清孔方法有换浆法、抽浆法、掏渣法及喷射清孔法等，应根据设计要求、钻孔方法、机具设备和土质条件决定。其中抽浆法清孔较为彻底，适用于各种钻孔方法的灌注桩。对于孔壁易坍塌的钻孔，清孔时操作要细心，防止塌孔。

目前公路工程桥梁中，广泛使用换浆法（泥浆循环法）进行清孔，即利用泥浆泵向孔底输入新鲜的低稠度泥浆以置换孔底稠泥浆，并使稠泥浆携带着孔底浮土排出孔外泥浆池中，如此循环，直到清孔完成为止。清孔完毕，检查泥浆比重，清孔的泥浆比重控制在1.03 ~ 1.1。

清孔结束，自检合格后与监理工程师共同进行孔深测量，作为浇筑前测沉淤的依据。

10.钢筋笼制作与就位

（1）钢筋笼加工制作

①钢筋笼应在经过地基混凝土硬化处理的钢筋加工厂内集中地严格按照图纸设计制作，允许偏差按现行的《公路工程质量检验评定标准》执行。

②长度较小的钢筋笼可以采取整体制作、整体吊装的方式施工。长度较大的钢筋笼一般分段制作，现场钢筋笼正常按照钢筋长度9 m/12 m一节进行加工配制，制作时可采用人工或滚笼焊机进行加工，钢筋笼加工质量均应满足要求。

③超声波检测管安装。根据设计文件，如桩基检测需要预埋超声波检测管，应根据设计要求，每根桩内埋设相应数量的声测管，具体施工措施如下。

• 钢筋笼内声测管需要定位筋固定，采用中φ10钢筋加工成U形卡焊接在骨架上，长度45 cm，每3 m一道等距布置在声测管外围，分段吊装，接头采用专用接头连接；

• 声测管底端和顶端应采用专用堵头进行封堵；

• 为便于桩基检测及桩基后压浆施工，要求声测管顶部高出地面50 cm。

④后压浆管安装。根据设计文件，如桩基施工完毕后需要进行桩基后压浆，应根据设计要求，每根桩内埋设相应数量的无缝压浆钢管，具体施工措施如下。

• 钢筋笼内压浆管需要定位筋固定，采用φ10钢筋加工成U形卡焊接在骨架上，长度30 cm，每3 m一道等距布置在声测管外围，分段安装，接头采用专用管箍接头连接；

• 压浆管底端和顶端应采用专丝堵进行封堵；

• 为便于桩基后压浆施工，要求压浆管顶部高出地面50 cm。

⑤钢筋笼制作完成后移运至成品区临时存放，临时存放的场地必须保证平整、干燥。存放时，每个加劲筋与地面接触处都垫上等高的方木，以免受潮或沾上泥土。每组骨架的各节段要排好次序，挂上标志牌，便于使用时按顺序装车运出。

（2）钢筋笼运输。钢筋笼验收合格后，应采用专用平板运输车从钢筋存放场地进行二次倒运，用平板拖车通过便道运至墩位处，运输过程中应保持骨架不变形。

（3）钢筋笼吊装就位

①安装钢筋笼时，宜采用两点、三点或四点起吊，每个吊点均应采用U形卡扣连接牢固。

②钢筋笼开始吊装时，现场安全员进行全程安全监控，指挥吊车及现场工人规范操作，先将钢筋笼吊离地面20 cm左右，安全防护人员检查吊车的稳定性和制动器等是否灵

活和有效，经检查吊车稳定、制动器灵活，继续进行吊装施工。

钢筋笼吊放入孔时，对准孔位，保持垂直，轻放、慢放入孔，入孔后徐徐下放，不得左右旋转，严禁摆动碰撞孔壁，若中途遇阻不得强行下放（可适当转向再下放）。如果仍无效果，则应起笼扫孔后重新下放。

第一节骨架放到最后一节加劲筋位置时，穿入可承载相应重量的钢棒或型钢，将钢筋骨架临时支撑在孔口平台上，再起吊第二节骨架与第一节骨架连接。连接时上下主筋位置对正，保持钢筋笼上下轴线一致，先连接一个方向的两根接头，然后稍提起，以使上下节钢筋笼在自重作用下垂直，再连接其他所有的接头。接头焊好后，骨架吊高，抽出支撑工字钢后，下放骨架。如此循环，使骨架下至设计标高。钢筋笼连接时应同步进行声测管和压浆管安装。

最后一节钢筋笼吊装时，以与钢筋笼主筋相同的钢筋焊接为定位筋，定位筋长度=护筒顶高程－钢筋笼顶部高程+0.5 m（吊环）+10d（焊接长度），用于钢筋笼孔口高程定位安装。定位筋应采用双数对称布置，数量应根据钢筋笼的重量确定。

③钢筋笼安放完成后，在护桩上拉十字线，用吊垂检查两十字交叉点是否重合。不符合要求时，应调整穿杠上的钢筋笼定位筋，使之重合。

11. 导管安装及二次清孔

（1）导管选择及其安装

①水下混凝土一般用钢导管灌注，导管内径为200 ~ 350 mm，视桩径大小而定，导管应配置0.5 m、1 m、2 m、3 m及4 m等不同长度的节段，以便根据实际孔深进行组合搭配。

②导管使用前应进行水密承压和接头抗拉试验，严禁用压气试压。进行水密试验的水压不应小于孔内水深1.3倍的压力，也不应小于导管壁和焊缝可能承受灌注混凝土时最大内压力的1.3倍。

③导管轴线偏差不宜超过孔深的0.5%，且不宜大于10 cm。

④导管采用法兰盘接头宜加锥形活套；采用螺旋丝扣型接头时，必须有防止松脱装置。

⑤导管底部至孔底的距离应在30 ~ 50 cm。

（2）二次清孔。导管安装完毕后，吊放钢筋笼和安装导管过程中，孔内泥浆一直处于静置状态，泥浆中的泥土会不断地沉淀在孔底造成孔底沉渣过厚，因此需要根据实际情况进行一定时间的二次清孔，以减少孔底沉渣量及泥浆比重。

12. 水下混凝土灌注

水下混凝土一般采用导管法灌注。将导管居中插入离孔底30 ~ 50 cm（不能插入孔底沉积的泥浆中），导管上口接漏斗，在接口处设隔水栓，以隔绝混凝土与导管内泥浆接触。在漏斗中储备足够数量的混凝土后，瞬间放开隔水栓，储备的混凝土连同隔水栓在重力作用下瞬间向孔底猛落，这时孔内水位骤涨外溢，说明混凝土已灌入孔内。当落下有足够数量的混凝土时，则将导管内的水全部压出，并使导管下口埋入孔内混凝土 1 ~ 1.5 m 深，保证钻孔内的水不可能重新流入导管。随着混凝土不断通过漏斗、导管灌入钻孔，钻孔内初期灌注的混凝土及其上面的水或泥浆不断被顶托升高，相应地不断提升导管和拆除导管，并保持导管埋入混凝土内部，直至钻孔灌注混凝土完毕。

（1）灌注施工要点

①混凝土配合比应通过试验确定，须具备良好的和易性，坍落度宜为 180 ~ 220 mm。

②首批混凝土数量应能满足导管首次埋置深度（≥1.0 m）和填充导管底部的需要。

③首批混凝土拌和物下落后，混凝土应连续灌注，导管埋置深度宜控制在 2 ~ 6 m。

④为防止钢筋骨架上浮，当灌注的混凝土顶面距钢筋骨架底部 1 m 左右时，应降低混凝土的灌注速度。当混凝土拌和物上升到骨架底口 4 m 以上时，提升导管，使其底口高于骨架底部 2 m 以上，即可恢复正常灌注速度。

⑤灌注过程中，应始终保持导管埋入混凝土内 2 ~ 6 m，上提及拆除导管前均应先准确测量混凝土面的高程，以防止将导管提出混凝土灌注面。

⑥灌注的桩顶高程应高出设计高程 0.5 ~ 1.0 m，确保桩头浮浆层凿除后桩基混凝土达到设计强度。

⑦灌注桩的实际浇筑混凝土量不得小于计算体积。灌注过程中应做好施工记录。

（2）施工中易出现的问题及预防和处理方法

①钢筋笼上浮是指灌注桩在浇筑混凝土时钢筋笼上浮。

· 原因分析：混凝土在进入钢筋笼底部时浇筑速度太快；钢筋笼未采取固定措施。

· 防治措施：当混凝土上升到接近钢筋笼下端时，应放慢浇筑速度，减小混凝土面上升的动能作用，以免钢筋笼被顶托而上浮。当钢筋笼被埋入混凝土中有一定深度时，再提升导管，减少导管埋入深度，使导管下端高出钢筋笼下端有相当距离时再按正常速度浇筑，在通常情况下，可防止钢筋笼上浮。此外，浇筑混凝土前，应将钢筋笼固定在孔位护筒上，也可防止上浮。

②断桩。断桩是成桩后，经探测桩身局部没有混凝土，存泥夹层或截面断裂的现象，是最严重的一种成桩缺陷，直接影响结构基础的承载力。

· 原因分析：混凝土坍落度太小、骨料太大、运输距离过长、混凝土和易性差致使导管堵塞，疏通堵管再浇筑混凝土时，中间就会形成夹泥层；计算导管埋管深度时出错，或盲目提升导管，使导管脱离混凝土面，再浇筑混凝土时，中间就会形成夹泥层；钢筋笼将导管卡住，强力拔管时，使泥浆混入混凝土中；导管接头处渗漏，泥浆进入管内，混入混凝土中；混凝土供应中断，不能连续浇筑，中断时间过长，造成堵管事故。

· 预防措施：混凝土配合比应严格按照有关水下混凝土的规范配制，并经常测试坍落度，防止导管堵塞；严禁不经测算盲目提拔导管，防止导管脱离混凝土面；钢筋笼主筋接头要焊平，以免提升导管时，法兰挂住钢筋笼；浇筑混凝土应使用经过检漏和耐压试验的导管；浇筑混凝土前应保证混凝土搅拌机能正常运转，必要时应有一台备用搅拌机。

• 治理方法：当导管堵塞而混凝土尚未初凝时，可吊起导管，再吊起一节钢轨或其他重物在导管内冲击，把堵管的混凝土冲散或迅速提出导管，用高压水冲掉堵管混凝土后，重新放入；当断桩位置在地下水位以上时，如果桩的直径较大（一般在 1 m 以上），可抽掉桩孔内泥浆，在钢筋笼的保护下，人下到桩孔中，对先前浇筑的混凝土面进行凿毛处理并清洗钢筋，然后继续浇筑混凝土；当断桩位置在地下水位以下时，可用直径较原桩直径稍小的钻头，在原桩位处钻孔，钻孔至断桩部位以下适当深度时，重新清孔，并在断桩部位增设一节钢筋笼，笼的下半截埋入新钻的孔中，然后继续浇筑混凝土；当导管被钢筋笼挂住时，如果钢筋笼埋入混凝土中不深，可提起钢筋笼，转动导管，使导管脱离，如果钢筋笼埋入混凝土中很深，只好放弃导管；灌注桩因严重塌方而断桩或导管拔出后重新放入导管时均形成断桩，是否需要在原桩外侧补桩，须经检测后与有关单位商定。

通常情况，断桩没有特别有效的治理方法，上述方法仅限于理论，实际施工中难以采用上述方法进行补救。因此，实际灌注混凝土过程中被认可为已经形成了断桩，应及时返工。特别是对于单桩基础，在混凝土灌注前应做好充分的准备，确保桩基混凝土灌注过程顺利。

（3）桩身混凝土质量差是指桩身出现蜂窝、空洞、夹泥层或级配不均。

①原因分析：浇灌混凝土时未边灌边振捣，使桩身混凝土不密实；浇灌混凝土时或上部放钢筋笼时，孔壁土坍落在混凝土中，造成桩身夹泥；混凝土配合比坍落度掌握不严，下料高度过大，混凝土产生离析，造成桩身级配和强度不均匀。

②防治措施：浇灌混凝土时应边灌边振捣；浇灌混凝土时或上部放钢筋笼时，注意不要碰撞土壁，造成土体坍落；认真控制混凝土的配合比和坍落度，浇灌混凝土时设置串筒下料，防止混凝土产生离析现象，使混凝土强度均匀。

13. 桩后压浆

钻孔灌注桩施工工艺决定了其桩体周围会存在泥皮和桩底存在沉渣。桩体周围泥皮和桩底沉渣的存在会影响灌注桩的单桩承载力、造成工程沉降及增加工程造价。为了解决上述问题，通常采取桩后压浆技术进行处理。

桩后压浆包括桩底压浆和桩侧压浆，其施工原理是以注浆泵将配制的水泥浆加压输入桩身内预埋管，通过桩底或桩侧注浆管注入周围介质。桩底注浆时通过渗入（粗粒土）和劈裂（细粒土）作用注入桩底沉渣和周围一定范围的土体中，并在桩土软弱界面上扩大至桩底以上 10 ~ 20 m 甚至更大的范围。桩侧注浆时，浆液通过渗入和劈裂注入注浆点以上的桩土界面一定范围内的土体中。注浆压力根据地层性质和深度确定，风化岩压力最高，软土压力最低。

限于本书篇幅，本节不再详述桩底及桩侧后压浆相关内容，请参考规范学习。

（三）人工挖孔桩施工

人工挖孔桩是以人力为主，配合以小型机具（人力镐、钢钎、风镐、水磨钻机）或爆破等方式成孔并及时施做混凝土护壁结构，待成孔并验收后，下放钢筋笼，灌注混凝土而成的桩基。

人工挖孔桩施工方便、速度较快、不需要大型机械设备，挖孔桩要比木桩、混凝土打入桩抗震能力强，造价比冲锥冲孔、冲击锥冲孔、冲击钻机冲孔、回旋钻机钻孔、沉井基础低，从而在公路、民用建筑中得到广泛应用。但挖孔桩井下作业条件差、环境恶劣、劳动强度大、工期较长，安全和质量控制风险较大。

1.人工挖孔桩的适用条件及要求

（1）相关法律法规

①人工挖孔桩属于危险性较大的分部分项工程，施工前需要编制安全专项施工方案。当人工挖孔桩孔深大于16 m时，安全专项施工方案需要进行专家论证审批。而2018年3月8日住房和城乡建设部发布《危险性较大的分部分项工程安全管理规定》时，对此内容未做明确规定。

②人工挖孔桩的孔径（不含护壁）不得小于0.8 m，且不宜大于2.5 m；孔深不宜大于30 m，当桩净距小于2.5 m时，应采用间隔开挖。相邻排桩跳挖的最小施工净距不得小于4.5 m。

③人工挖孔桩作业应制订专项施工方案。孔深不宜超过15 m，孔径不宜小于1.2 m。孔深超过30 m的应配备作业人员升降设备。

④挖孔桩直径不应小于1 200 mm，挖孔深度不宜大于15 m，孔深大于10 m时必须强制采取机械通风措施。

（2）具体要求

①无地下水或有少量地下水，且较密实的土层或风化岩层中。

②岩溶地区和采空区不宜采用人工挖孔施工。

③孔内空气污染物超过现行国家标准《环境空气质量标准》（GB 3095—2012）规定的三级标准浓度限值，且无通风措施时，不得采用人工挖孔施工。

④桩径不小于0.8 m，一般孔深不宜大于25 m，在实际工程应用中孔深远远超过25 m的情况屡见不鲜。例如，贵瓮高速清水河大桥桩基，开阳岸索塔基础采用18根直径3.5 m，最大桩长72 m的桩基，由于施工环境影响只能采用人工开挖方法施工。

2.施工工艺流程

（1）平整场地，测量定位。施工前，平整场地，铲除松软土层并夯实，施测孔桩十字线，桩孔位置定位，设置护桩并经常检查校核。孔口四周挖排水沟，做好排水系统，及时排出地表水，搭好孔口雨棚，安装提升设备，布置好出渣道路，合理堆放材料和机具，孔口四周 2 m 范围内不得堆放水泥杂物。孔口四周设护栏，高度 80 ~ 100 cm，防止土、石、杂物及人员落入孔内。

在场地三通一平的基础上，依据建筑物测量控制网的资料和基础平面布置图，测定桩位轴线方格控制网和高程基准点。确定好桩位中心，以中点为圆心，以桩身半径加护壁厚度为半径画出上部的圆周。撒石灰线作为桩孔开挖尺寸线，桩位线定好之后，必须经有关部门复查，办好预验手续后开挖。

（2）井孔开挖

①开挖顺序。为保证两施工孔桩净距大于 4.5 m，非咬合桩段采用跳 4 孔开挖，咬合桩段采用跳孔开挖。

②开挖方法

·人工开挖。土层挖孔作业采用人工逐层开挖，由人工逐层用镐、锹进行，遇坚硬土层用锤、钎或空压机风镐破碎。

·水磨钻开挖。当施工时遇到坚硬岩层，且没有条件开展爆破施工时，可采用水磨钻通过钻取岩做的方式开挖地层。

·爆破开挖。对于硬质岩石地层，一般采用爆破施工。由于人工挖孔桩入岩爆破施工时，自由面狭小、作业面较深、岩石的夹制力较大，加之孔口处受土层的影响护壁质量较差、抗震能力小，所以挖孔桩入岩爆破一般采用小直径浅孔微差爆破。

爆破参数应根据爆破的挖孔桩直径，岩石的物理力学性能，岩石的风化程度，岩石的结构组分、内聚力、裂隙性，特别是岩石的变形性和动力特性及所用炸药的性能来确定。

③主要开挖机具。

·挖掘工具：以铁锹、铁镐、铁锤、钢钎、风镐等简易轻便工具为主，必要时配备水磨钻及民用爆破器材。

·出土工具：由机架、电动葫芦及活底吊桶组成。机架采用型钢焊成的简易门式机架，其上安置单轨电动葫芦。起重工具采用链式电动葫芦，起吊能力为 10 kN，吊放深度根据桩长选择。钗链处设有自动限位防坠装置，承重吊链的破坏拉力不小于 60 kN。

·降水工具：孔内设集水坑，采用大扬程的潜水泵抽水。

·照明工具：孔内照明采用低压防水照明灯具。

·通风工具：采用 1.5 kW 的鼓风机，配以直径为 10 cm 的塑料送风管，向孔内送风不小于 25 L/s。

·混凝土护壁模板：采用钢模板。

·人员上下：采用吊挂式软爬梯。

• 水平运输：手推车运至临时堆土场，然后用自卸汽车弃运。

④开挖控制要点

• 井孔开挖自上而下逐层进行，挖土次序为先挖中间部分后挖周边。挖至地下水位时，在孔内挖集水井，设小型潜水泵将水排至场地排水沟内，集水井随挖土加深而加深。随着挖孔加深，及时安装通风、照明、通信等设备。

• 挖孔达到设计标高后，进行孔底处理，使孔底平整、无松渣淤泥及沉渣，嵌入岩层符合设计要求。经监理工程师检查合格后应马上封底，安放钢筋笼，灌注桩身混凝土。

• 当遇到流动性淤泥或流沙时，可采取以下措施：减少每节护壁高度（可取 0.3 ~ 0.5 m），即挖即护；采用钢护筒施工，在井孔内设高 1 ~ 2 m、厚 4 mm 钢套护筒，直径略小于混凝土护壁内径，利用混凝土护壁做支点，用小型油压千斤顶将钢护筒逐渐压入土中，阻挡流沙，钢套筒可一个接一个下沉，压入一段即开挖一段桩孔，直至穿过流沙层，再转入正常挖土和设混凝土支护；采用注浆加固措施，在桩四周预先注入水泥、水玻璃双液浆止水加固土体后再进行开挖和支护施工；采用上述方法仍无法施工时，即迅速用砂回填桩孔到能控制坍孔为止，防止周围地面下沉及塌孔，并速报有关部门及设计单位处理。

（3）护壁施做

①地质较差部分应采用钢筋混凝土护壁，地质较好部分可采用素混凝土护壁。

②为防止桩孔壁塌方，确保安全施工，成孔应设置护壁，其种类有长钢套管和现浇混凝土两种。现浇钢筋混凝土护壁与土壁能紧密结合，稳定性和整体性能均佳，且受力均匀，可以优先选用。当桩孔直径不大，深度较浅而土质又好、地下水位以上的土层，也可以采用喷射混凝土护壁。

③为防止塌孔和保证施工安全，根据设计要求，孔桩采用混凝土护壁支护，人工填土层中每节高 0.6 m，其他土层中每节护壁高 0.8 m。护壁厚 100 mm，C20 混凝土内配 匝 6 φ 300 钢筋。为了便于混凝土浇筑，护壁做成锥形，上口宽 150 ~ 200 mm，下口宽 100 mm。护壁施工采取一节组合钢模板拼装而成，拆上节支下节，循环周转使用，模板用 U 形卡连接，上下设两半圆组成的钢圈顶紧不另设支撑，混凝土用吊桶运输人工浇筑，从第二节护壁模板开始上部留 100 mm 高做浇筑口，拆模后用混凝土堵塞。正常温度下 24 h 后即可拆模。

④灌注护壁混凝土时，可用敲击模板或用木棒反复插捣。不得在桩孔水淹没模板的情况下灌注护壁混凝土。发现护壁有蜂窝、漏水现象应及时加以堵塞或导流，防止孔外水通过护壁流入桩孔内。同一水平面上的孔圈两正交直径误差不宜大于 50 mm。

⑤在第一节混凝土护壁上设十字控制点，每一节设横杆吊大线坠作中心线，用水平尺杆找圆周。控制桩径偏差在 +50 ~ -50 mm。

⑥每节桩孔护壁做好以后，必须将桩位十字轴线和标高测设在护壁的上口然后用十字线对中，吊线坠向孔底投设，以半径尺杆检查孔壁的垂直平整度。随之进行修整，孔深必

须以基准点为依据，逐根进行引测。保证桩孔轴线位置、标高、截面尺寸满足设计要求。

（4）成孔检验。挖至设计标高，终孔后应清除护壁上的泥土和孔底残渣、积水并对桩身直径、扩大头尺寸、孔底标高、桩位中线、井壁垂直、虚土厚度进行全面测定，做好施工记录，办理隐蔽验收手续。当挖至设计标高时，应及时通知相关部门对孔底土质进行鉴定，孔底不应有积水，终孔后应及时清理孔壁上的淤泥和孔底残渣积水，进行隐蔽工程验收合格后，应立即封底浇筑混凝土。

（5）钢筋笼制作与安装。

（6）灌注桩基混凝土。由于人工挖孔桩一般是干作业成孔，因此可采用串筒+人工振捣或注水方法进行水下混凝土灌注。

第二节　承台施工

一、一般陆地承台施工

（一）桩头凿除

在施工过程中，为了保证钻孔灌注桩桩身的整体质量，混凝土灌注时对桩头进行超灌，超灌部分的桩基在承台施工前需要进行凿除以使桩基达到设计的尺寸。目前，桩头凿除的方法主要有人工风镐凿除法、环切法、液压破碎法及摘除法等。目前，公路桥梁施工中环切法应用较为广泛。

环切法凿除桩头是首先在设计桩顶位置采用切割机环向切割混凝土，然后人工采用风镐剥离出钢筋，再在环切处对称环向分布打入楔子将要吊离桩身部分与预留部分进行分离，并用机械将桩头吊离至基坑外，最后人工采用手持式打磨机进行修整。其施工工艺主要包括测量放样、环向切割桩头、人工剥离钢筋、楔断、凿除保护层混凝土、切断桩头及吊离、修整桩头。

1.测量放样

采用水准仪逐桩进行高程测量，找出设计凿除位置，然后在凿除处标示出环向切割线。

2.环向切割

采用手持式混凝土切割机沿着标示线环向切割混凝土，切割深度控制在3～5 cm，避免伤及主筋。

3.凿除保护层混凝土

在设计凿除位置环向切缝切割完成后，在桩顶环切线上部5～10 cm位置再切一刀环切缝，在2道环切缝中间用风镐小心地凿出一条环形槽（此为控制凿桩质量的关键步骤），槽宽5～10 cm，深度以找出主筋为标准，在设计桩顶处形成一条保护隔离带，彻底消除破除桩头时混凝土裂纹向下延伸的可能。

用风镐沿桩头自上而下、由外向内进行，凿出V形槽剥离混凝土，保证逐根声测管和钢筋剥离，但不得损坏声测管及钢筋。

4.切断桩头及吊离

钢筋剥离后，在切缝线以上1～2 cm，沿桩头四周，每根桩均匀布置12～15个孔位，采用风镐打孔，打孔深度为桩径的1/5。打入时尽量对称水平打入，以保证断裂面保持在同一水平面。钻孔完成后，插入楔形钢钎，加钻顶断或大力敲击切断桩头。桩头与桩身分离后，采用吊车将桩头吊离，起吊过程中尽量避免损坏钢筋。

5.修整桩头

桩头吊离后，在断裂面会有部分位置凹凸不平整，应进行人工凿除处理，将桩头残余混凝土进行凿除打磨，确保桩顶面平整、密实。采用低应变检测的桩基，按照检测要求打磨相应检测点位。

（二）桩基检测

桩基检测是评价桥梁基桩施工质量的关键环节。

1.检测范围及频率

公路工程基桩应进行100%的完整性检测。

2.检测内容及方法

桥梁桩基检测包括基桩的承载力和完整性检测两项主要内容。基桩承载力检测包括单桩竖向抗压承载力、单桩竖向抗拔承载力和单桩水平承载力检测。桩身完整性检测是判定桩身截面尺寸的相对变化、桩身材料的密实性和连续性。

根据公路工程桥梁基桩检测要求及相关技术要求，目前对桥梁基桩通常只进行桩身完整性检测，对地质勘探不到位的桥梁基桩才考虑进行承载力检测，本节仅对完整性检测做相关介绍。

（1）低应变反射波法。低应变反射波法是假设所要检测的桩基桩长远远大于桩的孔径，并且整个桩基是等截面各项同性的一维梁体，在此理论基础上，用振动仪对桩基的桩顶位置进行激振，这样荷载致使整个桩身与周围土体产生振动，并通过桩基本身的应变计将桩基振动的加速度和速度传递给仪器。

如果桩基本身具有扩径、缩径、断桩等差异性界面，那么弹性波在传播的过程中就会出现反射，通过传感器对声波进行过滤放大，之后将数据通过波动理论进行分析，研究桩土之间动态响应，然后进行反演分析实测出来的速度信号，频率信号从而达到判断桩基本身质量以及桩基本身的长度。低应变反射波法其检测速度快、检测方便、检测范围广，被广泛应用于工程实践。

（2）声波透射法。声波透射法也是目前较为常用的一种方法，主要原理就是根据声波在不同传播介质中所表现出来特性的差异来判断桩基质量的好坏。由于混凝土本身材料的不均匀性，桩基本身就会产生不同声阻抗声学界面，这样声波在混凝土桩基传播时，就会沿着不同阻抗截面进行传播，大量声波能量散射，从而衰减也较快。在声波传播过程中，混凝土界面上就会产生诸多折射波和散射波，大量的折射波与散射波相互叠加之后就会导致声能散失。当遇到混凝土桩基本身有超大缺陷时，其声波的传播路线就不会是直线，而是绕着缺陷进行传播。这时声波传播的路径要比直线传播的距离长，从而体现声学参数上的声时也就变大了，然后通过两声测管的测距与声时进行计算，这样就会得到声速由于声时的变大而变小。另外，由于声波在遇到缺陷桩基混凝土截面时会发生多次反射、折射等现象，这样声波的声能会逐渐衰减，波幅与频率都会变小。这样直线传播的声波与通过缺陷桩基的声波相互叠加，整个波形就会发生畸变。工程实际检测就会通过相应参数和工程实践经验相结合进行判定。

采用声波进行桩基检测的主要过程是：在混凝土灌注前预留孔道，然后在预留的混凝土灌注桩孔道内埋设几根超声波探测管，并在管道内灌满耦合剂，然后将探测仪和接收仪沿着桩的纵向进行不同高度上下移动，逐步测量超声脉冲经过横截面的数据，通过对声波在不同介质传播的物理参数的差异判断桩的完整性。声波透射法针对桩基的长度和孔径要求不大，由于其需要在混凝土灌注前预留孔道预埋声测管，对检测管道的垂直性要求较高，检测适用范围为直径不小于800 mm的混凝土灌注桩基，主要包括跨孔透射法和单孔透射。

（3）钻孔取芯法。钻孔取芯法是桩基检测采用较早的一种方法，严格看来钻芯法属于有损检测的范围，其工作过程是利用人工钻头对混凝土桩进行钻芯取样，判断桩基本身的长度、桩基本身混凝土的剥落情况、混凝土强度以及桩底沉渣厚度等，从而为桩基承载力验收提供依据。

采用钻芯法检测桥梁桩基的主要特点是检测周期长、成本高，仅适用于桥梁桩基局部判断，类似于桥梁桩基断桩、离析、桩底夹泥等病害检测，要求检测人员必须有较强的专业能力和实践经验，并且钻芯法无法检测桩基本身存在缩径等微小缺陷情况。

3.检测报告

检测报告应用词规范，结论明确。其内容应包括工程概况、岩土工程勘察、检测技术及方法、桩位平面布置图、测试曲线、检测结果汇总表、结论及评价等。

（三）大体积混凝土施工

公路桥梁群桩承台通常属于大体积混凝土，其一次浇筑方量较大，且其本身几何尺寸不小，因此水泥水化反应放出的热量在自然情况下难以传递到表面，这就导致混凝土结构内部温度急剧上升，而外部温度又较低，从而使得混凝土结构内外产生较大的温差而引起温度应力使表面受拉，最终使抗拉强度并不高的混凝土产生开裂现象，破坏其整体性，改变结构的受力，削弱了混凝土结构的功能。

对于桥梁工程中的大体积混凝土，应有针对性地进行水化热分析，得出结构在施工过程中的温度场及应力场数据，并结合计算结果制定详细的温度控制措施。

1.温度控制标准

（1）大体积混凝土的养护，应根据气候条件采取温控措施，并按需要测定浇筑后的混凝土表面和内部温度，将温差控制在设计要求的范围内，当设计无要求时，温差不宜超过25 ℃。

（2）在混凝土结构中布置冷却水管，混凝土终凝后开始通水冷却降温。设计好水管流量、管道分布密度和进水温度，使进出水温差控制在10 ℃左右，水温与混凝土内部温差不大于20 ℃。

（3）混凝土浇筑后应按照规定覆盖并洒水进行养护。当气温急剧下降时须注意保温，并应将混凝土内外温差控制在25 ℃以内。

2.常用的温控措施

（1）原材料及配合比设计。大体积混凝土在选用原材料和进行配合比设计时，应按照降低水化热温升的原则进行，并应符合下列规定。

①宜选用低水化热和凝结时间长的水泥品种。粗集料宜采用连续级配，细集料宜采用中砂。宜掺用可降低混凝土早期水化热的外加剂和矿物掺合料，外加剂宜采用缓凝剂、减水剂；掺合料宜采用粉煤灰、矿渣粉等。

②进行配合比设计时，在保证混凝土强度、和易性及坍落度要求的前提下，宜采取改善粗集料级配、提高掺合料和粗集料的含量、降低水胶比等措施，减少单方混凝土的水泥用量。

③大体积混凝土进行配合比设计及质量评定时，可按60 d龄期的抗压强度控制。

（2）施工控制措施。大体积混凝土的施工前应制订专项施工技术方案，并应对混凝土采取温度控制措施。大体积混凝土的浇筑、养护和温度控制应符合下列规定。

①施工前应根据原材料、配合比、环境条件、施工方案和施工工艺等因素，进行温控设计和温控监测设计，并应在浇筑后按该设计要求对混凝土内部和表面的温度实施监测与控制。对大体积混凝土进行温度控制时，应使其内部最高温度不大于75 ℃、混凝土内部和表面温差不大于25 ℃。

②大体积混凝土可分层、分块浇筑，分层、分块的尺寸宜根据温控设计要求及浇筑能力合理确定；当结构尺寸相对较小或能满足温控要求时，可全断面一次浇筑。

③分层浇筑时，在上层混凝土浇筑前应对下层混凝土的顶面做凿毛处理，且新浇混凝土与下层已浇筑混凝土的温差宜小于20 ℃，并应采取措施将各层间的浇筑间歇期控制在7 d以内。

④分块浇筑时，块与块之间的竖向接缝面应平行于结构物的短边，并应在浇筑完成拆模后按施工缝的要求进行凿毛处理。分块施工所形成的后浇段，应在对大体积混凝土实施温度控制且其温度场趋于稳定后方可浇筑；后浇段宜采用微膨胀混凝土，并应一次浇筑完成。

⑤大体积混凝土的浇筑宜在气温较低时进行，但混凝土的入模温度应不低于5 ℃热期施工时，宜采取措施降低混凝土的入模温度，且其入模温度不宜高于28 ℃。

⑥大体积混凝土的温度控制宜按照"内降外保"的原则，对混凝土内部采取设置冷却水管通循环水冷却，对混凝土外部采取覆盖蓄热或蓄水保温等措施。在混凝土内部通水降温时，进出口水的温差宜不大于10 ℃，且水温与内部混凝土的温差宜不大于20 ℃，降温速率宜不大于2 ℃/d；利用冷却水管中排出的降温用水在混凝土顶面蓄水保温养护时，养护水温度与混凝土表面温度的差值应不大于15 ℃。

⑦大体积混凝土采用硅酸盐水泥或普通硅酸盐水泥时，其浇筑后的养护时间不宜小于14 d，采用其他品种水泥时不宜小于21 d。在寒冷天气或遇气温骤降天气时浇筑的混凝土，除应对其外部加强覆盖保温外，尚宜适当延长养护时间。

二、水中承台施工

当承台位于水中时，对于浅水区承台采用土石围堰或土石筑岛施工；深水承台施工，结合深水基桩施工统筹考虑，常采用钢板桩围堰、套箱围堰或双壁钢围堰等施工。所谓的"深水"和"浅水"，尚没有严格的定量界限，但根据一般传统的土力学地基及基础所介绍的水中围堰概念，可将深水基础初步定义为：水深在5 ~ 6 m及以上，不能采用一般土围堰、木板桩围堰等防水技术施工的桥梁基础，称为深水，其余情况视为浅水。

（一）围堰施工的一般规定

围堰的作用主要是防水和围水，有时还起着支承施工平台和基坑坑壁的作用。公路桥梁常用的围岩类型有土围堰、土袋围堰、钢板桩围堰、套箱围堰、双壁钢围堰。围堰的结构形式和材料应根据水深、流速、地质情况以及通航要求等条件确定。但不论采用哪种围堰，均须满足以下要求。

1.围堰高度应高出施工期间可能出现的最高水位（包括浪高）0.5 ~ 0.7 m。

2.围堰外形一般有圆形、圆端形（上、下游为半圆形，中间为矩形）、矩形、带三角的矩形等。围堰外形直接影响堰体的受力情况，必须考虑堰体结构的承载力和稳定性。围堰外形还应考虑水域的水深，以及因围堰施工造成河流断面被压缩后，流速增大引起水流对围堰、河床的集中冲刷和对航道、导流的影响。

3.堰内平面尺寸应满足承台施工的需要。

4.围堰要求防水严密，减少渗漏。

5.堰体外坡面有受冲刷危险时，应在外坡面设置防冲刷设施。

（二）土围堰

土围堰是采用黏性土、粉质黏土或砂质黏土等材料填筑而成，其施工方便、速度快、效率高，但挡水能力较弱，通常应用于水深小于1.5 m、流速小于0.5 m/s、河边浅滩、河床渗水性较小的区域。

土围堰的施工工艺流程为：围堰结构设计—河床清淤—填土—边坡防护。在施工过程中应注意以下三点。

1.填土应自上游开始至下游合龙。

2.筑堰前，必须将筑堰部位河床上的杂物、石块及树根等清除干净。

3.堰顶宽度可为1~2 m。机械挖基时不宜小于3 m。堰外边坡迎水流一侧坡度宜为1：3~1：2，背水流一侧可在1：2内。堰内边坡宜为1：1.5~1：1。内坡脚与基坑边的距离不得小于1m。

（三）土袋围堰

1.围堰两侧用草袋、麻袋、玻璃纤维袋或无纺布袋装土堆码。袋中宜装不渗水的黏性土，装土量为土袋容量的1/2~2/3。袋口应缝合。堰外边坡为1：0.5~1：0.2。围堰中心部分可填筑黏土及黏性土芯墙。

2.堆码土袋，应自上游开始至下游合龙。上下层和内外层的土袋均应相互错缝，尽量堆码密实、平稳。

3.筑堰前，堰底河床的处理、内坡脚与基坑的距离、堰顶宽度与土围堰要求相同。

（四）钢板桩围堰

施工中最常用的防护类型为板桩围堰，钢板桩围堰是最常用的一种板桩围堰。钢板桩是带有锁口的一种型钢，其截面有直板形、槽形及Z形等，有各种大小尺寸及连锁形式。常见的有拉尔森式、拉克万纳式等。

其优点是：强度高，容易打入坚硬土层；可在深水中施工，必要时加斜支撑成为一个围笼；防水性能好；能按需要组成各种外形的围堰；施工工艺较为成熟，施工速度快；可多次重复使用以降低使用成本等，因此，被广泛应用于修建桥梁深水基础时的围堰工程。

钢板桩围堰施工时应符合下列规定。

1.有大漂石及坚硬岩石的河床不宜使用钢板桩围堰。

2.钢板桩的机械性能和尺寸应符合规定。

3.施打钢板桩前，应在围堰上下游及两岸设测量观测点，控制围堰长、短边方向的施打定位。施打时，必须备有导向设备，以保证钢板桩的位置正确。

4.施打前，应对钢板桩的锁口用止水材料捻缝，以防漏水。

5.施打顺序一般从上游向下游合龙。

6.钢板桩可用捶击、振动、射水等方法下沉，但在黏土中不宜使用射水下沉方法。

7.经过整修或焊接后的钢板桩应用同类型的钢板桩进行锁口试验、检查。对于接长的钢板桩，其相邻两钢板桩的接头位置应上下错开。

8.施打过程中，应随时检查桩的位置是否正确、桩身是否垂直，否则应立即纠正或拔出重打。

（五）钢吊箱围堰

钢吊箱围堰属于非着床型钢围堰，一般适用于承台底面高于河床面的深水基础施工。钢吊箱围堰由底板、侧板、内支撑和吊挂系统四大部分组成，其作用是通过吊箱围堰侧板和底板上的封底混凝土围水，为承台施工提供无水的干处施工环境。

钢吊箱围堰的施工工艺流程主要是：桩基施工完成—吊箱围堰拼装—起吊下沉装置拼装—整体下沉至设计高程—封底或喇叭口堵漏—抽水施工承台。

施工要点如下。

1.吊箱围堰为有底围堰，底板按照桩基钢护筒的竣工资料开孔，以便吊箱能顺利下至设计标高。

2.桩基础施工完成，下放围堰到达设计标高，若通过预埋在桩基础上的立柱支承和固定围堰（预埋立柱支撑顶面高差不得大于 3 mm），则预埋立柱要考虑承受围堰抽水后的上浮力（不考虑封底混凝土作用）及混凝土浇筑时的竖向荷载，所以预埋立柱应有足够强度、刚度及预埋深度；在桩顶预埋立柱的施工方案应事先征得设计方同意。也可采取延长桩基钢护筒或其他支撑、固定围堰的办法。

3.吊箱围堰设置封底混凝土进行围堰底止水时，封底混凝土的厚度计算参照套箱围堰封底混凝土计算方法。不设置封底混凝土的吊箱围堰，其底板结构刚度及强度必须足够，以保证承受抽水后的水浮力及混凝土浇筑时的竖向力，其堵漏可采取水下不离析混凝土封住底板喇叭口。

4.吊箱围堰拼装好后，要进行必要的检测及水密试验，以确保围堰各连接部位密贴不漏水。

5.在水中用止水材料对围堰底板与桩基础之间的空隙进行堵漏，或在围堰内浇筑水下混凝土封底进行堵漏，然后将水抽干，使围堰内处于无水状态施工承台混凝土。

（六）双壁钢围堰

双壁钢围堰施工是通过现场预制节段，整体托运至设计位置下沉，灌注双壁间混凝土施工工法。双壁钢围堰采用双层面板加内部支撑结构，承担水压力、桩基钻孔荷载，适用于深水基础围护，根据所在河床标高、最高施工水位等要求专门设计，其强度、刚度、稳定性必须满足设计规范及施工要求。

双壁钢围堰施工首先应确定下沉方案，现场加工钢围堰节段。在双壁钢围堰就位下沉前，首先将墩位处河床表面进行清理整平，利用水上打捞设备清除河中石块，使河床表面平整，标高达到设计要求后，才能进行钢套箱下沉。下沉前应搭设拼装平台，标准节段运至设计位置后首先进行底节下沉，逐步采用标准分段进行接高，灌注封底混凝土及双壁间混凝土。双壁钢围堰全部安装完毕后，搭设桩基钻孔平台并插打钢护筒，最后完成桩基、承台及墩身施工。施工中注意合理确定双壁钢围堰拆除顺序，待水面以下工程全部施工完成后及时拆除双壁钢围堰。

施工要点如下。

1.双壁钢围堰应做专门设计，其承载力、刚度、稳定性、锚碇系统及使用期等应满足施工要求。

2.双壁钢围堰应按设计要求在工厂制作，其分节分块的大小应按工地吊装、移运能力确定。

3.双壁钢围堰各节、块拼焊时，应按预先安排的顺序对称进行。拼焊后应进行焊接质量检验及水密性试验。

4.钢围堰浮运定位时，应对浮运、就位和灌水着床时的稳定性进行验算。尽量安排在能保证浮运顺利进行的低水位或水流平稳时进行，宜在白昼无风或小风时浮运。在水深或水急处浮运时，可在围堰两侧设导向船。围堰下沉前初步锚碇于墩位上游处。在浮运下沉过程中，围堰露出水面的高度不应小于1 m。

5.就位前应对所有锚绳、锚链、锚碇和导向设备进行检查调整，以使围堰落床工作进行，并注意水位涨落对锚碇的影响。

6.锚碇体系的锚绳规格、长度应相差不大。锚绳受力应均匀。边锚的预拉力要适当，避免导向船和钢围堰摆动过大或折断锚绳。

7.准确定位后，应向堰体壁腔内迅速、对称、均衡地灌水，使围堰落床。

8.落床后应随时观测水域内流速增大而造成的河床局部冲刷，必要时可在冲刷段用卵石、碎石垫填整平，以改变河床上的粒径，减小冲刷深度，增加围堰稳定性。

9.钢围堰着床后，应加强对冲刷和偏斜情况的检查，发现问题及时调整。

10.钢围堰浇筑水下封底混凝土前，应按照设计要求进行清基，并由潜水员逐片检查合格后方可封底。

11.钢围堰着床后的允许偏差应符合设计要求。当作为承台模板用时，其误差应符合模板的施工要求。

（七）承台施工

围堰封底混凝土达到设计强度后，抽干围堰内的水，将封底混凝土表面整平，检查修整确定无渗漏现象，然后进行钻孔灌注桩桩头处理，绑扎承台钢筋，设置降低水化热影响的冷却管及各种预埋件。检测合格后按照前述一般陆地承台施工工艺施工即可。

第三节　桥墩台施工

桥墩是多孔桥梁处于相邻桥孔之间支承上部结构的构造物。桥台是桥梁两端支承上部结构的构筑物。桥墩台一般由垫石、盖梁（或墩台帽）和墩台身组成。

一、桥梁墩台类型

（一）桥墩类型

1.按结构形式划分

（1）实体墩。实体墩又称重力式墩，依靠自重保持稳定的桥墩。它的整体性和耐久性好。实体墩的墩身常用抗压强度高的石料砌筑或混凝土浇筑，其自重大、体积大，在公路工程桥梁中应用较少。

（2）薄壁墩。薄壁墩指用钢筋混凝土制作的实体薄壁桥墩或空心薄壁桥墩。实体薄壁桥墩适用于中小跨径桥梁。空心薄壁桥墩多用于大跨径桥和高桥墩桥。

（3）柱式墩。柱式墩指在基础上浇筑混凝土单柱或双柱、多柱所建成的墩，在柱之间设横系梁以增加刚度。

2.按建筑材料划分

按建筑材料分有石砌墩台、混凝土墩台和钢筋混凝土墩台。

3.按施工工法划分

（1）现浇桥墩。现浇桥墩是在桥墩设计位置进行模板安装、钢筋绑扎及浇筑混凝土等一系列工序形成的，也是目前桥梁普遍采用的施工方法。

（2）装配式桥墩。装配式桥墩台是近年来出现并不断推广的施工方法，将墩台分节分段预制后运输至施工现场组装施工，其建桥速度快、施工质量好，适用于山谷、工地干扰多、施工场地狭窄、缺水与砂石供应困难的地区。

（二）桥台类型

桥台指的是位于桥梁两端并与路基相连接的支承上部结构和承受桥头填土侧压力的构造物。在岸边或桥孔尽端介于桥梁与路堤连接处的支承结构物。它起着支承上部结构和连接两岸道路，同时还要挡住桥台背后填土的作用。

桥台具有多种形式，主要分为重力式桥台、轻型桥台、框架式桥台、组合式桥台、承拉桥台等。目前，在公路桥梁上广泛采用U形桥台、一字形桥台和桩柱式桥台。

二、双圆柱墩施工

双圆柱墩是公路工程标准跨径桥梁常用的一种形式，其主要包括墩柱和墩身盖梁两部分，其结构形式单一、施工简单。在施工中，重点控制其平面位置及高程、墩身浇筑分段、混凝土浇筑质量及墩柱的养护。

（一）墩柱施工

双圆柱墩常采用就地现浇法施工，墩钢筋在加工场集中加工、现场绑扎，模板采用大块定型钢模板现场拼装、风缆与脚手架配合固定，搅拌站集中拌制混凝土，混凝土罐车运输至现场，吊车、串筒与料斗或泵车与窜筒配合浇筑混凝土入模，人工振捣，混凝土浇筑7 d后拆模，采用无纺布覆盖、洒水养护。

高度小于12 m墩混凝土可采用一次浇筑。墩身高度大于12 m时，采取翻模法分节浇筑施工，第一节段浇筑12 m，其后根据现场施工条件分节段浇筑施工，注意在墩系梁底高程处必须进行分节，以便施工墩系梁。

墩柱高度在30 m以下时，采用汽车吊辅助施工；墩柱高度为30～50 m且墩多时，采用塔吊辅助施工，仅个别墩高时或个别墩柱由于地形限制时采用井字架与卷扬机辅助施工，采取一级泵输送混凝土施工；桥墩高度大于50 m时采用塔吊辅助施工，采取一级泵输送混凝土施工。墩周边搭设施工脚手架或施工电梯作为施工上下通道。

1.桩顶浮浆凿除施工

墩柱施工前要对桩基桩头进行处理，对墩柱轮廓线范围内的桩顶面（承台顶面）混凝土全部凿毛（包括钢筋保护层范围内）。待桩混凝土强度不小于10 MPa时，采用人工手持风镐凿除桩顶（承台顶）的浮浆。经过凿毛处理后的混凝土表面，用压力水冲洗干净，使表面保持湿润但不积水。浇筑墩柱混凝土时，按照规范要求铺一层1～2 cm厚1：2同等级水泥砂浆。有系梁的桩直接在桩系梁顶准备墩柱施工。

2. 测量放样

墩柱测量放样前组织进行图纸交底,详细对墩柱所在的曲线要素、高程位置、分次浇筑高度进行交底。测量数据经过不少于两人进行复核计算,计算无误后由测量组在桩基上放出墩柱中心十字线,然后利用十字线控制桩点,根据十字交叉法定出墩柱模板位置的控制线,弹出墨线。

3. 施工脚手架搭设

采用钢管脚手架在墩柱周边搭设施工作业平台脚架,钢管脚手架基础进行平整夯实处理,立杆及横杆间距经过设计计算确定,搭设严格按有关规定及标准执行,确保脚手架刚度及稳定性,并设置安全网。

为便于施工人员上下操作,搭设"之"字形斜道。斜道附着外脚手架设置,宽度不小于1 m,坡度采用1:3;拐弯处设置平台,其宽度不小于斜道宽度;斜道两侧及平台外围均设置栏杆及挡脚板,栏杆高度为1.2 m,挡脚板高度为200 mm,并用合格的密目式安全网封闭。

4. 钢筋制作与安装

钢筋采用钢筋成形机集中制作。钢筋、机械连接器、焊条等的品种、规格和技术性能符合国家现行标准规定与设计要求。受力钢筋同一截面的接头数量、搭接长度、焊接和机械接头质量符合施工技术规范要求。

5. 模板安装与支撑

模板应根据设计图纸的尺寸,统一在预制厂家订购,并根据实际需要配置一定数量不同长度模板。每节采用两块模板围成。拼缝处采用螺栓固定,横竖向法兰螺栓均要拧紧,保证模板的整体性,使模板在吊装过程中不变形。

模板的安装与拆卸均由吊车完成,在正式安装前须在现场进行试拼工作。拼装前要仔细检查模板的规格型号、平整度和光洁度,并涂刷脱模剂,不符合要求的模板不能使用。

模板在现场预拼检验合格后进行整体吊装、安装,模板安装前须检验模板底口地面平整度满足要求,并对第一层模板进行抄平。

墩柱模板安装时重点控制模板的平面位置、高程、倾斜度及错台。平面位置采用全站仪或GPS进行定位;墩柱高程定位采用检定过的钢尺进行,先用悬挂钢尺水准测量的方法测定,再以控制网为基准用三角高程间接法,对墩身标高进行复核;倾斜度用经纬仪精确控制,浇筑混凝土前进行校核;模板节面之间设置一道双面胶条,防止浇筑施工中浆液串漏,保证模板错台小于1.0 mm。

模板拼装完成后,安装四根钢丝绳作为缆风绳,上端拉住模板,下端固定在地面上的预埋钢筋桩上,然后利用全站仪进行复测。在测量组的指挥下,调节缆风绳上的松紧螺栓使模板垂直,最后用脚手架钢管撑紧模板,以保证稳定。

6.混凝土浇筑

混凝土应采用搅拌站集中拌制,混凝土运输车运送至施工现场,汽车泵泵送入模或卸料至料斗,通过吊车吊起经串筒滑落入模,插入式振捣器人工插捣密实。

混凝土应严格控制施工配合比、坍落度。混凝土浇筑方式为水平分层浇筑,每层厚度不超过300 mm,每层混凝土在前一层混凝土初凝前浇筑和振捣,以防损害先浇的混凝土,同时避免两层混凝土表面间脱开,形成明显接缝。振动棒移动距离不大于20 cm,且插入下层混凝土内5 ~ 10 cm。浇筑时先沿钢筋笼周围仔细振捣,直至混凝土停止下沉,不再冒出气泡,表面平坦、泛浆为止,使砂浆紧靠模板以使表面光滑,无水囊、砂眼或蜂窝。振捣中振捣器与模板间保持5 ~ 10 cm的距离,并避免与钢筋接触。

在混凝土浇筑过程中,实行"三定",即定人、定位、定机具,并设专人对模板垂直度、平面位置、模板接缝等进行观察,发现问题及时进行处理。浇筑过程中注意防雨。浇筑到墩顶时,在墩身上预留盖梁施工措施。

7.拆模、养护

当混凝土终凝以后,开始洒水养护,每天由专人利用高压喷水对墩柱进行喷水养生,每天养生次数根据天气及气温情况确定,以保证墩柱处于湿润状态为准。

拆除模板时的强度按浇筑混凝土时同期制作的试件做抗压试验确定。利用汽车吊拆除模板,拆除过程中尽量少用人工撬动。

模板拆除以后,可在墩顶设置养护桶确保混凝土表面长时间内保持潮湿,并用薄膜覆盖养生,养生期不少于7 d。

8.特别注意事项

(1)模板严格按照设计尺寸制作,每三节模板用全站仪精确测定墩位一次,上下模板间连接螺栓螺帽要上足、拧紧。

(2)垫块相互错开、梅花形分散设置在钢筋与模板之间,垫块在结构或构件侧面和底面所布设的数量为四个1m²,重要部位可适当加密。

(3)垫块与钢筋必须绑扎牢固,且其绑丝的丝头不能进入混凝土保护层内。

(4)混凝土浇筑前,对垫块的位置、数量和紧固程度进行检查,不符合要求时及时处理,保证钢筋保护层厚度满足设计要求。

(二)盖梁施工

公路工程桥梁墩身盖梁是桥梁下部结构的重要组成部分,虽然其结构形式较简单,但结构尺寸大、质量重且属于高空构筑物,因此施工工艺要求高、质量控制严、施工风险较大。

1.支撑体系施工

目前盖梁的施工方法主要分为两类支撑体系，一类是落地支撑体系，它通过临时结构将上部荷载直接传递给地面地基；另一类是悬空支撑体系，它利用已建成的下部构筑物的承载性能，通过上部临时支撑结构将荷载传递给下部的墩柱和桩基。这两类支撑体系根据使用的材料不同和利用方法不同，在实际运用中又进行了细分。

（1）落地支撑。落地支撑施工法又称为支架施工法，主要适用于墩身高度较低且有条件搭设满堂式脚手架的施工区域，施工时所有临时设施重量及盖梁重量均由支架传至中系梁或地系梁和地面承受。

（2）悬空支撑。悬空支撑施工法通常适用于墩身较高、地基条件较差或出于其他原因难以进行支架法盖梁施工的情况。悬空支撑按照其结构又分为摩擦抱箍桁架支撑、摩擦抱箍钢梁支撑、抗剪钢锭钢梁支撑及墩旁托架。这几种方法在实际施工中均有使用，其中抱箍支撑和抗剪钢锭使用最为广泛。

①抱箍法。利用两个半圆形的钢板通过连接板上的螺栓连接在一起并与墩柱密贴，使之与墩柱之间产生的最大静摩擦力克服临时设施及盖梁的质量。抱箍法是临时荷载及盖梁质量直接传给墩柱，对地基无任何要求；抱箍的安装高度可随墩柱高度变化，不需要额外调节底模高度的垫木或分配梁；抱箍法适应性较强，不论水中岸上、有无系梁，只要是圆形墩柱就可采用；节省人力物力是显而易见的，因此从经济上讲是最合算的；抱箍法不会破坏墩柱外观，而且抱箍法施工时支架不存在非弹变形，不用进行预压。

②抗剪钢锭法。又称剪力销法，是墩身施工时在墩身内的预留孔洞安设圆钢锭（钢棒），由圆钢锭支撑支架、模板及整个盖梁的重量，待盖梁施工完成后用同等级混凝土填塞圆钢锭预留孔道。这种方法不受墩柱形状的影响，适用范围较广。

③墩旁托架法。墩身施工时在墩身内部埋设钢板，其后施工盖梁时在预埋钢板上焊接型钢支架以支撑整个施工荷载。

2.安装底模

盖梁底模一般采用定型钢模板铺设于底模支架上，底模与横担之间以勾头螺栓连接。施工前用全站仪在支架平台上精确放出盖梁底板尺寸大样。铺设底模时，用水平仪调整底模高程，用木方与横梁之间的木楔调整底模高程直至符合设计要求。待调整完底模中心线和高程后，质检员检查验收，报请监理工程师验收直至合格。

3.钢筋加工及安装

盖梁底模安装结束经验收合格后，开始进行钢筋安装。盖梁钢筋可采用整体或逐片骨架吊装的方式安装，采用吊车吊运至盖梁底模上。在底模上按常规施工方法绑扎安装成形，与墩柱钢筋以电焊加固，用地锚拉线调整相应位置后固定，松开拉线。

如盖梁顶部设置支座垫石，则须根据横纵中线在钢筋骨架顶面放出支座垫石预埋筋位置及其他附件位置，进行支座垫石钢筋焊接安装。钢筋间距必须符合设计和施工规范的要求，不符合要求的要加以调整直至符合。

4.安装侧模

盖梁侧模一般采用组合钢模板，钢框架加固，上下用拉杆对拉，底板和侧模以"墙包底"的形式连接。模板板面之间应平整，接缝严密，不漏浆，保证结构物外露面美观，线条流畅。模板接缝宜采用双面胶止浆。

模板支立前在现场涂刷优质脱模剂，用吊车吊运至盖梁位置以人工配合手拉葫芦安装，待侧模支立完毕，通过外框架上下对拉筋固定，用经纬仪及吊锤测量线形及垂直度，用地锚拉线、手动葫芦找正，并同时用水平仪调整顶面高程及支座垫石高程。调正结束后，用水冲洗底板，质检员验收，报监理工程师验收直至合格。

模板安装完毕后，应对其平面位置、顶部标高、节点联系及纵横向稳定性进行检查，符合要求后方可浇筑混凝土。浇筑混凝土前，模板应涂刷脱模剂，外露面混凝土模板的脱模剂应采用同一品种，不得使用废机油等油料，且不得污染钢筋及混凝土施工缝处。

5.混凝土浇筑

混凝土宜采用吊车或泵车输送入模，一次连续浇筑完成。罐车到现场后宜先检查混凝土坍落度、和易性是否符合施工要求。

浇筑时分层下料，分层振捣，分层厚度宜为30 cm。插入式振捣器移动间距不大于振捣棒作用范围的1.5倍。一般每点振捣30 ~ 35 s。振捣时注意钢筋密集及洞口部位，不得出现漏振、欠振或过振。为使上下层混凝土结合成整体，上层混凝土振捣要在下层混凝土初凝前进行，并要求振捣棒插入下层混凝土50 ~ 100 mm。混凝土浇筑的顺序是：从盖梁的两头向中间分层浇筑，振捣器与模板保持5 ~ 10 cm的距离，避免振捣器碰到模板。盖梁混凝土浇筑时须制作同条件试块，用作底模拆除时强度的判定依据。

6.养护及拆模

混凝土外露表面待收浆、初凝后即用塑料薄膜覆盖潮湿养护。当盖梁混凝土抗压强度达到2.5 MPa时，可拆除侧模板。拆模时，注意保护盖梁表面及棱角。

混凝土强度达到设计强度75%以上时，再拆除底模板及支架。拆除模板时，采用人工和手拉葫芦的方法进行拆除。拆模时，注意保护盖梁表面和棱角，严禁用撬棍插入模板和混凝土间撬动拆除，以免损坏混凝土表面及崩角。拆模后要及时清除模板上的灰浆污垢，维修整理及保养，妥善存放，防止变形。拆除模板后，要马上用塑料薄膜或土工布包裹潮湿养护，要求养护14 d。

三、空心墩施工

（一）空心墩构造

空心墩相比实体墩具有节省材料、刚度大、减轻结构自重及减小地震惯性力等优点，所以在桥梁建设中得到了广泛应用。

（二）施工措施

1.墩身外侧模板宜选用大块钢模板，内侧采用定型钢模板。加工时，派专业工程师在加工厂家进行全过程跟踪，保证面板平整度、接缝、尺寸误差的质量要求。对于收坡高墩，且同类型桥墩数量较多的，应采用大块成套钢模，分段支立、浇筑，在不同墩位间倒用。

2.混凝土浇筑分三阶段进行，墩底实体段、墩身空心薄壁、墩顶部实体段。混凝土宜采用集中拌和生产，混凝土运输车运输，泵送入模。

3.墩身下实体段、空心段、上实体段混凝土施工时，特别注意实体段与空心墩身连接处的混凝土质量和外观。特别在实体段，由于一次浇筑混凝土体积过大，采取大体积混凝土施工保证措施降低水化热。

4.空心段宜分节施工，且结合高墩施工措施。

四、高墩施工

桥墩施工分为一般桥墩施工和高墩施工。一般桥墩高度不大于20 m，墩身施工可采用一次性支模浇筑，工艺简单、操作方便。墩身高度大于20 m为高墩施工，高墩施工中墩身模板选型、墩身线形控制、混凝土浇筑为施工控制重点。根据墩身模板不同，常规的高墩施工方法有翻模法、爬模法及滑模法三种。由于滑模法施工质量难以控制，近年来一些施工单位在滑模法的基础上改进形成了辊模法以代替滑模法。

（一）高墩翻模施工

翻模施工法是将一段混凝土塔柱的模板分为三节，每节高度为1～3 m，在浇筑完混凝土后，上一节模板保留不动，利用已浇筑成型的钢筋混凝土为支撑主体，内、外模板通过拉杆与混凝土实现密贴，由下层模板与混凝土之间的黏结力和摩擦力支撑上层模板及操作平台。随着墩身钢筋骨架的接高，通过起重设备逐节向上翻升模板，完成每次预定高度的墩身混凝土浇筑，如此反复循环直至墩顶。

1.翻模系统

翻模系统是由三节段大块组合模板及支架、内外工作平台、塔式起重机、手动葫芦组合而成的成套模具。

2.施工要点

（1）模板设计

①模板分节。模板的总节段量根据模板设计高度，从墩顶往下排，不足整节模板高度者称为调整节，调整节模板必须单做。

空心墩翻模施工工艺采用的模板均为钢模板，外模由大块平模和调整坡比的角模组成，内模板由小块定型钢模和调整坡比的角模组成。内外模加固，采用内撑外拉加固方式，配备起重设备进行起吊翻升模板。

②外模设计。采用大模板设计，根据墩身高度、墩身断面尺寸、起重设备的起吊能力、运输设备，以及施工高度综合考虑来确定，一般高度取 2 ~ 3 m/节，宽度可根据现场实际情况确定。

从节约成本、加快施工进度方面考虑，每个空心墩一般采用 2 ~ 3 节模板，每次向上翻升 1 ~ 2 节，保留一节作为接头模。总节段数量要综合考虑墩的数量和墩的截面形式。节段模板角模编号自墩顶向下，按节段顺序依次编号，便于模板设计、加工和安装。同时，模板设计中也可以考虑其他结构物的尺寸，以便模板多次利用。

③内模设计。除少量异形内模可采用木模外，其余模板均采用定型钢模板，模板加固采用带可调丝杠的钢管作为内支撑杆。内模设计时，为了方便脱模，在竖向倒角连接处一侧设计成锐角。

④操作平台和安全设施。采用桁片结构做施工平台，并作为模板加固的背杠，增强模板刚度。平台设计时根据所承受小型机具、周转材料和操作人员的重量进行设计，在桁片上安装竖向钢管作为栏杆立柱，加横杠两道，并挂设安全网做防护，平台上焊花纹钢板。内、外竖向设挂梯，方便作业人员上下通行。

在设计内、外模板和其他受力构件时，均须进行强度、刚度和稳定性检算，使其符合《公路桥涵施工技术规范》（JTG/T F50—2011）中模板、支架和拱架设计的相关要求。

（2）模板加工

①加工标准。按照设计的模板加工图和《钢结构工程施工及验收规范》（GB 50205—2017）进行内、外模板加工。

②质量验收。在厂家或施工现场进行自由状态下预拼装，根据设计图纸和规范进行验收。检查模板的长、宽、高、螺栓孔直径、大面平整度、接缝错台（含节间接缝）、焊接质量等，检查合格后，对角模进行编号和坡比标注，编号由墩顶向下按顺序进行。

③运输存放。根据模板的长度、宽度和重量选用车辆；模板在运输车上支点、两端伸出长度及绑扎和安装方法均须保证模板不变形、不损伤涂层。

模板存放场地应平整坚实、无积水。按照规格、型号、安装顺序分区存放；模板底层垫枕须有足够的支撑面，防止支点下沉。相同型号的模板垫放时，各层的支点在同一垂直线上，防止模板被压坏或变形。

（3）模板安装。采取先安装外模，再安装内模的施工顺序。内撑外拉、借助螺栓锁紧，防止浇筑混凝土过程中模板出现移位、漏浆现象。钢筋拉杆采用PVC管做套管，以便拉杆反复使用。

墩身模板的校正采用千斤顶、木楔和内拉配合使用。即墩底层模板校正时，在承台上用千斤顶在模板偏的一侧将模板顶高校正即可（千斤顶的力作用于模板围檩上）；从第二节向上，模板校正与第一节相同，只是千斤顶均在模板围檩上操作。

（4）模板拆除、翻升、修整、涂刷脱模剂。每节段混凝土浇筑完成后，向上接长钢筋，待钢筋安装好以后，进行模板拆除、翻升、修整、涂刷脱模剂，顺序为先外后内、先下后上逐块逐节进行。具体程序如下。

①清理干净操作平台上的机、具、料，然后预松拉杆，拆除相邻模板之间的连接。

②起吊扣件锁紧后，将模板吊至地面并支垫。

③用刮平刀或手持打磨机清理模板面板残留的混凝土，注意不要把模板面刮伤。如肋边发生翘曲、弯折、板面发生变形时，须进行矫正平直，在开焊处补焊牢固，并将面板清理干净。

④在模板表面均匀涂刷同一品种的脱模剂。

⑤提升并安装模板。

（二）高墩自爬模施工

自爬模施工是采用一套模板，在完成第一层混凝土浇筑的同时完成导轨和支架预埋系统，通过液压油缸对导轨和爬架交替顶升来实现爬模墩柱混凝土施工。

支架、模板及施工荷载全部由预埋件承担，不须另搭脚手架，适于高空作业；模板部分可整体后移650 mm；模板可利用锚固装置使其与混凝土贴紧，防止漏浆及错台；模板部分可相对支撑架部分上下左右调节，使用灵活；利用斜撑模板可前后倾斜，最大角度为30°；各连接件标准化程度高，通用性强；模板上设吊平台，可用于埋件的拆除及混凝土处理；支架设有斜撑，可方便调整模板的垂直度。

1.爬模的结构组成

爬模由支架系统、固定系统、模板系统三部分组成。

（1）支架系统。由三脚架、操作平台、吊平台和内支架组成。吊平台可用于周转的预埋件和修饰须处理的混凝土面。操作平台和吊平台四周均设置栏杆和防护网。

（2）固定系统。模板、支架及施工荷载全部由预埋件和锚固装置承担，模板倾斜度由可调斜撑控制。

（3）模板系统。墩身外模采用工字木梁模板，由20 mm厚胶合板作为面板，20号工字木梁作为竖肋，两根14号槽钢靠背组合作为横肋和M20高强螺栓组成。

2.施工关键工序及控制要点

（1）墩身首节段模板安装、锚锥埋设、测量放线。安装前清理模板，以无污痕为标准，刷脱模剂。模板采用塔吊安装，首先进行墩底实心段模板安装，安装模板时现场技术员必须严格控制墩底中线、水平。

预埋件埋设正确与否，对整个爬模安装至关重要。在锚锥与高强螺杆连接处，应涂抹黄油；在锚锥表面处均匀涂抹黄油，便于埋件拆除。预埋件固定在模板上，通过安装螺栓，将埋件固定在模板上，待墩身第一节段混凝土浇筑完后，取出安装螺杆，埋件仍留在墩身内。为避免预埋件与墩身钢筋发生冲突，在绑扎墩身钢筋时，就应考虑墩身钢筋要避开预埋件位置。

待模板安装完后，由精测队精确放出结构外轮廓线，确保墩身位置的准确性。

（2）浇筑第一节段混凝土。混凝土采用自动计量拌和站生产，输送车运输，泵送入模。

浇筑前，对支架、模板、钢筋和预埋件进行检查，清理干净模板内的杂物、积水和钢筋上的污垢；模板缝隙填塞严密，模板内面涂刷脱模剂；检查混凝土的均匀性和坍落度；混凝土分层浇筑厚度不超过 30 cm；采用振捣器振动捣实。混凝土浇筑连续进行，如因故必须间断时，其间断时间小于前层混凝土的初凝时间，允许间断时间经试验确定。若超过允许间断时间，按工作缝处理。

（3）墩身第二节段施工。待墩身第一节段混凝土达到一定强度后拆除模板，用塔吊起吊爬架，并将爬架安装在相应的预埋件上。

爬架安装好后，首先安装墩身横桥向的八块模板，然后安装顺桥向的模板。模板、平台和三脚架在平地进行预拼检查，起吊前通过后移装置将模板后移 30 cm，然后用塔吊起吊模板，人工配合安装。模板主要依靠预埋螺栓和三脚架支撑定位。模板安装就位后，先调整墩身横桥向模板，然后调整顺桥向模板。操作工人站在平台上通过后移装置和斜撑一起调节模板至紧贴已浇筑混凝土面，通过锚固装置将模板下沿与上次浇筑完的混凝土结构表面顶紧，确保不漏浆、不错台。侧模的坡度通过上口宽度调节，每一标准节段浇筑 4.5 m，上口混凝土顶面每侧各缩减 37.5 cm，调节时主要依靠斜撑上的螺栓控制。

外模安装完毕后，开始内模拼装，边角和倒角位置尺寸准确。主筋采用直螺纹连接，钢筋绑扎完毕后，内、外模之间采用对拉螺杆加固，对拉螺杆外套一根 PVC 管，便于拆除。

模板安装完并初校后，经测量人员校核调整无误方可进行混凝土浇筑。由于墩身底有一节 6 m 高的实心段，第二节段实心段和空心段一次性浇筑，先浇筑实心段，一般间隔 3 ~ 4 h，待实心段混凝土有一定的强度后，再进行空心段浇筑，从而不必支设实心段顶部模板。由于每节段浇筑高度为 4.5 m，混凝土由泵送入模，通过串筒浇筑，以免混凝土离析散落。为保证墩身模板受力均衡，混凝土分层下料振捣，分层厚度不大于 30 cm，振捣棒与模板保持 5 ~ 10 cm 的距离。

（4）后续墩身节段施工

在支架下安装吊平台，利用吊平台方便拆除可周转的埋件、修饰混凝土的缺陷。

根据规范要求，混凝土达到一定强度后即可拆模，拆模时要求不能猛烈敲打和强扭，以免损伤混凝土表面和棱角。

拆模后将模板整体后移65 cm，利用塔吊吊住模板及支架，拆除支架与预埋件的连接件，塔吊缓缓提升模板及支架至下一位置就位，通过预埋件和连接件安装好支架，同时在空心段相应位置预留 ϕ20 cm通气孔，用U形或井字形钢筋牢固定位在主筋上。如此循环，直至将全部模板及支架提升到位。

（5）施工注意事项如下。

①爬模组装属高空作业，不得安排交叉作业。

②模板必须严格按照墩身尺寸拼组，各模板搭接密贴，内外大模板对称分布，保持上缘平齐，拉杆所套的PVC管长短适宜，以便拔出模板拉杆。

③为了确保每个桥墩内实外美和上下颜色一致，在施工准备时充分考虑桥墩的施工时间，每个桥墩用同一批号水泥。

④爬模施工时预埋件很多，确保不漏不错，位置正确。

（三）高墩辊模施工

缝钢管支撑结构体系，通过技术创新在模板和混凝土之间增加一种新的内衬模板。外框架与混凝土面直接摩擦滑动是造成混凝土表面质量差的主要原因，故改为外模板与内衬模板相对滑动，内衬模板与混凝土表面则为静止接触。首先在外模板内逐节安装内衬模板，浇筑混凝土达到一定高度后外模板滑升，再拆除和安装内衬模板，达到内衬模板逐节翻升的目的。

1.辊模系统组成

辊模装置包括提升系统、外框架、内衬模及辅助工作平台，其中辊是工艺核心，在支撑内衬模的同时兼作外框架的行走轮。随着混凝土的浇筑，外框架间歇上升，内衬模保持静止且不扰动混凝土，待混凝土满足拆模条件后，工人在辅助平台上将内衬模按翻模工艺循环施工。

2.辊模施工工序操作要点

（1）承台施工预埋钢管立柱。承台混凝土浇筑前，应将四根钢管立柱预埋至承台内，并用钢筋定位和加固，确保混凝土浇筑过程中钢管位置不动。由测量放样定位墩柱四角，根据四角位置用尺定位钢管预埋位置，预埋位置应根据墩柱钢筋位置确定，以不影响主筋安装及千斤顶滑升为主。

（2）安装墩柱钢筋。墩柱主钢筋下料长度可按4.5 m或6 m制作，并制作主筋定位装置，可用角钢割槽作为定位器，安装在主筋最上端。第一模主筋安装完成后，安装箍筋，安装高度为1.3 m左右，以不影响千斤顶位置为依据。

（3）测量放样及定位。测量放样前，对施工图提供的导线点、水准点进行复测，对桩位坐标进行复核。测量放样所使用的导线点、水准点必须是经过导线控制测量复测且得到监理工程师批复的导线点、水准点复测成果。必要时要加密控制网，加密点同导线点一起复核测量，复核测量符合规范要求后方可使用。根据批复的测量成果，将墩柱外边线放样并用彩油定位，作为辊模外框架安放的定位点。

（4）安装辊模系统。辊模系统由厂家统一定制，外框架精度应按照墩柱尺寸达到−5 mm以内。根据测量放样定位成果，安装外框架；四个外框架由高强螺栓连接；安装液压系统；安装上框架；安装第一层内衬模。

辊模系统安装前，用砂浆对承台顶面进行找平。辊模系统安装完成后，通过液压装置对相模顶面进行调平，调平后用砂浆在辊模底面找平。

（5）第一次混凝土浇筑。第一次浇筑0.9 m，作为整个框架系统支撑，预留0.1 m进行第二级内衬模板安装。混凝土浇筑过程中应安排专人观测模板支撑系统安全状况，一旦发现异常立刻停止混凝土浇筑，并立刻通知项目总工程师等技术人员到场分析原因。混凝土浇筑完成后应进行凿毛，并进行测量复测，确认墩柱位置正确无误。在外框架四周吊铅锤，作为垂直度控制装置。

（6）第一次外框架提升。第一次提升行程为70 cm，提升应在混凝土浇筑12 h后进行。千斤顶提升过程中应观测内衬模是否有松动和滑移现象，一旦发现应立即停止滑升，然后手动找平，并分析滑移原因，解决后方可继续滑升。千斤顶提升过程中应观察压力表压力值是否在范围内，如果超过规定值应立即停止滑升并检修液压系统和模架系统。在解决问题后方可继续滑升，但必须确保四个压力表压力值处于规定范围内。辊模滑升0.7 m后进行调平，检查滚动圆管与内衬模板之间是否有混凝土渣或水泥浆，如有应及时进行清除。

（7）安装第二层内衬模。第二层内衬模与第一层内衬模之间应用膨胀剂密封，防止漏浆，应在内衬模四角焊接定位钢筋，以防止内衬模滑移和松动。

（8）第二次混凝土浇筑。从第二次混凝土浇筑开始进行连续施工，一般应在3 ~ 5 d（墩柱施工高度在12 ~ 20 m）停止施工以进行液压系统、模架系统检修、维护。混凝土浇筑完成后，应测量浮浆厚度，厚度超过5 cm应立即通知试验室调整配合比，尽量降低浮浆厚度。

（9）第二次外框架提升。提升高度15 cm；提升后立即进行钢筋绑扎；钢筋绑扎完成后立即进行第三次混凝土浇筑。

（10）第三次外框架提升。提升后立即进行钢筋绑扎。钢筋绑扎完成后立即进行第四次混凝土浇筑。

（11）第四次外框架提升。提升后立即进行钢筋绑扎。第四次外框架提升完成后，应安排专人拆除、清理第一层内衬模并翻升至操作平台上，同时进行墩柱外表面清理、装饰。往复施工至第六次混凝土浇筑完成。

（12）安装剩余设施。第六次混凝土浇筑完成后，安装第二层外框架，用于拆除内衬模及墩柱装修用，同时安装安全爬梯、物料提升机等设施。上述设施安装完成后，辐模拼装全部完成，进入正常连续施工状态。

（13）混凝土养护。养护采用喷淋养护。在第二层平台下 5 m 位置安装喷淋养生管道，实行 24 h 与墩柱施工同步养生。

（14）其他注意事项。

①垂直度控制。每天测量进行一次偏位复核和纠正，每次混凝土浇筑前通过铅锤控制垂直度。一旦发现偏位，通过每次提升进行纠正，但每次纠正不得超过 3 cm。

②混凝土层与层之间接缝控制。应严格控制混凝土浇筑完成后的浮浆厚度，不得超过 5 cm，每次混凝土浇筑应将振捣棒插入下层混凝土内 10 cm 左右，保证新旧混凝土的连接。

③内衬模拆除后应立即用正在浇筑的混凝土浆液对混凝土表面缺陷进行修补，修补 6 h 后方可进行喷淋养生。

④浇筑混凝土时务必要注意两层混凝土接缝处的处理，为防止后续上下层间有明显色差，在上层混凝土浇筑前清除下层混凝土上表面浮浆。

⑤浇筑完每层混凝土后立即对提升滚动轮进行检查，并清理滚动轮与树脂模板间的混凝土渣及水泥浆，避免给后续提升造成障碍。

⑥树脂板安装完成后应在模板顶面做限位装置，避免辐模外框架在提升过程中造成模板上移，影响混凝土外观质量。

⑦拆除下层树脂模板时，应严格控制外框架最后一次提升速度，拆模人员应提前就位，避免操作不当造成模板下落。

⑧施工尽可能连续，如遇特殊原因必须停工，在浇筑混凝土后应对混凝土表面做凿毛处理；开工后，应对混凝土表面进行清理，安装模板时如因混凝土收缩产生微小缝隙，应使用玻璃胶或其他材料进行封缝处理。

第三章　桥梁的上部施工技术

第一节　混凝土简支梁施工技术

简支梁桥属于静定结构，它受力明确、构造简单、施工方便，是中小跨度桥梁中应用最广泛的桥型。简支梁桥的结构尺寸设计的系列化、标准化，有利于在工厂内或工地上广泛采用工业化制造，组织大规模预制生产，并利用起重设备或架桥机进行架设。

采用预制装配式的施工方法，可以节约模板及支架材料、降低劳动强度、提高质量、缩短工期，显著加快建桥速度。因此，国内外中小跨径的桥梁，绝大部分采用装配式的简支混凝土梁、钢梁或结合梁。

一、简支梁桥的分类

从梁的截面形式来区分，混凝土简支梁桥可以分为三种类型：板桥、肋板式桥和箱梁桥。其中，肋板式桥的横截面形式又主要有Ⅱ形和T形两种基本形式。

（一）板桥

板桥的承重结构就是矩形截面的钢筋混凝土或预应力混凝土板，其主要特点是构造简单、施工方便、建筑高度较小。板桥通常有三种结构形式，即整体式板桥、装配式板桥、组合式板桥。这三种结构形式的板式梁因结构上的差异而导致使用中受力与变形方面的不同，从而导致承载能力的不同，因而适用的场合和跨径也不同。

1.整体式板桥

整体式板桥是小跨径桥梁中常用的形式，因其具有结构整体性强、刚度大，成桥后桥面状况好等优势而得到广泛应用。

但整体式板桥的施工存在如下不便之处：需要现场浇筑，机械化程度低，施工速度慢，支架和模板使用量大，在架空太高或深水环境中难以施工等。

整体式板桥梁的截面形式主要有实心式、空心式、矮肋式。其通常在桥位处现场浇筑；当具有充分的吊装条件时，也可以先在桥下预制整体式板梁，然后吊装就位。整体式板桥在车辆等荷载的作用下，其变形和内力分布均表现为空间板结构的空间受力状态。受力时，发现其不但绕受力方向产生双向弯矩，而且由于弯曲曲率逐点不同，还将导致围绕法线的扭矩产生。因此，整体式板桥的承载能力优于装配式板桥。

2.装配式板桥

装配式板桥一般由数块一定宽度的实心或空心预制板组成。各板利用板间企口缝填充混凝土相连接。在荷载作用下，每块板相当于单向受力的梁式窄板，除在主跨径方向承受弯曲中心基，还承受通过板间接缝（铰缝）传递剪力而引起的扭转。因此，每块预制板除承受本板内的荷载外，还承受相邻板块作用而引起的竖向剪力和其他内力作用。由于其他内力与竖向剪力相比，对确定板的内力影响很小，所以设计中多采用铰接板（梁）法确定其板中内力。板中主要受力钢筋的数量由计算得到的内力确定。此外，在板中布置适量的构造钢筋以承受计算时忽略的某些内力。装配式板桥的截面形式有实心板、空心板两种。

3.组合式板桥

组合式板桥通常采用"装配＋整体现浇"的方式成型，因而也称为叠合桥。施工中，通常在桥下将组合式板梁的底层分片预制成构件，然后在墩顶进行装配，最后以装配构件为底模，整体浇筑梁体部，从而完成组合式板桥的施工。

组合式板桥在荷载作用下的变形和受力与整体式板桥类似，属于双向受力弹性薄板。其刚度介于整体式板桥和装配式板桥之间。从组合式板梁的施工过程和成桥后的受力特点中可以看出，组合式板梁在施工过程中可以充分利用装配式板梁成桥的优点，先将部分梁体在桥下预制成构件，然后将预制构件安装于墩顶，作为上部梁体浇筑时的底模，从而大大减少了施工时所需的支撑和模板数量。组合式板梁在成桥之后又具有整体式板梁的承载能力，因此，在小跨度简支梁桥的建设中得到了广泛应用。

（二）肋板式桥

肋板式梁桥在横截面内形成明显肋形结构的梁桥称为肋板式梁桥，或简称肋梁桥。在此种桥上，梁肋（或称腹板）与顶部的钢筋混凝土桥面板结合在一起作为承重结构。由于肋与肋之间处于受拉区域的混凝土得到很大程度的挖空，显著减小了结构自重。特别对于仅承受正弯矩作用的简支梁来说，既充分利用了扩展的混凝土桥面板的抗压能力，又有效地发挥了集中布置在梁肋下部的受力钢筋的抗拉作用，从而使结构构造与受力性能达到理想的配合。与板桥相比，对于梁肋较高的肋梁桥来说，由于混凝土抗压和钢筋受拉所形成的力偶臂较大，因而肋梁桥也具有更大的抵抗荷载弯矩的能力。目前，中等跨径（25 m以上）的简支梁桥通常多采用肋板式梁桥。

肋板式梁桥的横截面又分为Ⅱ形和T形两种基本形式。

1.Ⅱ形截面

Ⅱ形截面的特点是：截面形状稳定，横向抗弯刚度大，梁的堆放、装卸和安装都方便，各Ⅱ形梁之间用穿过腹板的螺栓连接，但这种构件的制造较复杂。梁肋被分成两片薄的腹板，通常用钢筋网来配筋，难以做成刚度较大的钢筋骨架。设计经验证明，跨度较大时Ⅱ形梁桥的混凝土和钢筋用量都比下述的T形梁桥大，而且构件也重。故Ⅱ形梁桥一般只用于6～12 m的小跨径桥梁，应用有限。

2.T形截面

由若干个T形截面梁组成的桥，统称为T（形）梁桥。在设计整体式T梁桥时，鉴于梁肋尺寸不受起重安装机具的限制，故可以根据钢筋混凝土体积最小的经济原则来确定截面尺寸。对于桥面不宽的双车道公路桥梁，只要建筑高度不受限制，往往以建造双主梁桥较为合理，主梁的间距可按桥梁全宽的0.55～0.60布置。有时为减小桥面板的跨径，还可在两主梁之间增设内小纵梁。

（三）箱形梁桥

箱形梁是指桥横截面形式为箱形的桥。由于箱形截面具有闭合性，当荷载作用于梁上任何位置时，箱形梁桥结构的所有组成部分（包括顶板、腹板、底板和翼板）将同时参与受力，使其具有较大的抗扭刚度和抗弯刚度，因而其可制作成薄壁结构，从而节省大量建造材料。同时，因为箱形梁桥顶、底板具有较大的面积，能有效地抵抗正、负弯矩的作用，所以满足较大跨度简支桥梁建设的需要。

此外，对于曲线半径较大的弯桥和变宽度的桥梁，采用小箱梁布置有较好的适应性。在设计中，通常根据现场条件，经技术、经济等多种因素的方案比选来确定最适宜的梁型。一般来说，整体现浇的梁桥具有整体性好、刚度大、易于做成复杂形状（如曲线桥、斜交桥、宽度变化的异形桥）等优点，但其施工速度慢，工业化程度较低，又要耗费大量支架模板材料。

二、混凝土简支梁桥施工

（一）支架与模板

1.支架

（1）支架的类型和结构

就地浇筑简支梁桥的上部结构时，应在桥孔位置搭设支架，以支承模板和钢筋混凝土以及其他施工荷载。支架的类型主要有以下七个。

①满布式木支架

满布式木支架常用于陆地、不通航的河道、桥墩不高或桥位处水位不深的桥梁。其形式可采用排架式、人字撑式或八字撑式。排架式是最简单的满布式支架，主要由排架和纵梁等部件组成，纵梁为抗弯构件，跨径一般不大于4 m。人字撑式和八字撑式支架构造较复杂，纵梁须加设可变形的人字撑或八字撑。因此，在浇筑混凝土时应适当安排浇筑程序，均匀、对称地进行浇筑，以防发生较大变形。此类支架的跨径可达8 m左右。满布式木支架的排架，可设置在枕木或桩基上，基础须坚实可靠，以保证排架的沉陷值不超过规定要求。当排架较高时，为保证支架的横向稳定，除在排架上设置撑木外，还须在排架两端外侧设置斜撑木或斜立柱。满布式支架的卸落设备一般采用木楔、木马或砂筒等，可设置在纵梁支点处或桩顶帽木上面。

②钢木混合支架

钢木混合支架为加大支架跨径、减少排架数量，支架的纵梁可采用工字钢，其跨径可达10 m。但在这种情况下，支架多采用木框架结构，以提高支架的承载力及稳定性，其各项参考数值可查看《五金手册》。

③万能杆件拼装支架

用万能杆件可拼装成各种跨度和高度的支架，其跨度须与杆件本身长度成整数倍。用万能杆件拼装的架的高度可达2 m、4 m、6 m或6 m以上。当高度为2 m时，腹杆拼为三角形；高度为4 m时，腹杆拼为菱形；高度超过6 m时，则拼成多斜杆的形式。用万能杆件拼装墩架时，柱与柱之间的距离应和析架之间的距离相同，根高除柱头及柱脚外应为2 m的倍数。用万能杆件拼装的支架，在荷载作用下的变形较大，而且难以预计其数值。因此，必要时应考虑预压重。预压质量相当于浇筑的混凝土及其模板和支架上机具、人员的质量。

④装配式公路钢桥架节拼装支架

用装配式公路钢桥桁架节可拼装成桁架梁和支架，为加大桁架梁孔径和利用墩台做支承，也可拼成八字斜撑以支撑桁架梁。桁架梁与桁架梁之间，应用抗风拉杆和木斜撑等进行横向联结，以保证桁架梁的稳定。用装配式公路钢桥桁架节拼装的支架，在荷载作用下的变形很大，因此应进行预压。

⑤轻型钢支架

桥下地面较平坦，有一定承载力的梁桥，为节省木料，宜采用轻型钢支架。轻型钢支架的梁和柱，以工字钢、槽钢或钢管为主要材料，斜撑、联结系等可采用角钢；构件应制成统一规格和标准；排架应预先拼装成片或组，并以混凝土、钢筋混凝土枕木或木板作为支承基底。为了防止冲刷，支承基底须埋入地面以下适当深度。为适应桥下高度，排架下应垫以一定厚度的枕木或木楔等。为便于支架和模板的拆卸，纵梁支点处应设置木楔。

⑥墩台自承式支架

在墩台上留下承台式预埋件，上面安装横梁及架设适宜长度的工字钢或槽钢，即构成模板的支架。这种支架适用于跨径不大的梁桥，但支立时仍须考虑梁的预拱度、支架梁的伸缩以及支架和模板的卸落等所需条件。

⑦模板车式支架

这种支架适用于跨径不大、桥墩为立桩式的多跨梁桥的施工。在墩柱施工完毕后即可立即铺设轨道，拖进孔间，进行模板的安装，这种方法可简化安装工序、节省安装时间。当上部构造混凝土浇筑完毕，且强度达到要求后，模板车即可整体向前移动，但移动时须将斜撑取下，将插入式钢梁节段推入中间钢梁节段内，并将千斤顶放松。

（2）支架的制作要求

支架宜采用标准化、系列化、通用化的钢构件制作拼装；制作木支架时，两相邻立柱的连接接头宜分设在不同的水平面上，并应减少长杆件接头。主要压力杆的接长连接，宜使用对接法，采用木夹板或铁夹板夹紧；次要构件的连接可采用搭接法。

（3）支架的安装要求

支架应按施工图设计的要求进行安装。立柱应垂直，节点连接应可靠。支架在纵桥向和横桥向均应加强水平、斜向连接，增强整体稳定性。高支架应设置足够的斜向连接、扣件或缆风绳，横向稳定应有保障措施。

应通过预压的方式，消除支架地基的不均匀沉降和支架的非弹性变形，并获取弹性变形参数，或检验支架的安全性。预压荷载宜为支架须承受全部荷载的1.05 ~ 1.10倍，预压荷载的分布应模拟须承受的结构荷载及施工荷载。

支架在安装完成后，应对其平面位置、顶部高程、节点连接及纵横向稳定性进行全面检查。检查符合要求，方可进行下一工序。

（4）设置支架的预拱度和卸落装置

设置的预拱度值，应包括结构本身需要的预拱度和施工需要的预拱度两部分。

施工预拱度应考虑下列因素：模板、支架承受施工荷载引起的弹性变形；受载后由于杆件接头的挤压和卸落装置压缩而产生的非弹性变形；支架地基在受载后的沉降变形。

专用支架应按其产品的要求进行模板的卸落；自行设计的普通支架应在适当部位设置相应的木楔、木马、砂筒或千斤顶等卸落装置，并应根据结构形式、承受的荷载大小确定卸落量。支架制作、安装质量应分别符合模板、支架的制作、安装质量标准。

2.模板

（1）模板的类型与结构

就地浇筑的桥梁模板主要有木模和钢模。模板形式的选择主要取决于同类桥跨结构的数量和模板材料的供应。

当建造单跨或跨度不等的多跨桥梁结构时，一般采用木模；而对于多跨相同跨径的桥梁，可采用大型模板块件组装或采用钢模。模板制造宜选用机械化的方法，以保证模板形状的正确和尺寸的精度。模板制作尺寸偏差、表面平整度和安装偏差均应符合有关规定，尤其要保证模板具有足够的强度、刚度和稳定性。

木模包括用胶合板制成的大型整体定型的块件模板，以及局部构造较复杂部位采用的模板。大型整体定型的块件模板可按结构要求预先制作，然后在支架上用连接件迅速拼装。钢模大多做成块件，由钢板和加劲骨架焊接而成，钢板厚度通常为4～8 mm。骨架由水平肋和竖向肋组成，肋由钢板或角钢做成。大型钢模块件用螺栓或销钉连接。对于多次周转使用的钢模，在使用前应用化学方法或机械方法清扫，在浇筑混凝土前，应在模板内壁涂脱模剂，以利脱模。

（2）模板的制作与使用要求

模板虽然是施工中的临时性结构，但对于梁体的制作十分重要。模板不仅控制着梁体尺寸的精度，直接影响施工进度和混凝土的灌筑质量，而且关系到施工安全。因此模板应符合下列要求：

具有足够的强度、刚度和稳定性，能安全可靠地承担施工中可能出现的各种荷载；保证结构的设计形状、尺寸及各部分相互之间位置的准确性；模板的接缝必须密合，确保混凝土浇筑过程中不漏浆；构造简单，拆装方便，便于周转使用，应尽量做成装配式组件或块件。

3.预拱度的设置与计算

（1）预拱度的设置

在简支梁就地浇筑施工过程中，模板和支架因承受巨大的混凝土荷载作用而产生弹性和非弹性变形。如果不加以控制，势必导致现浇梁成型后跨中起拱。为避免这种情况的发生，保证桥梁竣工后线形准确，在进行模板与支架安装时须设置一定的预拱度。设置预拱度时应考虑下列因素。

卸架后上部构造自重及1/2活荷载产生的竖向挠度δ_1；支架在荷载作用下的弹性压缩量δ_2；支架在荷载作用下的非弹性变形量δ_3；支架基础在荷载作用下的非弹性沉陷量δ_4；由混凝土收缩及温度变化引起的挠度。

根据梁的挠度和支架变形所计算出来的变形值之和，为支架体系预拱度的最大值。预拱度设置的位置在梁的跨径中点，其余各点的预拱度以中间点为最高值，以梁的两端为0，呈直线或二次抛物线形式分布。

（2）预拱度的计算

如上所述，上部构造和支架的各项变形值之和即为应设置的预拱度。各项变形值可按下列方法计算。

针对恒荷载和活荷载设置预拱度，其值等于恒荷载加1/2静活荷载所产生的竖向挠度，当恒荷载和静活荷载产生的挠度不超过跨径的1/1600时，可不设置相应的预拱度。

满布式支架的弹性变形量。当支架杆件的长度为L，压力分布为p时，其弹性变形量

$\delta_2 = pL/E$。当支架为桁架等形式时，应按具体情况计算其弹性变形量。

支架在每个接缝处的非弹性变形量。在一般情况下，横纹木料与顺纹木料的非弹性变形量均为3 mm，木料与金属或木料与圬工接缝处的非弹性变形量为1 ~ 2 mm，顺纹与横纹料接处的非弹性变形量为2.5 mm。

卸落设备的压缩量。砂筒内砂粒压缩量和金属筒变形的弹性压缩量应根据压力大小，沙子细度模量及筒径、筒高确定。

一般情况下，20 t压力砂筒的压缩量为4 mm，10 t压力砂筒的压缩量为6 mm；沙子未预先压紧时的压缩量为10 mm。

（二）钢筋的制作与安装

1.准备工作

（1）钢筋的检查与保管

①钢筋的外观检查和力学性能检查

进场钢筋应具有出厂质量证明书和试验报告单。进场时除应检查外观和标志外，还应按不同的钢种、等级、牌号、规格及生产厂家分批抽取试样进行力学性能检验，检验试验方法应符合现行国家标准的规定。钢筋经进场检验合格后方可使用。

②钢筋的保管

钢筋进场后，应妥善保管，具体应做到以下三点：钢筋堆放选择在地势较高处，上用料棚遮盖，下设垫块，不能直接置于地面；钢筋应按不同钢种、等级、牌号、规格及生产厂家等分类挂牌堆放，并标明数量；钢筋在运输过程中应避免锈蚀、污染或被压弯。

（2）钢筋的调直

直径10 mm以下的细钢筋多卷成盘形，粗钢筋常弯成"发卡"形，以便运输和储存。因此，运到工地的钢筋应先调直。

采用冷拉方法调直钢筋时，HPB235级钢筋的冷拉率不宜大于2%；HRB335级、HRB400级钢筋的冷拉率不宜大于1%。钢筋的形状、尺寸应按照设计的规定进行加工，加工后的钢筋，其表面不应有削弱钢筋截面的痕迹。

（3）钢筋的除锈

钢筋表面应洁净、无损伤，使用前应将表面的油渍、漆皮、鳞锈等清除干净，保证钢筋与混凝土间的黏结力得以充分发挥。可用钢丝刷或喷枪喷沙进行除锈去污，也可将钢筋在沙堆中来回抽拉以除锈去污。带有颗粒状或片状老锈的钢筋不得使用；当除锈后钢筋表面有严重的麻坑、斑点，已伤蚀截面时，应降级使用或剔除不用。

2.钢筋的连接

（1）焊接

钢筋的焊接接头宜采用闪光对焊，或采用电弧焊、电渣压力焊或气压焊，但电渣压力焊仅可用于竖向钢筋的连接，不得用作水平钢筋和斜筋的连接钢筋焊接接头形式。焊接的方法和材料应符合现行行业标准 JGJ18—2012《钢筋焊接及验收规程》的规定。

每批钢筋焊接前，应先选定焊接工艺和焊接参数，按实际条件进行试焊，并检验接头外观质量及规定的力学性能，试焊质量经检验合格后方可正式施焊。焊接时，对施焊场地应有适当的防风、防雨、防雪、防严寒的设施。

电弧焊宜采用双面焊缝，仅在双面焊无法施焊时，方可采用单面焊缝。

采用搭接电弧焊时，两钢筋搭接端部应预先折向一侧，两接合钢筋的轴线应保持一致；采用帮条电弧焊时，绑条应采用与主筋相同的钢筋，其总截面面积不应小于被焊接钢筋的截面面积。电弧焊接头的焊缝长度，双面焊缝不应小于 $5d$，单面焊缝不应小于 $10d$（d 为钢筋直径）。电弧焊接与钢筋弯曲处的距离不应小于 $10d$，且不宜位于构件的最大弯矩处。

（2）机械连接

①锥螺纹连接

钢筋锥螺纹连接是利用锥形螺纹套筒将两根钢筋端头对接在一起，利用螺纹的机械咬合力传递拉力或压力。锥螺纹连接套是在工厂专用机床上加工制成的，钢筋套丝的加工是在钢筋套丝机上进行的。

②直螺纹连接

直螺纹连接是将钢筋待连接的端头滚扎成规整的直螺纹，再用相配套的直螺纹套筒，将两钢筋相对拧紧，实现连接。该技术的优点在于无虚拟螺纹，力学性能好，连接安全可靠，接头强度能达到与钢筋母材等强。

③套筒挤压连接

钢筋套筒挤压连接是一项新型钢筋连接工艺，它改变了电弧焊、电渣焊、闪光焊、气压焊等传统焊接工艺的热操作方法，是在常温下采用特别钢筋连接机，将钢套筒和两根待接钢筋压接成一体，使套筒塑性变形后与钢筋上的横肋纹紧密地咬合在一起，从而达到连接效果的一种机械接头方式。冷压接头具有性能可靠、操作简便、施工速度快、施工不受气候影响、省电等优点。两根钢筋插入钢套筒后，用带有梅花齿形内模的钢筋连接机对套筒外壁加压，螺纹钢筋的横肋间隙中，继续加压使钢套筒的金属冷塑性变形程度加剧，进一步加强硬化程度，其强度提高 110～140 MPa。

（3）绑扎

当没有焊接条件时，接头可用铁丝绑扎搭接，但钢筋直径不能超过 25 mm。但对轴心受拉和小偏心受拉构件中，主钢筋均应焊接，不得采用绑扎接头。

当混凝土在凝固过程中受力钢筋易受扰动时，其搭接长度宜适当增加。

在任何情况下，纵向受拉钢筋的搭接长度不应小于 300 mm；受压钢筋的搭接长度不宜小于200 mm。

当混凝土强度等级低于C20时，Ⅰ级、HRB335钢筋的搭接长度应按表中C20的数值相应增加10 d；HRB500钢筋不宜采用绑扎接长。

对有抗震要求的受力钢筋的搭接长度，当抗震烈度为7度（及以上）时，应增加5 d；两根不同直径的钢筋搭接长度，以较细的钢筋直径计算。

接头的绑扎要求如下。受拉区的Ⅰ级钢筋绑扎接头的末端应做弯钩，HRB335、HRB4000钢筋的绑扎接头末端可不做弯钩；直径等于和小于12 mm的受压Ⅰ级钢筋的末端，可不做弯钩，但搭接长度不应小于钢筋直径的30倍；钢筋搭接处，应在中心和两端用铁丝扎牢。

3.钢筋的安装

第一，钢筋的级别、直径和根数等应符合设计的规定；对于多层多排钢筋，宜根据安装需要在其间隔外设立一定数量的架立钢筋或短钢筋，但架立钢筋或短钢筋端头不得伸入混凝土的保护层内；当钢筋过密影响到混凝土质量时，应及时与设计人员协商解决。

第二，钢筋与模板之间应设置垫块，垫块应与钢筋绑扎牢固，其绑丝的丝头不应进入混凝土保护层内。混凝土浇筑前，应对垫块的位置、数量和紧固程度进行检查，不符合要求时应及时处理，保证钢筋混凝土保护层的厚度满足设计要求和规范的规定。

第三，钢筋骨架的焊接拼装应在坚固的工作台上进行。拼装前应按设计图纸放样，放样时应考虑焊接变形的预留。拱度拼装时，需要焊接的位置宜采用楔形卡卡紧，防止焊接时局部变形。

第四，骨架焊接时，不同直径钢筋的中心线应在同一平面，较小直径的钢筋在焊接时，下面宜垫以厚度适当的钢板。施焊顺序宜由中到边对称地向两端进行，先焊骨架下部，后焊管架上部、相邻的焊缝应采用分区对称跳焊，不得顺方向一次焊成。

第五，绑扎或焊接的钢筋网和钢筋骨架不得有变形、松脱和开焊。

（三）混凝土工程

1.混凝土的配合

试验室配合比计算是以干燥材料为基准的，而施工现场存放的砂石材料都含有一定水分，所以要将试验室配合比换算为施工配合比，下面介绍混凝土施工配合比的确定。施工时，每立方米混凝土水、砂和石的实际称量为：

水的称量=用水量−砂、石材料中含水的质量；

砂的称量=砂的用量+砂中含水的质量；

石的称量=石的用量+石料中含水的质量；

水泥称量不变。

2.混凝土拌制

混凝土应采用机械拌制，人工拌制仅用于小量的辅助或修补工程。混凝土的配料宜采用自动计量装置，各种衡器的精度应符合要求，计量应准确。计量器具应定期标定，迁移后应重新进行标定。

混凝土拌制时，将全部材料加入搅拌筒。开始搅拌至开始出料的最短拌制时间，应按搅拌机产品说明书的要求并经试验确定。混凝土拌和物应搅拌均匀，颜色一致，不得有离析和泌水现象。混凝土搅拌完毕后，应检测混凝土拌和物的坍落度及损失。必要时，还应对工作性能泌水率及含气量等混凝土拌和物的其他指标进行检测。

3.混凝土的运输

运输能力应与混凝土的凝结速度和浇筑速度相适应，应使浇筑工作不间断且混凝土运到浇筑地点时仍能保持其均匀性和规定的坍落度。

混凝土的运输宜采用搅拌运输车，或在条件允许时采用泵送方式输送；采用吊斗或其他方式运输时，运距不宜超过100 m且不得使混凝土产生离析。

采用搅拌运输车运输混凝土时，途中应以2 ~ 4 r/min的慢速进行搅动，卸料前应以常速再次搅拌。混凝土运至浇筑地点后发生离析、泌水或坍落度不符合要求时，应进行第二次搅拌。

二次搅拌时不宜任意加水，确有必要时，可同时加水、相应的胶凝材料和外加剂，并保持其原水胶比不变；二次搅拌仍不符合要求时，则不得使用。

混凝土采用泵送方式时，混凝土的供应宜使输送混凝土的泵能连续工作，泵送的间歇时间不宜超过15 min。

在泵送过程中，受料斗内应具有足够的混凝土，应防止吸入空气产生阻塞；输送管应顺直，转弯处应圆缓，接头应严密不漏气；向低处泵送混凝土时，应采取必要的措施，防止混凝土离析或堵塞输送管。

4.混凝土的浇筑

（1）混凝土的浇筑速度

为了保证浇筑混凝土的整体性，防止混凝土在浇筑过程中出现破坏性扰动，浇筑混凝土时必须具有一定的速度，上层混凝土应当在下层已浇筑混凝土开始初凝之前完成浇筑。因此，混凝土浇筑层的最小增长速度为 $h \geqslant s/t$。其中，h 为混凝土浇筑面的上升速度，s 为振捣棒的振捣深度，t 为混凝土的初凝时间。

（2）混凝土的浇筑顺序

①水平分层浇筑

对于跨径不大的简支梁，可以采用该方法。具体操作时，可以从梁体两端向跨中水平分层浇筑并在跨中合龙，然后掉头再向梁端浇筑。分层厚度视振捣器的能力而定，一般采用1530 cm。当采用人工捣实时，分层厚度可采用15 ~ 20 cm。为避免振捣导致支架产生不均匀的沉降，浇筑时应保持合理的速度，以便在混凝土失去塑性之前完成浇筑工作。

②斜层浇筑

采用斜层浇筑时，简支梁的混凝土应从主梁两端斜向跨中浇筑并在跨中合龙。因为箱形梁底板顶面没有模板，所以T梁和箱形梁所采用的斜层浇筑法在细节上是有差异的。当梁的跨度较大而采用梁式支架且在内部设置支点时，应在支架下沉量最大的部位先浇筑混凝土，使应该发生的支架变形及早完成，以保护先期浇筑的混凝土初凝后，不再发生更大的变形，避免混凝土内部微裂隙的产生。

③单元浇筑

当桥面较宽且混凝土数量较大时，可分成若干纵向单元，分别浇筑每个单元可沿其长度分层浇筑，在纵梁间的横梁上设置连接缝，并在纵横梁浇筑完成后填缝连接，之后桥面板可沿桥全宽一次浇筑完成，桥面与纵横梁间设置水平工作缝。

5.混凝土的养护

对新浇筑混凝土的养护，应满足其对温度、湿度和时间的要求。应根据施工对象、环境条件、水泥品种、外加剂或掺合料以及混凝土性能等因素，制订具体的养护方案，严格实施混凝土浇筑完成后，应在其收浆后尽快予以覆盖并洒水保湿养护。

对于硬性混凝土、高强度和高性能混凝土、炎热天气浇筑的混凝土以及桥面等大面积裸露的混凝土，应加强初始保湿养护，具备条件的可在浇筑完成后立即加设棚罩，待收浆后再予以覆盖和洒水养护。覆盖时不得损伤或污染混凝土的表面。混凝土面有模板覆盖时，应在养护期间使模板保持湿润。

混凝土的养护不得采用海水或含有害物质的水。混凝土的洒水保湿养护时间应不少于7 d。对重要工程或有特殊要求的混凝土，应根据环境的湿度、温度，水泥品种以及掺用的外加剂和掺合料等情况，酌情延长养护时间，并应使混凝土表面始终保持湿润状态。当气温低于5 ℃时，应采取保温养护的措施，不得向混凝土的表面洒水。当采用喷洒养护剂对混凝土进行养护时，所使用的养护剂应不会对混凝土产生不利影响，且应通过试验验证其养护效果。

新浇筑的混凝土与流动的地表水或地下水接触时，应采取临时防护措施，保证混凝土在7 d以内且强度达到设计强度的50%以前，不受水的冲刷侵袭；当环境水具有侵蚀作用时，应保证混凝土在10 d以内且强度达到设计强度的70%以前，不受水的侵袭。

混凝土处于冻融循环作用的环境时，宜在结冰期到来四周前完成浇筑施工，且在混凝土强度未达到设计强度等级的80%前不得受冻，否则应采取技术措施，防止发生冻害。

（四）构件的安装

1. 陆地架梁法

（1）自行式吊车架梁

在桥不高，场内又可设置行车便道的情况下，用自行式吊车（汽车吊车或履带吊车）架设中、小跨径的桥梁十分方便。大型的自行式吊机逐渐普及，自行式吊机本身有动力，因而架设迅速，可缩短工期。不需要架设桥梁用的临时动力设备，不必进行任何架设设备的准备工作，不需要如其他方法架梁时所具备的技术工种。因此，一般中小跨径的预制梁（板）的架设安装越来越多地采用自行式吊机。此法视吊装重量不同，可以采用一台吊机架设、二台吊机架设、吊机和绞车配合架设等方法。当预制梁重量不大，而吊机又有相当的起重能力，河床坚实无水或少水，允许吊机行驶、停搁时，可用一台吊机架设安装。用两台吊机架梁，是用两台自行式吊机各吊住梁（板）的一端，将梁（板）吊起并架设安装。此法应注意两吊机的互相配合。吊机和绞车配合架梁时，预制梁一端用拖履、滚筒支垫，另一端用吊机吊起，前方用绞车或绞盘牵引预制梁前进。梁前进时，吊机起重臂随之转动。梁前端就位后，吊机行驶到后端，提起后端取出拖履、滚筒，再将梁放下就位。

（2）移动式支架架梁法

陆地架梁法是在架设孔的地面上，顺桥轴线方向铺设轨道，其上设置可移动支架预制梁的前端搭在支架上，通过移动支架将梁移运到要求的位置后，再用龙门架或人字扒杆吊装；或者在桥墩上设枕木垛，用千斤顶卸下，再将梁横移就位。

（3）摆动式支架架梁法

摆动式支架架梁法通常是将预制梁（板）沿路基牵引到桥台上并稍悬出一段（悬出距离根据梁的截面尺寸和配筋确定），然后从桥孔中心河床上悬出的梁（板）端底下设置人字扒杆或木支架。

（4）跨墩或墩侧龙门架架梁法

对于桥不太高，架桥孔数又多，沿桥墩两侧铺设轨道不困难的情况，可以采用跨墩或墩侧龙门吊车来架梁。通过运梁轨道或者用拖车将梁运到后，就用门式吊车起吊、横移，并安装在预定位置。当一孔架完后，吊车前移，再架设下一孔。用本方法的优点是架设安装速度较快，河滩无水时也较经济，而且架设时不需要特别复杂的技术工艺，作业人员较少。但龙门吊机的设备费用一般较高，尤其在高桥墩的情况。

2. 浮吊架设法

（1）浮吊船架梁

在海上和深水大河上修建桥梁时，用可回转的伸臂式浮吊架梁比较方便。这种架梁方法高空作业少、施工比较安全、吊装能力大、工效高，但需要大型浮吊。鉴于浮吊船来回运梁航行时间长，要增加费用，故一般采取用装梁船储梁后成批一起架设的方法。浮吊架梁时须在岸边设置临时码头移运预制梁。架梁时，浮吊要认真锚固。如流速不大则可用预先抛入河中的混凝土锚作为锚固点。

（2）固定式悬臂浮吊架梁

在缺乏大型伸臂式浮吊时，也可用钢质万能杆件或贝雷钢架拼装固定式的悬臂浮吊进行架梁。

3.高空架梁法

（1）联合架桥机架梁

此法适用于架设安装30 m以下的多孔桥梁，其优点是完全不设桥下支架，不受水深流急影响，架设过程中不影响桥下通航、通车。预制梁的纵移、起吊、横移、就位都较方便。其缺点是架设设备用钢量较多但可周转使用。

联合架桥机由两套门式吊机、一个托架、一根两跨长的钢导梁三部分组成。钢导梁由贝雷装配、梁顶面铺设的运梁平车、托架行走的轨道、门式吊机和工字梁组成，并在上下翼缘处及接头的地方用钢板加固，门式吊机顶横梁上设有吊梁用的行走小车。为了不影响架梁的净空位置，其立柱做成拐脚式（俗称拐脚龙门架）。门式吊机的横梁高程，由两根预制梁叠起的高度加平车及起吊设备高确定。蝴蝶架是专门用来托运门式吊机转移的，它由角钢组成，整个蝴蝶架放在平车上，可沿导梁顶面轨道行走。

联合架桥机架梁顺序如下：在桥头拼装钢导梁，梁顶铺设钢轨并用绞车纵向拖拉导梁就位；拼装蝴蝶架和门式吊机，用蝴蝶架将两个门式吊机移运至架梁孔的桥墩（台）上；由平车轨道运送预制梁至架梁孔位，将导梁两侧可以安装的预制梁用两个门式吊机吊起，横移并落梁就位；将导梁所占位置的预制梁临时安放在已架设好的梁上；用绞车纵向拖拉导梁至下一孔后，将临时安放的梁由门式吊机架设就位，做完梁的架设工作，并用电焊将各梁联结起来；在已架设的梁上铺接钢轨，再用蝴蝶架顺序将两个门式吊机托起并运至前一孔的桥墩上。如此反复，直至将各孔梁全部架设好为止。

（2）双导梁架桥机架梁法

本法是在架设孔间设置两组导梁，导梁上安设配有悬吊预制梁设备的轨道平车和起重行车或移动式龙门吊机，将预制梁在双导梁内吊着运到规定位置后，再落梁、横移就位。

横移时一种方法是将两组导梁吊着预制梁整体横移；另一种方法是导梁设在桥面宽度以外，预制梁在龙门吊机上横移，导梁不横移，这比第一种横移方法安全。双导梁架桥机架梁法的优点与联合架桥机架梁法相同，适用于墩高、水深的情况下架设多孔中小跨径的装配式梁桥，但不需蝴蝶架。因配备双组导梁，故架设跨径可较大，吊装的预制梁较重。

（3）自行式吊车桥上架梁法

在预制梁跨径不大、重量较轻且梁能运抵桥头引道上时，可直接用自行式伸臂吊车

（汽车吊或履带吊）来架梁。但是，对于架桥孔的主梁，当横向尚未连成整体时，必须核算吊车通行和架梁工作时的承载能力。此种架梁方法简单方便，几乎不需要任何辅助设备。

第二节　预应力混凝土桥梁施工技术

普通钢筋混凝土结构受弯构件在正常使用条件下，其受拉区是开裂的，影响构件的正常使用和耐久性，并限制了高强材料的应用。另外，普通钢筋混凝土结构的自重大，增加了施工的难度，大大地限制了桥梁的跨越能力。随着桥梁跨度的增大，预应力混凝土结构将更具有优势。

一、预应力混凝土

预应力混凝土结构除了具有普通钢筋混凝土结构的优点外，还有下述重要特点：能最有效地利用高强钢筋、高强混凝土，减小截面，降低自重，增大跨越能力；与普通钢筋混凝土桥梁相比，一般可节省钢材30%～40%，跨径越大，节省越多；预应力混凝土梁在正常使用条件下不出现裂缝，鉴于能全截面参与工作，故可显著减小建筑高度，使大跨径桥梁做得轻柔美观，扩大了对各种桥型的适应性，提高了结构的耐久性；预应力技术的采用，为现代装配式结构提供了最有效的装配、拼装手段。根据需要，可在纵向、横向及竖向施加预应力，使装配式结构集整成理想的整体，扩大了装配式桥梁的使用范围。

当然，预应力混凝土结构要有作为预应力筋的优质高强钢材，保证高强混凝土的制备质量，同时，要有一整套专门的预应力张拉设备和材质好、精度高的锚具，并要掌握复杂的施工工艺。

二、预应力混凝土桥梁施工

（一）固定支架就地浇筑法

固定支架就地浇筑施工法是一种古老的施工方法，它是在固定支架上安装模板，绑扎及安装钢筋骨架，预留孔道，并在现场浇筑混凝土与施加预应力的施工方法。由于采用此种方法施工须用大量的支架，故其一般在桥墩较低的中小跨径桥梁或交通不便的边远地区采用。

近年来，随着桥梁结构形式的发展，出现了一些变宽的异形桥、弯桥等复杂的预应力混凝土结构。由于临时钢构件、万能杆件、贝雷梁和六四军用梁等大量应用，其他施工方法都比较困难；或经过比较固定支架就地浇筑施工法较方便、费用较低时，在大跨径桥梁中也可以采用这种施工方法。为了完成现浇梁桥的就地浇筑施工，应根据桥孔跨径、桥孔下面覆盖土层的地质条件、水的深浅等因素，合理地选择支架形式。

1. 支架

支架类型选择是就地浇筑施工的关键。就地浇筑连续梁桥施工所用支架与钢筋混凝土简支梁桥就地浇筑支架基本相同，此处不做赘述。

2. 浇筑

固定支架就地浇筑施工中与装配式预应力梁预制工艺相同的部分，此处也不再赘述。以下仅就碗扣式钢管支架的搭设、混凝土的浇筑顺序、支架的拆除进行阐述。

（1）碗扣式钢管支架的搭设

采用碗扣式钢管支架时，其支架搭设应符合下列要求。

第一，模板支架应根据所承受的荷载选择立杆的间距和步距，底层纵、横向水平杆作为扫地杆，距地面高度应小于或等于350 mm，立杆底部应设置可调底座或固定底座；立杆上端包括可调螺杆伸出顶层水平杆的长度不得大于0.7 m。

第二，可调底座及可调托撑丝杆与调节螺母的啮合长度不得少于六扣，插入立杆内的长度不得小于150 mm。

模板支架的斜杆设置应符合下列要求。

第一，当立杆间距大于1.5 m时，应在拐角处设置通高专用斜杆，中间每排每列应设置通高八字形斜杆或剪刀撑；当立杆间距小于或等于1.5 m时，模板支架四周应从底到顶连续设置竖向剪刀撑；中间纵横向应由底至顶连续设置竖向剪刀撑，其间距应小于或等于4.5 m；剪刀撑的斜杆与地面间的夹角应为45°～60°，斜杆应每步与立杆扣接。

第二，当模板支架高度大于4.8 m时，顶端和底部必须设置水平剪刀撑，中间水平剪刀撑设置间距应小于或等于4.8 m。

第三，必须严格控制支架的垂直度，以免影响整体稳定性。垂直度偏差应小于或等于 $H/500$（H 为支架搭设高度），且不得大于50 mm。

第四，当模板支架周围有桥梁墩台结构时，应建立与墩台的水平连接，以加强架体的安全可靠度。

第五，模板支架高宽比应小于或等于2；当高宽比大于2时，可扩大下部架体尺寸或采取其他构造措施（如设置缆风绳加固）。

（2）混凝土的浇筑顺序

在浇筑混凝土时支架会产生不均匀沉降。为避免因支架不均匀沉降而导致混凝土在浇筑过程中出现内伤，要求混凝土的浇筑应从跨中向两侧墩台逐步推进，当整跨梁体浇筑完成后再浇筑跨越梁段。跨越梁段的浇筑应呈斜面逐层推进，浇筑完成时应保持混凝土顶面为斜面，以便与下一梁跨混凝土建立更好的连接。

（3）模板拆除及卸架

当混凝土的强度达到设计强度的25%以后可拆除侧模，当混凝土强度大于设计强度的75%以后可拆除梁体的各项模板。对于预应力混凝土梁，应在预应力钢束张拉完毕或张拉到一定数量后再拆除模板，以免梁体混凝土受拉。卸架程序应从梁体挠度最大处的支架节点开始，逐步卸落相邻两侧的节点。落梁要对称、均匀、有序。同时，要求各节点的卸落应分级多次进行，以使梁的沉落曲线逐步加大。

3.固定支架预应力就地浇筑的特点

综上所述，固定支架就地浇筑施工方法的特点包括以下三点。

第一，混凝土能整体浇筑，预应力筋整体张拉，桥梁的整体性较好。施工中不需要进行体系转换。对机具和起重能力要求不高，不需要大型起重设备，施工较简便、平稳、可靠。

第二，需要使用大量的施工支架，施工周期长，周转次数少，费用高；跨河桥梁搭设支架影响河道的通航与排洪，施工期间支架可能会受到洪水和漂流物的威胁。

第三，需要有较大的施工场地进行支架组拼、钢筋加工、模板制作、预应力筋加工等，因此施工管理较复杂。

（二）悬臂施工法

悬臂施工法是大跨度桥梁最常采用的施工方法，也是桥梁施工中难度较大的施工工艺，需要专门的施工设备和一支熟悉悬臂施工工艺的技术队伍。

采用该方法建造桥梁时，不需要在桥下搭设大量的支架，而是利用挂篮施工设备从墩顶已建梁段向两侧开始对称悬出接长，直至合龙。梁体每延伸一段，通过预应力钢筋将当前梁段与梁体连成一体。按照节段梁体的制作方法方式的不同，悬臂施工法可以分为悬臂浇筑法和悬臂拼装法。

悬臂浇筑：在桥墩两侧对称逐段就地浇筑混凝土，待混凝土达到一定强度，张拉预应力钢筋，移动机具、模板继续施工。

悬臂拼装：将预制节段块件，从桥墩两侧依次对称安装，张拉预应力钢筋，使悬臂不断接长，直至合龙。

1.悬臂浇筑施工

（1）施工挂篮

挂篮是一个能够沿轨道行走的活动脚手架，悬挂在已经张拉锚固的箱梁梁段上。挂篮的承重结构可用万能杆件或采用专门设计的结构。挂篮除了要能承受梁段自重和施工荷载外，还要求自重轻、刚度大、变形小、稳定性好、行走方便等。

用梁式挂篮浇筑墩侧初始几对梁段时，由于墩顶位置受限往往需要将两侧挂篮的承重结构临时联结在一起。待梁段浇筑到一定长度后，再将两侧承重结构分开。如果墩顶位置过于窄小，开始用挂篮浇筑困难时，可以设立局部支架。墩顶梁段（所谓零号块）或墩顶附近的梁段在支架上浇筑，施工挂篮就在已浇筑的梁段上拼装。

（2）悬浇施工工艺流程

当挂篮安装就位后，即可在其上进行梁段悬臂浇筑的各项作业，其工艺流程是按每一梁段的混凝土分两次浇筑排列的，即先浇筑底板混凝土，后浇筑肋板及顶板混凝土。当采用一次浇筑时，将浇筑底板混凝土的工序与浇筑肋板及顶板混凝土的工序合并，其他工序不变。

混凝土浇筑前，须用硬方木支垫于台车前轮分配梁上，以分布荷载，减小轮轴压力。浇筑混凝土的过程中，要随时观测挂篮由于受荷而产生的变形。挂篮负荷后，还可能引起新旧梁段接缝处混凝土开裂。尤其是采用两次浇筑法施工，第二次混凝土浇筑时，第一次浇筑的底板混凝土已经凝结。由于挂篮的第二次变形，底板混凝土就会在新旧梁段接缝处开裂。为了避免这种裂缝，可对挂篮采取预加变形的方法，如采用活动模板梁等。

悬臂浇筑一般采用由快凝水泥配制的C40～C60混凝土。在自然条件下，浇筑后30～36 h，混凝土强度达30 MPa。这样可以加快挂篮的移位。目前，每段施工周期7～10 d，具体应视工程量、设备、气温等条件而定。

悬臂浇筑施工的主要优点是：预制场地小，逐段浇筑，易于调整和控制梁段的位置，且整体性好；不需大型机械设备，主要作业在没有顶棚的挂篮内进行；各段均属严密的重复作业，需要施工人员少，工作效率高等。

其主要缺点是：梁体部分不能与墩柱平行施工，施工期较长，而且悬臂浇筑的混凝土加载龄期短，混凝土收缩、徐变影响较大。

2.悬臂拼装施工

（1）梁段预制

悬拼施工是将梁沿纵轴，根据起吊能力分成适当长度的节段，在工厂或桥位附近的预制场进行预制，然后运到桥位处用吊机进行拼装。节段预制的质量直接关系着梁段悬拼施工的重量和速度，因此，预制时应严格控制梁段断面和形体的精确度，充分注意预制场地的选择与布置、台座和模板支架的制作、工艺流程的拟定以及养护和储运的每一环节。梁段预制的方法通常有长线预制或短线预制。

①长线预制

长线预制是在预制厂或施工现场按梁底曲线制作固定台座，在台座上安装模板进行节段混凝土浇筑工作。组成箱梁的各梁段均在固定台座上的活动模板内且相邻段应相互贴合浇筑，缝面浇前涂抹隔离剂，以利脱模。

长线预制需要较大的场地，其底座的最小长度应为桥孔跨径的一半。梁体节段的预制一般在底板上进行。模板常采用钢模，便于装拆使用。为加快施工进度，保证节段之间密贴，常采用先浇筑奇数节段，然后浇筑偶数节段。当节段混凝土强度达到设计强度75%以上后，可吊出预制场地。

②短线预制

短线预制是在固定台位且能纵移的模板内浇筑，由可调整内、外部模板的台车与端梁来完成。当第一节段混凝土浇筑完成后，在其相对位置上安装下一节段模板，并利用第一节段混凝土的端面作为第二节段的端模，完成第二节段混凝土的浇筑工作。这种方法适合节段的工厂化生产预制，设备可周转使用，台座仅需三个梁段长，但节段的尺寸和相对位置的调整要复杂一些。短线台座除基础部分外，多采用钢料加工制作。

由于长线台座可靠，因而成桥后梁体线形较好，长线的台座使梁段存贮有较大余地；但占地较大，地基要求坚实，混凝土的浇筑和养护移动分散。

短线预制场地相对较小，模板及设备基本不需移动，可调的底、侧模便于平、竖曲线梁段的预制；但精度要求高，施工严，周转不便，工期相对较长。

箱梁节段预制要求相邻节段之间接触紧密，故必须以前面浇筑完成的节段的端面作为后来浇筑节段的端模。同时，必须采用隔离剂使节段出坑时相互容易从接缝处脱离。

常用隔离剂可分为：薄膜类，如塑料硬薄膜；油脂类，如好机油；皂类，如烷基苯磺酸钠，虽成本较高，但使用效果较好。

（2）节段运输

梁段运输有水、陆、栈桥及缆吊等各种形式。梁体节段自预制底座上出坑后，一般先存放于存梁场，节段拼装时由存梁场运至桥位处，预制块件的运输方式一般可分为场内运输、装船和浮运三个阶段。

①场内运输节段

出坑和运输一般由预制场的龙门起重机担任。节段上船也可使用预制场的龙门起重机。当预制场与栈桥距离较远时，节段的运输应首先考虑采用平车运输。当采用无转向架的运梁平车运输时，运输轨道不得设平曲线，纵坡一般应为平坡。当地形条件受到限制时，最大纵坡不得大于1%。

②装船节段

装船应在专用码头上进行，码头的主要设施是施工栈桥和节段装船的起重机。栈桥的长度应保证在最低施工水位时驳船能够进港起运，栈桥的高度要保证在最高施工水位时栈桥主梁不被水淹。栈桥宽度要保证运梁驳船两侧与栈桥之间不少于0.5 m的安全距离。栈桥起重机的起重能力和主要尺寸（净高和跨度）应与预制场上的起重机相同。

③浮运节段

浮运船只应根据节段的重量和高度来选择，可采用铁驳船、坚固的木筏船、水泥驳船或用浮箱装配。为了保证浮运安全，应设法降低浮运重心。

开口舱面的船应尽量将块件置于船舱底板；必须置放在甲板面上时，必须在舱内。压重块件的支垫应按底面坡度用碎石子堆成，满铺支垫或加设三角形垫木，以保证块件安放平稳。另外，还须以缆索将块件系紧固定。

（3）悬拼方法

①浮吊拼装法

重型的起重机械装配在船舶上，全套设备在水上作业，在40 m的吊高范围内起重力大，所用辅助设备少。优点是相应的施工速度较快，一天可以完成2～4段的吊拼，但台班费用较高。

②悬臂吊机拼装法

悬臂吊机由纵向主桁架、横向起重桁架、锚固装置、平衡重、起重系统、行走系统和工作吊篮等组成。

纵向主桁为吊机的主要承重结构，可由贝雷桁片、万能杆件、大型型钢等拼制。一般由若干桁片构成两组，用横向连接系连成整体，前后用两根横梁支承。横向起重桁架是供安装起重卷扬机，直接起吊箱梁节段之用的构件，多采用贝雷架、万能杆件及型钢等拼配制作。

纵向主桁架的外荷载就是通过横向起重桁架传递给它。横向起重桁架支承在轨道平车上，轨道平车搁置于铺设在纵向主桁架弦的轨道上，起重卷扬机安置在横向起重桁架的上弦。设置锚固装置和平衡重的目的是防止主桁架在起吊节段时倾覆翻转，保持其稳定状态。对于拼装墩柱附近节段的双悬臂吊机，可用锚固横梁及吊杆将吊机锚固于0号块上。对称起吊箱梁节段，不需要设置平衡重。

单悬臂吊机起吊节段时，也可不设平衡重，而将吊机锚固定在节段吊环上或竖向预应力筋的螺丝端杆上。起重系统一般是由电动卷扬机、吊梁扁担及滑车组等组成。作用是将由驳船浮运到桥位处的节段提升到拼装高度以备拼装。滑车组要根据起吊节段的重量来选用。

吊机的整体纵移可以采用钢管滚筒在木板上滚移，由电动卷扬机牵引。牵引绳通过转向滑车系于纵向主桁架前支点的牵引钩上。横向起重桁架的行走采用轨道平车，用倒链滑车牵引。

工作吊篮悬挂于纵向主桁架前端的吊篮横梁上，吊篮横梁由轨道平车支承以便工作吊篮的纵向移动。工作吊篮供预应力钢丝穿束、千斤顶张拉、压注灰浆等操作之用。可设上、下两层，上层供操作顶板钢束用，下层供操作肋板钢束用。也可只设一层，工作吊篮可用倒链滑车调整高。

③连续桁架拼装法

连续桁架拼装法可分为移动式和固定式两类。移动式连续桁架的长度大于桥的最大跨径，桁架支承在已拼装完成的梁段和待拼墩顶上，由吊车在桁架上移运节段进行悬臂拼装。固定式连续桁架的支点均设在桥墩上，而不增加梁段的施工荷载。

（4）接缝处理及拼装程序

梁段拼装的接缝有湿接缝、干接缝和胶接缝。不同的施工阶段和不同的部位，将采用不同的接缝形式。

①湿接缝

1号块和调整块用湿接缝拼装。悬拼施工时，防止梁体上翘和下挠的关键是1号块的准确定位。1号块是基准块件，一般1号块与墩顶0号块以湿接缝相接。1号块定位后，可由起重机悬吊支承，也可用下面的临时托架支承。为便于接缝处管道接头操作接头钢筋的焊接和混凝土振捣作业，湿接缝宽度一般为0.1～0.2 m。

0～1号块间湿接缝处理程序：块件定位，中线以及高程测量；接头钢筋焊接，制孔器安放；湿接缝模板安放；湿接缝混凝土浇筑；湿接缝混凝土养护拆模；穿预应力钢束，张拉锚固。

跨度大的T形刚构桥，由于悬臂很长，往往在悬臂中部设置一道现浇箱梁横隔板。同时，设置一道湿接缝。这道湿接缝除了能增加箱梁的结构刚度外，还可以调整拼装位置。在拼装过程中，如拼装上翘的误差很大，用其他方法难以补救时，也可以通过增设一道湿接缝来调整。但应注意增设的湿接缝宽度必须用凿打块件端面的办法来提供。

②干接缝或胶接缝拼装

除上述块件之间采用湿接缝外，一般块件之间采用干接缝或胶接缝。

其他预制梁段拼装顺序包括以下六个步骤：预制梁段提升，内移就位，试拼；预制梁段移开，与已拼装梁段保持约0.4 m间距；穿束；涂胶（双面涂胶，干接缝无此工序）；梁段就位，检查位置、高程及吻合情况；预应力钢束张拉，观察预制梁段是否滑移，锚固。

环氧树脂胶接缝可使块件连接密贴，可提高结构抗剪能力、整体刚度和不透水性。环氧树脂胶由环氧树脂、固化剂、增塑剂、稀释剂、填料等组成，其配方应根据施工环境、温度、固化时间和强度要求选定。一般对接缝混凝土面先涂环氧树脂底层胶，然后再涂加入填料的环氧树脂胶，环氧树脂胶随用随配并调制。

（5）穿束与张拉

①穿束

T形刚构桥纵向预应力钢筋的布置有两个特点：一是较多集中于顶板部位；二是钢束布置对称于桥墩。因此，拼装每一对对称于桥墩块件的预应力钢丝束须按锚固这一对块件所需长度下料。

明槽钢丝束通常按等间距排列，锚固在顶板加厚的部分（这种板俗称"锯齿板"），加厚部分预制时留有管道。穿束时先将钢丝束在明槽内摆放平顺，然后再分别将钢丝束穿入两端管道之内，钢丝束在管道两头伸出长度要相等。

暗管穿束比明槽难度大。经验表明，60 m以下的钢丝束穿束一般均可采用人工推送。较长钢丝束穿入端，可点焊成箭头状缠裹黑胶布。60 m以上的钢丝束穿束时，可先从孔道中插入一根钢丝与钢丝束引丝连接，然后一端以卷扬机牵引，一端以人工送入。

②张拉

钢丝束张拉前，先要确定合理的张拉次序，保证箱梁在张拉过程中每批张拉合力都接近于该断面钢丝束总拉力重心处。

钢丝束张拉次序的确定与箱梁横断面形式、同时工作的千斤顶数量、是否设置临时张拉系统等因素有关。

一般情况下，纵向钢丝束的张拉次序按下述原则确定：第一，对称于箱梁中轴线，钢丝束两端同时成对张拉；第二，先张拉肋束，后张拉板束；第三，肋束的张拉次序是先张拉边肋，后张拉中肋（若横断面为三根肋，仅有两对千斤顶时）；第四，同一肋上的钢丝束先张拉下边的，后张拉上边的；第五，板束的次序是先张拉顶板中部的，后张拉边部的。

悬臂拼装法施工的主要优点是：梁体块件的预制和下部结构的施工可同时进行，拼装成桥的速度较现浇快，可显著缩短工期；块件在预制场内集中预制，质量较易保证；梁体塑性变形小，可减小预应力损失，施工不受气候影响等。

其缺点是：需要占用较大的预制场地，移运和安装需要大型的机械设备；如果不用湿接缝，则块件安装的位置不易调整。

（6）压浆

管道压浆的目的是保证预应力筋不受腐蚀。目前的工艺是先用高压水检查管道的畅通、匹配面的密贴情况以及封端情况后再进行正式压浆，直到出浆口出浓浆。封闭出浆口持压3～5 min，以保证水泥浆尽量充满管道。

压浆是在局部封锚后进行的，除了保证封端质量外，须在水泥浆中加入适量微膨胀剂，选取合适的配合比，既能使压浆工作顺利进行，又能使凝固后的水泥浆尽量充满管道，尽可能地排出管道内的水和空气，避免力筋受蚀。

（7）合龙段施工

用悬臂施工法建造的连续刚构桥、连续梁桥须在跨中将悬臂端刚性连接、整体合龙。合龙段施工有现浇和拼装两种方法，现浇方法与悬浇中跨合龙段施工方法相同，拼装方法与简支梁板的安装相同。

第三节　桥面及附属工程施工技术

桥面是桥梁服务车辆、行人实现其功能的最直接部分。主要包括支座、桥面铺装层等。其施工质量不仅影响桥梁的外形美观，而且关系到桥梁的使用寿命、行车安全及舒适性等。因此，对于桥面及附属设施的施工必须引起足够的重视。

一、桥梁支座的施工

（一）桥梁支座概述

桥梁支座是桥梁结构的一个重要组成部分。但是由于它在桥梁工程造价中所占比例很小，往往未引起工程技术人员的重视。

20世纪70年代以前，我国的公路、铁路桥梁上常不设支座或仅设置传统的钢支座。随着桥梁建设事业的发展，各种形式的桥梁陆续建成，对桥梁支座的承载力、支座适应线位移和转角能力的要求也不断提高，与之相适应的各种新型桥梁支座应运而生。

桥梁支座是连接桥梁上部结构和下部结构的重要结构部件。它能将桥梁上部结构的反力和变形（线位移和转角）可靠地传递给桥梁下部结构。同时，保证上部结构在荷载、温度变化、混凝土收缩徐变等因素作用下的自由变形，以便结构的实际受力情况与理论计算图示相符合，保护梁端、墩台帽不受损伤。

梁支座必须满足以下功能要求：一是梁支座必须具有足够的承载能力，以保证安全可靠的传递支座反力；二是支座对桥梁变形（位移和转角）的约束应尽可能小，以适应梁体自由伸缩及转动的需要。此外，支座应便于安装、养护和维修，必要时可进行更换。

梁式桥的制作一般分为固定支座和活动支座。固定支座允许梁截面自由转动而不能移动，活动支座允许梁在挠曲和伸缩时转动与移动。针对桥梁跨径、支座反力、支座允许转动与位移不同，支座选用的材料不同，支座是否满足防振、减振要求不同，桥梁支座具有许多相应类型。

随着桥梁结构体系的发展，制作类型也相应地更新换代，过去一般针对小跨径桥梁或加工较烦琐的支座，如简易垫层支座钢板支座、钢筋混凝土摆柱式支座等已不常使用，代之以板式橡胶支座、盆式橡胶支座、球形钢支座、聚四氟乙烯滑板支座以及圆形板式橡胶支座等。

（二）不同种类的桥梁支座施工

1.板式橡胶支座的安设

板式橡胶支座由多层橡胶片与薄壁板镶嵌、黏合、压制而成。安装前，应将垫块顶面清理干净，采用干硬性水泥砂浆抹平，且检查顶面标高是否满足设计要求；板式橡胶支座安装前还应对支座的长、宽、厚、硬度、容许荷载、容许最大温差及外观等进行全面检查，如不符合设计要求，则不得使用。

板式橡胶支座安装时，支座中心尽可能对准梁的计算支点，必须使整个橡胶支座的承压面上受力均匀。就位不准或与支座不密贴时，必须重新起吊，采取垫钢板等措施，并应使支座位置控制在允许偏差内，不得用撬棍移动梁、板。

为保证板式橡胶支座安装装置准确，支座安装尽可能排在接近年平均气温的季节里进行，以减小由于温差变化过大而引起的剪切变形。梁、板安装时，必须细致稳妥，使梁、板就位准确且与支座密贴，勿使支座产生剪切变形；就位不准时，必须吊起重放，不得用撬杠移动梁、板。

当墩台两端标高不同，顺桥向或横桥向有坡度时，支座安装必须严格按设计规定办理。支座周围应设排水坡，防止积水，并注意及时清除支座附近的尘油脂与污垢等。

2.球形支座的安设

球形支座各向转动性能一致，适用于弯桥、坡桥、斜桥、宽桥及大跨径球形支座无承重橡胶块，特别适用于低温地区。

支座出厂时，应由生产厂家将支座调平，并拧紧连接螺栓，防止支座在安装过程中发生转动和倾覆。支座可根据设计需要预设转角及位移，但施工单位应在订货前提出预设转角及位移量的要求，由生产厂家在装配时预先调整好。

支座安装前方可开箱，并检查装箱清单，包括配件清单、检验报告复印件、支座产品合格证书及支座安装养护细则。施工单位开箱后，不得任意转动连接螺栓，并不得任意拆卸支座。支座安装高度应符合设计要求，保证支座平面的水平及平整。支座支承面四角高差不得大于2 mm。

当下支座板与墩台采用螺栓连接时，应先用钢楔块将下支座板四角调平，高程、位置应符合设计要求，用环氧砂浆灌注地脚螺栓孔及支座底面垫层。环氧砂浆硬化后，方可拆除四角钢楔，并用环氧砂浆填满楔块位置。当下支座板与墩台采用焊接连接时，应对称、间断地将下支座板与墩台上预埋钢板焊接。焊接时应采取防止烧伤支座和混凝土的措施。

当梁体安装完毕，或现浇混凝土梁体达到设计强度后，在梁体预应力张拉之前，应拆除上、下支座板连接板。

3.盆式橡胶支座的安设

盆式橡胶支座是钢构件与橡胶组合而成的新型桥梁支座，具有承载能力大、水平位移量大、转动灵活等特点，适用于支座承载力为1000 kN以上的跨径桥梁，也适用于城市、林区、矿区的桥梁。

盆式橡胶支座构造简单，结构紧凑，滑动摩擦系数小，转动灵活。与一般铸钢辊轴支座相比，具有重量轻、建筑高度低、加工制造方便、节省钢材、降低造价等优点。与板式橡胶支座相比具有承载能力大、容许支座位移量大、转动灵活等优点。因此，盆式橡胶支座特别适宜在大跨径桥梁上使用。

支座规格和质量应符合设计要求，支座组装时其底面与顶面（埋置于墩顶和梁底面）的钢垫板，必须埋置稳固。垫板与支座间应平整密贴，支座四周不得有0.3 mm以上的缝隙，严格保持清洁。活动支座的聚四氟乙烯滑板和不锈钢钢板不得有刮伤、撞伤。氯丁橡胶板块密封在钢盆内，要排除空气，保持紧密。

安装前，将支座各相对滑移面用清洁剂仔细擦洗，擦净后在四氟滑板的储油槽内注满硅脂类润滑剂并保持清洁。盆式橡胶支座的顶面和底板可用焊接或锚固螺栓拴接在梁体底面和垫石顶面的预埋钢板上。

焊接时，应防止烧坏混凝土；焊接完成后，应在焊接部位做防锈处理。安装锚固螺栓时其外露螺杆的高度不得大于螺母的厚度。支座安装的顺序，宜先将上座板固定在大梁上，然后根据其位置确定底盆在墩台的位置，最后固定。

支座的安装标高应符合设计的要求，中心线与梁的轴线重合，水平最大位移差不超过2 mm。

安装固定支座时，上下各部件的纵轴线必须对正；安装活动支座时，上下纵轴线必须对正，横轴线应当根据安装时的温度与年平均温度的差，由计算确定其错位的距离；支座上的上下导向挡块必须平行，最大偏心的交叉角不得大于5°。

二、桥面铺装层施工

（一）水泥混凝土桥面铺装层施工

水泥混凝土桥面铺装层的施工工艺为：施工准备工作—安装模板—桥面钢筋绑扎—混凝土制备—混凝土运输—桥面混凝土浇筑—接缝施工—表面修整—养护。下面将对部分施工要点进行介绍。

1.梁顶标高的测定和调整

预应力混凝土空心板或大梁在预制后存梁期间，由于预应力作用，往往会产生反拱。如果反拱过大，就会影响桥面铺装层的施工。因此，设计中对存梁时间、存梁方法都做了一定要求。

如果架梁前已发现反拱过大，则应采取降低墩顶标高、减少垫石厚度等方法来保证铺装层厚度。架梁后应对梁顶标高进行测量，测定各跨中线、边线的跨中和墩顶处的标高，分析评价其是否满足规范要求。若偏差过大，则应采取调整桥面标高、改变引线纵坡等方法，以保证铺装层厚度，使桥梁上部结构形成整体。

2.绑扎、布设桥面钢筋网

桥面钢筋应根据设计要求和相关规定进行绑扎。正交桥必须注意放正钢筋，斜交桥桥面钢筋应按图纸规定方向放置。所有钢筋均应正确留设保护层厚度。采用双层钢筋网时，两层钢筋之间应有足够数量的定位撑筋，以保证两层钢筋的位置正确。

在两跨连接处，若桥面为连续构造，应再布设桥面连续的构造铜筋；若为伸缩缝，要注意做好伸缩缝的预埋钢筋。

3.混凝土浇筑

对板顶处理情况、钢筋网布设情况进行检查。当其满足设计和规范要求后，即可浇筑混凝土。若设计为防水混凝土，其配合比及施工工艺应满足规范要求。

浇筑铺装层时，为防止钢筋变位，不得在钢筋上搁置重物，不得让运料小车在钢筋网上推运，不得让人员在钢筋网上行走践踏。若必须在钢筋上通行，可搭设支架架空走道。在浇筑过程中，应随时注意纠正钢筋位置。

浇筑混凝土时，宜从下坡向上坡进行，注意要连续施工，防止产生施工缝。混凝土振捣时，先用插入式振捣器沿模板边角均匀插捣，然后用平板振捣器对中间部分混凝土进行振捣，直至混凝土不再下沉，最后用振动梁进行粗平。

水泥混凝土桥面施工可采用真空脱水工艺，脱水后还应进行表面平整和提浆。如不采用真空脱水工艺，应采用抹子反复抹面直至表面平整、无泌水为止。必须符合设计规定，面层必须平整、粗糙。如果桥面纵坡较大，则必须采取防滑措施。第二次抹平后，应沿横坡方向拉毛或采用机具压槽，拉毛和压槽深度应为 1 ~ 2 mm。浇筑完后待表面有一定硬度时即可开始养生。常用的养生方法为覆盖草麻袋、草帘、塑料薄膜、土工布等并洒水。

（二）沥青混凝土桥面铺装层施工

1.准备工作

铺装沥青混凝土面层以前，须对混凝土桥面的平整度、粗糙度等进行检查，桥面应平整、粗糙、干燥、整洁，并应符合规定的设计要求。测设中线和边线的高程，根据所需铺筑沥青混凝土的最小、最大及平均厚度计算沥青混凝土的数量，做好用料计划。清扫桥梁混凝土面层，保持清洁、干燥，并喷洒黏层油，黏层沥青宜采用快裂的洒布型乳化沥青，也可采用快、中凝液体石油沥青或煤沥青，并采用机械喷布工艺，用量一般控制在

$0.3 \sim 0.4 \, kg/m^2$，要求洒布均匀。

2.浇洒黏层

沥青工艺要求如上所述，黏层沥青应均匀洒布（亦可涂刷），浇洒过量的局部地段或积聚油量较多时应予以刮除。当气温低于10 ℃或水泥混凝土桥面层潮湿（或不洁），不得浇洒黏层沥青。浇洒黏层沥青后，严禁除沥青混合料运输车以外的其他车辆、行人通过。黏层沥青洒布后，应紧接铺筑沥青混凝土面层，但乳化沥青应等待破乳、水分蒸发完后铺筑。洒布沥青黏层前宜在路缘石上方涂刷石灰水或粘贴保护纸张，以免沥青沾染缘石。

3.伸缩缝处理

铺筑沥青面层时，伸缩缝处理宜用黄沙等松散材料临时铺垫与水泥混凝土顶面相平，沥青混凝土面层可连续铺筑，铺筑完成后再按所用伸缩缝装置的宽度，画线切割，挖除伸缩缝部分的沥青混凝土后再安装伸缩装置。

4.热拌沥青混合料的运输

沥青混凝土面层铺筑用沥青混合料应采用较大吨位的自卸汽车运输，车厢应清扫干净。为防止沥青与车厢板黏结，车厢侧板和底板可涂一薄层油水混合液（柴油与水比例可为1∶3），但不得有余液积聚在车厢底部。运料车应用篷布覆盖，用以保温、防雨、防污染，夏季运输时间短于0.5 h时，亦可不加覆盖。

连续摊铺过程中，运料车应在摊铺机前10 ~ 30 cm处停住，不得撞击摊铺机；卸料过程中运料车应挂空挡，靠摊铺机推动前进。沥青混合料运至摊铺地点后应凭运料单接收并检查拌和质量及温度要求，遇有已经结成团块或遭遇淋湿的混合料不得铺筑在桥面、道路上。

5.沥青混凝土面层的铺筑

铺筑沥青混凝土面层应采用机械摊铺，应以伸缩缝的间距确定一次铺筑长度，要求在相邻两个伸缩缝之间尽量不设施工缝。桥面的宽度宜在1 d内铺筑成，每次铺筑的纵向接缝宜在上次铺筑的沥青混凝土的实际温度未降至100 ℃时予以接缝铺筑并碾压。

根据混凝土桥面层的平整度、沥青混凝土面层的厚度和结构层次决定一次铺筑或两次铺筑。沥青混凝土面层厚度大于6 cm时，宜采用两次铺装以提高沥青混凝土面层的平整度。沥青混合料必须缓慢、均匀、连续不断地摊铺，摊铺过程中不得随意变换速度或中途停顿。

摊铺速度一般控制在2 ~ 6 m/min，可根据沥青混合料供应及机械配套情况及摊铺层厚度、宽度确定。

摊铺好的沥青混合料应随即碾压（碾压方法、要求可参照沥青路面施工有关规定）。如因故不能及时碾压或遇雨时，应停止摊铺，并对卸下的沥青混合料覆盖保温。

当先铺筑的沥青混凝土的实际温度降至 80 ℃以下时，后铺筑的沥青混凝土应按冷接缝方法处理，即铣刨接缝处的沥青混凝土，要求接缝顺直。

纵缝的铣刨宽度宜为 20 ～ 30 cm，横缝的铣刨宽度应用直尺测量后决定，一般不宜小于 100 cm。如无铣刨机时，可按画线用切缝机切割后再凿除。

沥青混凝土面层的铺筑和碾压宜从下坡向上坡进行。施工车辆和施工机械不允许停留在新铺装的沥青混凝土面层上，也不允许柴油之内的油料滴漏在沥青混凝土面层上，以免引起沥青混凝土软化、壅包。当采用刻槽方式增加沥青混凝土铺装层与混凝土桥面的啮合，提高其抗滑能力时，刻槽的宽度宜为 20 mm，槽间距宜为 20 m，槽深宜为 3 ～ 5 mm。

第四章　其他桥梁施工技术

第一节　拱桥施工技术

拱桥施工方法按拱圈的制作方式可分为现浇法和预制装配法；按拱圈的架设施工方式可分为有支架施工和无支架施工两类。

有支架施工是拱桥施工的主要方法，尤其是石拱桥和混凝土拱桥，几乎全是采用搭设拱架的方法进行施工的，但这种方法需要耗费大量建筑材料和劳动力，并且工期较长，大大影响了拱桥的推广使用。

拱桥是一种能充分发挥圬工及钢筋混凝土材料抗压性能的合理桥型，其外形美观、维修费用低，具有向大跨度方向发展的优势。为了改善拱桥施工方法落后的状况，目前在施工方法和机具设备方面做了大量改进。

一、混凝土拱桥施工

混凝土拱桥的施工按其主拱圈成型的方法可以分为以下三大类。

（一）就地浇筑法

就地浇筑法就是把拱桥主拱圈混凝土的基本施工工艺流程（立模、扎筋、浇筑混凝土、养护及拆模等）直接在桥孔位置来完成。按照所使用的设备来划分，包括以下两种。

1.有支架施工法

这和梁式桥的有支架施工类似，与其支架类型、主拱圈混凝土浇筑的技术要求以及卸架方式等有关。

2.悬臂浇筑法

悬臂浇筑法把主拱圈划分成若干个节段，并用专门设计的钢桁托架结构作为现浇混凝土的工作平台。托架的后端铰接在已完成的悬臂结构上，其前端则用刚性组合斜拉杆经过临时支柱和塔架，再由尾索锚固在岸边的锚碇上。但是钢桁托架本身较重，转移较难，钢筋骨架和混凝土法的运输须借助缆索吊装设备，施工比较麻烦，拱轴线上各点的高程也较难控制，故目前较少采用这种施工方法。

（二）预制安装法

预制安装法按主拱圈结构所采用的材料可以分为整体安装法和节段悬拼法两种。

1.整体安装法

这种施工方法适合于钢管混凝土系杆拱的整片起吊安装，钢管混凝土拱肋在未灌混凝土之前具有质量轻的优点。例如某跨径为45 m的系杆拱片，经组合后，其吊装质量仅为18.7 t，用起重量为20 t的浮吊，仅用了一天就把两片拱片全部安装完毕。被起吊的拱片应做以下三点验算。

拱肋从平卧到竖立的翻转过程中，形若一根简支曲梁。因此，应将此两个起吊点视为作用于其上的垂直集中力，来验算此曲梁的强度和刚度。

在竖向吊运过程中，须验算吊点截面的强度。

当两吊点间距较近时，须验算系杆在吊运过程中是否出现轴向压力及其面外的稳定性。应该科学地设计其施工顺序，使设计中对全桥横向稳定有利的杆件先安装或浇筑以尽早发挥作用。例如，先安装肋间横撑，浇筑支承节点和端横梁混凝土，再安装内横梁和沿系杆的纵向分条地安装桥面板直至合龙等。

2.节段悬拼法

节段悬拼法是将主拱圈结构划分成若干节段，先放在现场的地面或场外工厂进行预制，然后运送到桥孔的下面，利用起吊设备提升就位，进行拼接，逐渐加长直至成拱。每拼完一个节段，必须借助辅助设备临时固定悬臂段。这种方法对钢筋混凝土或钢管混凝土主拱圈的施工都适用。常用的起重设备有以下两种。

（1）缆索吊装设备

缆索吊装设备主要由主索、工作索、塔架和锚固装置四个基本部分组成。其中包括主索、起重索、牵引索、结索、扣索、缆风索、塔架及索鞍、地锚、滑车、电动卷扬机等设备和机具。

（2）伸臂式起重机

伸臂式起重机每拼接好一个节段，即用辅助钢索临时拉住，每拼完三节，便改用更粗的主钢索拉住，然拆除辅助钢索，供重复使用。这种方法适用于特大跨径的拱桥施工。

（三）转体施工法

转体施工法的特点是将主拱圈从拱顶截面分开，把主拱圈混凝土高空浇筑作业改为放在桥孔下面或者两岸进行，并预先设置好旋转装置，待主拱圈混凝土达到设计强度后，再将它就地旋转就位成拱。按照旋转的几何平面又可分为以下三种。

1.平面转体施工法

这种施工方法的特点是：将主拱圈分为两个半跨，分别在两岸利用地形做简单支架（或土牛拱胎），现浇或者拼装拱肋，再安装拱肋间横向联系（横隔板、横系梁等），把扣索的一端锚固在拱肋的端部（靠拱顶）附近，经引桥桥墩延伸至埋入岩体内的锚碇中，再用液压千斤顶收紧扣索，使拱肋脱模，借助环形滑道和手摇卷扬机牵引，慢速地将拱肋转体180°（或小于180°），最后再进行主拱圈合龙段和拱上建筑的施工。

2.竖向转体施工法

当桥位处无水或水很浅时，可以将拱肋分成两个半跨放在桥孔下面预制。如果桥位处水较深，可以在桥位附近预制，然后浮运至桥轴线处，再用起吊设备和旋转装置进行竖向转体施工。这种方法最适宜钢管混凝土拱桥的施工。因为钢管混凝土拱桥的主拱圈必须先让空心钢管成拱后再灌筑混凝土，故在旋转起吊时，不但钢管自重相对较轻，而且钢管本身强度也高，易于操作。

3.平-竖相结合的转体施工法

这种施工方法综合吸收了上述两种转体施工方法的优点，具体体现在以下三点：利用竖向转体法的优点，变高空作业为地上作业，避免了长、大、重安装单元的运输和起吊；利用平面转体法的优点，将全桥三孔分为两段，放在主河道的两岸进行预制和拼装，将桥跨结构的施工对主航道航运的影响降到最低程度；利用边孔作为中孔半拱的平衡重，使整个转体施工形成自平衡体系，免除了在岸边设置锚碇构造。

二、拱桥的有支架施工

（一）拱架

砌筑石拱桥或混凝土预制块拱桥，以及现浇混凝土或钢筋混凝土拱圈时，需要搭设拱架，以承受全部或部分主拱圈和拱上建筑的重量，保证拱圈的形状符合设计要求。拱架主要有钢桁架拱架、扣件式钢管拱架等。

1.钢桁架拱架

（1）常备拼装式桁架形拱架

常备拼装式桁架形拱架是由标准节段、拱顶段、拱脚段和连接杆等用钢销或螺栓连接的，拱架一般采用三铰拱，其横桥向由若干组拱片组成，每组的拱片数及组数由桥梁跨径、荷载大小和桥宽决定，每组及各组间拱片由纵、横连接系连成整体。

（2）装配式公路钢桥桁架节段拼装式拱架

在装配式公路钢桥桁架节段的上弦接头处加上一个不同长度的钢铰接头，即可拼成各种不同曲度和跨径的拱架，在拱架两端应另加设拱脚段和支座，构成双铰拱架。拱架的横向稳定由各片拱架间的抗风拉杆、撑木和风缆等设备保证。

（3）万能杆件拼装式拱架

万能杆件拼装式拱架是用万能杆件补充一部分带铰的连接短杆，拼装时，先拼成桁架节段，再用长度不同的连接短杆连成不同曲度和跨径的拱架。

（4）装配式公路钢桥桁架或万能杆件桁架与木拱盔组合的钢木组合拱架

装配式公路钢桥桁架或万能杆件桁架与木拱盔组合的钢木组合拱架是由钢桁架及其上面的帽木、立柱、斜撑、横梁及弧形木等杆件构成。

2.扣件式钢管拱架

扣件式钢管拱架一般有满堂式钢管拱架、预留孔满堂式钢管拱架、立柱式扇形钢管拱架等形式。

扣件式钢管拱架的基础可以采用在立柱下端垫上底座，使立柱承重后均匀沉降并有效地将荷载传递给地基。但由于立柱数量较多，分散面宽，每根立柱所处的地基不相同，除按一般基础处理外，还可采取分别确定立柱管端承载能力的方法，使各立柱承载后的不均匀沉降控制在允许的范围内。

（二）模板

1.拱圈模板

拱圈模板（底模）的厚度应根据弧形木或横梁间距的大小而定，一般有横梁时为40～50 mm，直接搁置在弧形木上时为60～70 mm。有横架时为使顺向放置的模板与拱圈内弧线圆一致，可预先将木板压弯，但40 m以上跨径拱桥的模板可不必事先压弯。

混凝土和钢筋混凝土拱圈模板在拱顶处应铺设一段活动模板，在间隔缝处应设间隔缝模板并在底模或侧模上留置孔洞，待分段浇筑完后再堵塞孔洞，以便清除杂物。拱轴线与水平面倾角较大地段，须设置顶面盖板，以防混凝土流失。

2.拱肋模板

拱肋模板的底模基本上与混凝土和钢筋混凝土拱圈相同，在拱肋间及横撑间的空当可不铺设底模。拱肋侧面模板一般先按样板分段制作，然后拼装于底模之上，并用拉木、螺栓拉杆及斜撑等固定。在安装时，应先安置内侧模板，等钢筋入模后再安置外侧模板，且应在适当长度内设置一道变形缝。拱肋盖板设置于拱轴线较陡的拱段，随浇筑进度装订。

（三）拱架卸落

1.拱架卸落的程序和方法

拱架卸落的过程，就是由拱架支撑的拱圈的重力逐渐转移给拱圈自身来承担的过程，为了对拱圈受力有利，拱架不能突然卸除，而应按一定的卸架程序和方法进行。在卸架中，只有达到一定的卸落量时，拱架才能脱离拱圈体并实现力的转移。下面以满布式拱架为例，简述卸落程序。

拱架所需的卸落量 h 为拱圈体弹性下沉量与拱架弹性回升量之和，可通过计算得出。该卸落量 h 为拱顶卸落量，拱顶两侧各支点的卸落量按直线比例分配。为了使拱圈体逐渐均匀降落和受力，各支点和各循环之间分成几次和几个循环逐步完成。各次和各循环之间要有一定间歇。间歇后将松动的卸落设备顶紧，使拱圈体落实。满布式拱架可根据算出和分配的各支点的卸落量，从拱顶开始，逐步同时向拱脚对称卸落，横向的几个砂筒同时放砂，速度一致、统一指挥。要检视拱圈边棱，用两组水准仪测量拱顶及1/4点处的高程变化。

2.卸架设备

为保证拱架能按设计要求均匀下落，必须设置专门的卸架设备。卸架用的设备在拱架安装时已预先就位，满布式拱架卸落设备则放在拱脚铰的位置。卸架设备常用木楔、木凳（木马）、砂筒（砂箱）三种。

（1）木楔

木楔可分为简单木楔和组合木楔。简单木楔由两块1∶10～1∶6斜面的硬木楔组成。落架时，用锤轻轻敲击木楔小头，将木楔取出，拱架即可下落。它的构造最简单，但缺点是敲击时振动大，易造成下落不均匀。一般可用于中、小跨径拱桥。组合木楔由三块楔形木和拉紧螺栓组成。卸架时，只须扭松螺栓，则楔木徐徐下降。组合木楔的下落较均匀，可用于40 m以下的满布式拱架或20 m以下的拱式拱架。

（2）木凳（木马）

木凳是另一种形式简单的卸架设备。卸架时，只要锯去木凳的两个边角，在拱架自重作用下，木凳被压陷，拱架也随之下落。一般适用于跨径在5 m以内的拱桥。

（3）砂筒

砂筒是由内装沙的金属（或木料）筒及活塞（又名顶心木，为木质或混凝土质）组成。适用于跨径大于30 m的拱桥。卸落时靠砂从筒的下部预留泄砂孔流出。因此，要求砂干燥、均匀、清洁，砂筒与活塞间用沥青填塞，以免砂受潮。由于砂泄出量可以控制拱架卸落的高度，这样就能通过泄砂孔的开与关，分数次进行落架，使拱架均匀下降而不受振动。

三、拱桥的无支架施工

（一）缆索吊施工

缆索吊装施工是指采用缆索结构（单跨或双跨）吊运、安装桥梁的施工方法。缆索吊装具有跨越能力大，水平和垂直运输机动灵活，适应性广，施工稳妥、方便等优点，因而得到广泛采用，尤其在修建大跨径或连续多孔拱桥中更能显示这种施工方法的优越性。

缆索吊装施工主要用于预制安装的钢筋混凝土拱桥，同时，在劲性骨架施工中，拱桥的骨架安装、拱上结构安装、桁架、刚架拱桥施工，甚至一般跨径的悬索桥加劲梁安装已得到广泛运用。

1.主要设备和机具

（1）主索（承重索）

主索（承重索）横跨桥渡，支撑于两塔架的索鞍上，吊运拱肋和其他构件的跑车支撑于主索上。主索根据吊运构件的重量、垂度、计算跨径（两塔索鞍中心距离）等因素进行截面计算。

（2）起重索

起重索用于控制吊运构件的运输。起重索承受吊重拉力，宜选用柔软耐磨、不易打结的钢丝绳。

（3）牵引索

牵引索用于牵引滑车（跑车）沿桥跨方向在承重索上移动（水平运输）。

（4）缆风索

缆风索又称浪风索。缆风索有两种：一种是保证塔架纵横向的稳定，另一种是保证拱肋安装就位后的横向稳定及桥中线准确。塔架用的缆风索一般为后缆风及侧向缆风。

（5）塔架

塔架是用来提高承重索的临空高度及支撑各种受力钢索的结构物。由塔身、塔顶、塔底和索鞍等主要部分组成。塔身常用型钢或万能杆件组拼而成，也可用装配式公路钢桥桁节片（贝雷）等构件拼装而成。

（6）塔架基础

塔架基础一般采用浆砌片石或片石混凝土。塔底有铰接和刚接两种形式。底座设铰的塔架必须依靠缆风保持稳定。

（7）索鞍

索鞍通常使用的有滚动索鞍及滑动索鞍，设置在塔架顶上，用于放置承重索、起重索、牵引索等，可以减少钢丝绳与塔架的摩阻力，使塔架承受较小的水平力，减少钢丝绳的磨损。

（8）锚碇

锚碇亦称地垄或地锚，用于锚固承重索、锚索、起重索、牵引索、缆风索等。锚碇在吊装过程中，对安全有决定性影响，设计和施工都应高度重视，锚碇的尺寸大小和形式均必须通过设计和计算。

（9）滑轮

滑轮又称葫芦，有定滑轮、动滑轮、滑车、滑轮片、吊钩滑车及转向开口滑车等，可根据需要的尺寸以及载重量选用。

（10）跑车

跑车是在承重索上运行和起吊重物的装置，可用定型滑车制作，也可根据吊重的情况自行加工。跑车由跑车轮、起重滑车组和牵引系统三部分组成。

（11）电动卷扬机

电动卷扬机为牵引、起吊的动力设备，一般多用于起重索和牵引索。

（12）其他设备

其他设备包括倒链葫芦、花篮螺栓、钢丝卡子、千斤绳等。

2.缆索吊装施工工艺

缆索吊装施工主要包括拱肋预制、运输和吊装、主拱圈的安装、拱上建筑的砌筑、桥面构造的施工等主要工序。

拱桥的拱肋在河滩或桥头岸边分节预制后，送至缆索下面，由起重小车起吊送至桥位安装。为使端段基肋在合龙前保持在一定位置，在其上先用扣索临时系住，然后才能松开吊索。吊装应自一孔桥的两端向中间对称进行，在最后一节拱肋吊装就位，并将各接头位置调整到规定高程后，才能放松吊索并将各接头合龙，最后才能将所有扣索撤去。

吊装施工的成败，关键在于保证基肋（指拱肋、拱箱或桁拱片）有足够的强度和稳定性，不仅要按单根构件在运输和吊装时的情况复核其强度和稳定性，更重要的是按基肋合龙时及合龙后所承担的荷载，检算其强度和稳定性。

基肋吊装合龙要拟定正确的施工程序和施工细则。拱桥跨度较大时，最好采用双基肋或多基肋合龙。此时，基肋与基肋间的横系梁或横隔板必须紧随拱段的拼接及时焊接。必要时可在基肋的上下两面内侧设置临时交叉斜杆以缩短基肋的自由长度。端段拱肋就位后，除上端用扣索拉住使之不下坠外，还应在左右两侧各用一对风缆牵住以免左右摆动。

中段拱肋就位时，缓慢地松吊索，使各接头顶紧，尽量避免简支搁置和冲击作用。当拱肋分五段吊装时，由于最后一段就位时或多或少的简支作用，第一接头可能上升，而第二个接头可能下降，为此应在第一个接头下侧也设拉索牵住，以防失稳。

施工时一般在每一接头处都设一对横撑或一对横向风缆来加强基肋的稳定性，注意两侧横向风缆的角度要对称。

（二）劲性骨架拱圈浇筑施工

劲性骨架法是采用劲性材料（如角钢、槽钢等型钢）作为拱圈的受力钢材，在施工过程中，先把这些钢骨架拼装成拱，作为施工钢骨架，然后再浇筑混凝土，将钢骨架浇筑在混凝土内部形成型钢混凝土拱。该方法的优点是可减少施工设备的用钢量，结构整体性好，拱轴线易于控制，施工进度快。但结构本身用钢量大且用型钢量多，造价较高，目前较少采用。

劲性骨架法主要施工步骤为：劲性钢骨架制作、劲性钢骨架安装、拱圈混凝土浇筑、梁和吊杆安装。

1.劲性钢骨架制作

劲性钢骨架采用16 Mn型钢焊接制成，按照1∶1大样分段冷弯成形，在大样架上拼焊成的钢骨架应进行探伤检测。

2.劲性钢骨架安装

劲性钢骨架的安装关键应保证钢骨架在整个过程中的竖向和横向稳定性。安装时须根据计算要求，设置横向联系，每段骨架采用八字风缆固定。

3.拱肋混凝土浇筑

拱肋混凝土浇筑的关键是保证钢骨架在浇筑混凝土过程中的稳定性，须根据计算布置足够的横向连接系和横向风缆。拱肋混凝土在浇筑过程中，钢骨架会随浇筑位置发生轴线变形。为适应钢骨架变形，调整时可采用水箱压，避免混凝土开裂，应适当设置变形缝，待混凝土浇筑完成后，采用高强度混凝土填缝。

（1）钢管拱肋制作

①钢管卷制与焊接

钢板用火焰切割机切割，但应将热力影响部分去掉。拱肋及横撑结构外表面均应先进行喷丸除锈，按一级表面清理。钢板卷制前，应根据要求将板端开好坡口，将钢板送入卷板机卷制成直筒体，卷管方向应与钢板压延方向一致。压制钢管的失圆度和对口错边偏差均应满足相应施工规范的要求，将卷成的钢管纵向缝焊成直管。对焊成的直钢管应进行检查和校正，以确保组装的精度。

②拱肋放样和拱肋段的拼装

将半跨拱肋在混凝土地面上按1∶1进行放样。沿放样的拱肋轴线设置胎架，在大样上放出吊杆位置、段间接头位置和混凝土灌注孔位置。拱肋钢管的纵向焊缝各管节应相互错开，并将纵向焊缝全部置于两肋板中间，以免外表面焊缝影响美观。拱肋分段长度主要考虑从工厂到工地的运输能力，分段长度一般为10 m左右。

在拱肋上部钢管内施焊吊杆垫板、支架、吊杆套管和弹簧钢筋，对管段焊缝质量进行超声检测和X光拍片检查，对管段涂装防锈。对拱肋安装的吊点位置进行布置，并在吊扣点位置增设加劲板，以防圆管受荷时变形。

对各段端接头进行必要的加劲，以防止吊装时拱肋端头碰撞，局部变形，难以对接施焊。段间接头外部增设法兰盘螺栓连接，以便就位后作为临时连接。横向风撑等杆件与拱肋的焊接，应根据拱肋安装方法而定。

当整孔安装或半孔安装时，风撑应在工地安装前焊接完毕；当采用缆索安装时，风撑可在拱肋吊装完成后焊接分段拱肋。运至工地后，再进行放样，将几段拱肋拼成安装的长度。

（2）钢管拱肋混凝土浇筑

浇筑钢管拱肋内混凝土可采用泵送顶升浇灌法和吊斗浇捣法。泵送顶升浇灌法是在钢管拱肋、拱脚的位置安装一个带闸门的进料支管，直接与泵车的输送管相连，由泵车将混凝土连续不断地自下而上灌入钢管拱肋，无须振捣。采用吊斗浇筑时，在钢管拱肋顶部每隔4 m开孔作为灌注孔和振捣孔。混凝土由吊斗运至拱肋灌注孔，通过漏斗灌入孔内，由插入式振捣棒对混凝土进行振捣。

灌注混凝土的配合比除满足强度指标外，还应注意混凝土坍落度的选择。

为满足坍落度要求，可掺入适量减水剂；为减少收缩量，可掺入适量的混凝土微膨胀剂。钢管内混凝土是否灌满，混凝土收缩后与钢管壁形成空隙往往是令人担心的问题。采用小铁锤敲击钢管听声音的方法是十分简单和有效的。当小锤敲击发出声音异常时，可采用钻孔检查，也可用超声波进行检测，对有空隙部位进行钻孔压浆补强。大跨径钢管混凝土拱桥混凝土灌注可以分环或分段进行，灌注时应从拱脚向拱顶对称进行。大跨径拱肋灌注混凝土时应对拱肋变形和应力进行观测，并在拱顶附近配置压重，以保证施工安全。

第二节　斜拉桥施工技术

斜拉桥的施工包括索塔施工、主梁施工、斜拉索的制作三大部分。由于斜拉桥属于高次超静定结构，所采用的施工方法和安装程序与成桥后的主梁线形、结构恒载内力有密切的联系；在施工阶段随着斜拉桥结构体系和荷载状态的不断变化，结构内力和变形亦随之不断变化。因此，需要对斜拉桥的每一施工阶段进行详细分析、验算，求得斜拉索张拉吨位和主梁挠度、塔柱位移等施工控制参数的理论计算值。对施工的顺序做出明确规定，并在施工中加以有效管理和控制。

一、斜拉桥主要结构体系

斜拉桥是一种桥面体系受压，支承体系受拉的桥梁，它主要由上部结构的主梁（加劲梁）、桥塔和斜拉索以及下部结构的墩台组成。斜拉桥桥面体系用加劲梁构成，支承体系由斜拉索构成。斜拉桥的结构体系可根据主梁、斜拉索、索塔和桥墩的不同形式结合，形成四种不同的结构体系，下面做简要介绍。

（一）漂浮体系——塔墩固结、塔梁分离

主梁除两端有支承外，其余全部由拉索作为支承，成为在纵向可稍作浮动的一根具有多点弹性支撑的单跨梁。地震烈度较高的地区优先采用这种体系。

（二）半漂浮体系——塔墩固结、塔梁分离

在桥墩处主梁下设竖向支撑，半漂浮体系的主梁成为在跨内具有多点弹性支承的连续梁或悬臂梁。在经济上和美观上都优于漂浮体系。

（三）塔梁固结体系——塔梁固结、塔墩分离

塔梁固结并支承在桥墩上，主梁相当于顶面用拉索加强的一根连续梁或悬臂梁，主梁与塔内的内力和挠度同主梁和塔柱的弯曲刚度比值直接相关。该体系一般适用于小跨径斜拉桥。

（四）刚构体系——主梁、索塔、桥墩三者互为固结

梁、塔、墩固结，主梁成为在跨内具有多点弹性支承的刚构。该体系适用于地震烈度较低且无抗风要求的地区。

二、斜拉桥施工

（一）主塔施工

1.钢主塔施工

钢主塔施工，应对垂直运输、吊装高度、起吊吨位等施工方法做充分考虑。钢主塔在工厂分段立体试拼装合格后方可出厂。主塔在现场安装，常常采用现场焊接接头、高强度螺栓连接、焊接和螺栓混合连接的方式。

经过工厂加工制造和立体式拼装的钢塔，在正式安装时，应予以测量控制，并及时用填板或对螺栓孔进行扩孔，调整轴线和方位，防止加工误差、受力误差、安装误差、温度误差、测量误差的积累。

钢主塔的防锈措施，可用耐候钢材，或采用喷锌层。但绝大部分钢塔都采用油漆涂料，一般可保持的使用年限为10年。油漆涂料常采用两层底漆，两层面漆。其中三层由加工厂涂装，最后一道面漆由施工安装单位最终完成。

2.混凝土主塔施工

混凝土桥塔主要采用就地浇筑法，模板和支架的做法常采用支架法、滑模法、爬模法

和大型模板构件法等。

3.主塔施工测量控制

斜拉桥主塔一般由基础、承台塔座、下塔柱、下横梁、中塔柱、上横梁、上塔柱（拉索锚固区）、塔顶建筑八大部分或其中几部分组成。由于主塔的建筑造型千姿百态，断面形式各异，在主塔各部位的施工过程中，除了应保证各部位的几何尺寸正确之外，更重要的是应该进行主塔局部测量系统的控制，并与全桥总体测量系统接轨。

主塔局部测量系统的控制基准点，应建立在相对稳定的基准点上，如选择在主塔的承台基础上，进行主塔各部位的空间三维测量定位控制。测量控制的时间，一般应选择当天22：00至次日7：00日照之前的时段内，以减少日照对主塔造成的变形影响。

此外，随着主塔高度不断升高，也应选择风力较小的时机进行测量，并对日照和风力影响予以修正。在主塔八大部位的相关转换点上的测量控制极为重要，以便根据实际施工情况及时进行调整，避免误差的累积。

主塔局部测量系统的量测，一般常采用三维坐标法或天顶法。若主塔局部测量系统的基点选择在相对稳定的承台基础上，随着主塔高度增高及混凝土收缩、徐变、沉降、风荷载、温度等因素的影响，基准点必然会有少量的变化。为此应该在上述八大部位的相关转换点上，与全桥总体测量坐标系统接轨，以便进行总体坐标的修正，进行测量的系统控制。

（二）主梁施工

1.主梁施工方法

斜拉桥主梁施工方法包括顶推法、平转法、支架法和悬臂法。四种施工方法的特点及适用性简述如下。

（1）顶推法

顶推法的特点是施工时须在跨间设置若干临时支墩，顶推过程中主梁反复承受正、负弯矩。该法较适用于桥下净空较低、修建临时支墩造价不大、支墩不影响桥下交通、抗压和抗拉能力相同、能承受反复弯矩的钢斜拉桥主梁的施工。对混凝土斜拉桥主梁而言，由于拉索水平分力能对主梁提供预应力，如在拉索张拉前顶推主梁，临时支墩间距又超过主梁负担自重弯矩能力时，为满足施工需要，须设置临时预应力束，在经济上不合算。所以，斜拉桥主梁的施工迄今国内尚无用顶推法修建的实例。

（2）平转法

平转法是将上部构造分别在两岸或一岸顺河流方向的矮支架上现浇，并在岸上完成所有的安装工序（落架、张拉、调索）等，然后以墩、塔为圆心，整体旋转到桥位合龙。平转法适用于桥址地形平坦、墩身矮和结构系适合整体转动的中小跨径斜拉桥。我国四川马尔康地区的金川桥是一座跨径为 68 m+37 m，采用塔、梁、墩固结体系的钢筋混凝土独塔斜拉桥，塔高 25 m，中跨为空心箱梁，边跨是实心箱梁，该桥是采用平转法施工的。

（3）支架法

支架法有在支架上现浇、在临时支墩间设托架或劲性骨架现浇、在临时支墩上架设预制梁段等几种施工方法。其优点是施工简单方便，既能确保结构满足设计线形，又适用于桥下净空低、搭设支架不影响桥下交通的情况。

（4）悬臂法

悬臂法可以是在支架上修建边跨，然后中跨采用悬臂拼装法和悬臂施工的单悬臂法；也可以是对称平衡方式的双悬臂法。悬臂施工法分为悬臂拼装法和悬臂浇筑法两种悬臂拼装法，一般是先在塔柱区现浇一段放置起吊设备的起始梁段，然后用各种起吊设备从塔柱两侧依次对称安装节段，使悬臂不断伸长直至合龙。悬臂浇筑法，是从塔柱两侧，用挂篮对称逐段就地浇筑混凝土。我国大部分混凝土斜拉桥主梁都采用悬臂浇筑法施工。

综上所述，支架法和悬臂施工法是目前混凝土斜拉桥主梁施工的主要方法，前者适用于城市立交或净高较低的岸跨主梁施工；后者适用于净高很大的大跨径斜拉桥主梁的施工。

2.斜拉桥主梁施工特点

（1）结构设计由施工内力控制

斜拉桥与其他梁桥相比，主梁高跨比很小、梁体十分纤细、抗弯能力差。由于挂篮重量大，当采用悬臂施工时，如果仍采用梁式桥传统的挂篮施工方法，梁、塔和拉索将由施工内力控制设计，很不经济。因此，考虑施工方法，必须充分利用斜拉桥结构本身特点，在施工阶段充分发挥斜拉索的效用，尽量减轻施工荷载，使结构在施工阶段和运营阶段的受力状态基本一致。

（2）横截面浇筑方法

对于单索面斜拉桥，一般都须采用箱形断面。若全断面一次浇筑，为减少浇筑重量，要在一个索距内纵向分块，并须额外配置承受施工荷载的预应力束。所以，一般做法是将横断面适当地分解为三部分，即中箱、边箱和悬臂板。

先完成包含主梁锚固系统的中箱，张拉斜拉索，形成独立稳定结构，然后以中箱和已浇节段的边箱为依托浇筑两侧边箱，最后用悬挑小挂篮浇筑悬臂板，使整体箱梁按品字形向前推进。对于双索面斜拉桥，主梁节段在横断面方向分为两个边箱和中间车行道板三段，边箱安装就位后就张拉斜拉索，利用预埋于梁体内的小钢箱来传递斜拉索的水平分力，使边箱自重分别由两边拉索承担，从而降低了挂篮承重要求，减轻了挂篮自重，最后安装中间桥面板并现浇纵横接缝混凝土。

（3）塔梁临时固结

为了保证大桥在整个梁部结构架设安装过程中的稳定、可靠、安全，要求施工安装时采取塔梁临时固结措施，以抵抗安装钢梁桥面板及张拉斜拉索过程中可能出现的不平衡弯矩和水平剪力。

（4）中孔合龙

为保证大桥中孔能顺利合龙，根据以往斜拉桥的成功经验，一般选择自然合龙的方法。以上海杨浦大桥为例，需要考虑以下五方面。

①合龙温度的确定

大桥能否在自然状态下顺利合龙，关键是要正确选择合龙温度。该温度的持续时间能满足钢梁安装就位及高强螺栓定位所需的时间。

②全桥温度变形的控制

由于大桥跨度大，温度变形对中跨合龙段长度的影响相当敏感。因此，在整个施工过程中，应对温度变形进行监测，特别是对将接近合龙段时的中孔梁段和温度变形更应重点量测，找出温度变形与环境湿度的关系，为确定合龙段钢梁长度提供科学依据。

③合龙段钢梁长度的确定

设计合龙段长度原定为 5.5 m，在实际施工时再予以修正。其实际长度应为合龙湿度下设计长度加减温度变形量。

④合龙段的安装

合龙段钢梁的安装是一个抢时间、抢速度的施工过程，必须在有限的时间里完成，因此，在合龙前必须做好一切准备工作。钢梁应预先吊装就位，一旦螺孔位置平齐，即打入冲钉，施拧高强螺栓，确保合龙一次成功。

⑤临时固结的解除

中孔梁一旦合龙，必须马上解除临时固结，否则由于温度变化所产生的结构变形和内力，会使结构难以承受。因此，在合龙段钢梁高强螺栓施拧完后，应立即拆除临时固结。

（三）斜拉索施工

成形斜拉索由钢丝或钢绞线组成的钢索和两端的锚具组成。不同种类和构造的斜拉索两端须配装合适的锚具后才能成为可以承受拉力的斜拉索。斜拉索的锚具目前常用的有以下四种：热铸锚、墩头锚、冷铸墩头锚和夹片群锚。

配装热铸锚、冷铸锚、镦头锚（统称为拉锚式锚具）的斜拉索，可以事先将锚具装固到钢索两端，预制成斜拉索。

斜拉索可以在专门的工厂制作，然后盘运到桥梁工地，或在桥梁工地现场制作，拖拉到桥位直接进行挂索和张拉。斜拉索有单股钢绞式钢缆、半平行钢绞线索、半平行钢丝索、平行钢丝索及平行钢丝股索等。这类斜拉索可称作预制索或成品索。

我国已建有专门化、机械化生产热挤塑聚乙烯护套扭绞形钢丝索的工厂，可生产的最大规格为 42 147 mm、长度 350 m 的钢丝索，可满足 600 m 以上大跨径斜拉桥对斜拉索的需要，斜拉索的制作水平已达到国际先进水平。

配装夹片群锚的斜拉索，张拉时直接张拉钢丝，待张拉结束后锚具才发挥作用。因此，配装夹片群锚的平行钢筋索及平行钢绞线索必须在桥梁现场架设过程中制作，故可称为现制。

1.斜拉索的制作

制索工艺流程一般为：钢丝除锈—调直—应力下料—防护漆—穿锚—镦头—浇锚—烘锚拉索防护—超张拉—标定。

2.斜拉索的防护

（1）临时防护

钢丝或钢绞线从出厂到开始做永久防护的一段时间内，所需要的防护称为临时防护。国内目前采用的临时防护法一般是钢丝镀锌，即将钢丝纳入聚乙烯套管内，安装锚头密封后喷防护油，并充氮气，以及涂漆、涂油、涂沥青膏处理等。

具体实施可根据防锈蚀效能、技术经济比较、设备条件及材料种类决定。通常在钢丝或钢绞线穿入套管前，每根钢丝或钢绞线应在水溶性防腐油中浸泡或喷一层防腐油剂。在临时防护中，镀锌钢丝的锌层应均匀连续，附着牢固，不允许有裂纹、裂痕和漏块。此外，不镀锌处理的钢丝，在储存和加工期间应进行其他涂漆、涂油等临时防护措施。

（2）永久防护

从斜拉索钢材下料到桥梁建成的长期使用期间，应做永久防护。永久防护应满足防锈蚀、耐日光曝晒、耐老化、耐高温、涂层坚韧、材料易得、价格低廉、生产工艺成熟、制作运输安装简便、更换容易等要求。永久防护包括内防护与外防护，内防护是直接防止斜拉索锈蚀，外防护是保护内防护材料不致流出、老化等。

内防护所用的材料一般有沥青砂、防锈脂、凡士林、聚乙烯塑料泡沫和水泥浆等，这些材料各有优缺点。

外防护所用的材料亦各有优缺点，聚氯乙烯管质脆，抗冻和抗老化性能差，易破裂失效；铝管则须注水泥浆，而水泥浆的碱性作用易使铝管腐蚀；钢管作外套时本身尚须防腐蚀且笨重；多层玻璃丝布缠包套，目前效果尚可，但价格高，施工烦琐。

我国目前一般采用炭黑聚乙烯。在塑料挤出机中旋转挤包于斜拉索上而成的熟挤索套防护斜拉索方法，即 PE 套管法。所用高密度聚乙烯（PE）与其他方法所用材料相比有以下优点。

在设计寿命期限内能抵抗循环应力引起的疲劳，在聚乙烯树脂中加炭黑有效抵抗紫外线的侵蚀，与灌浆材料和钢材无化学反应，在运输、装卸、制造、安装和灌注时能抗损坏，能防止水、空气和其他腐蚀物质的入侵，徐变特性低；对周围环境有一定的适应性。

同时，黑色PE管的热膨胀系数大约是水泥浆和钢材的6倍。因此，为了控制温度变化并减小可能导致PE管损坏的不均匀应力，通常在PE管上缠绕或嵌套一层浅色胶带或PE面层。采用热挤索套不像PE管压浆工艺那样，存在斜拉索钢丝早期锈蚀，它可在很短的时间内完成防腐、索套制作、拉索密封等工艺。

总之，斜拉索防护绝大多数是在生产制作过程中完成的，与生产材料、工艺以及生产标准、管道等密切相关。故此，要做好斜拉索的防护工作，就必须严格控制生产的各个环节、工序，以确保斜拉索的质量。

3.斜拉索的安装

（1）放索及索的移动

①放索

为方便运输及运输过程中对索的保护，斜拉索起运前通常采用类似电缆盘的钢结构盘将拉索卷盘，然后运输。对于短索，也有采取自身成盘，捆扎后运输的情况。根据斜拉索不同的卷盘方式，现场放常用的有立式转盘放索和水平转盘放索两种方式。

立式转盘放索：钢结构索盘放索时设置一个立式支架，在索盘轴空内穿上圆轴，徐徐转动索盘将索放出。

水平转盘放索：对于自身成盘的索，设置一个水平转盘，将索盘放在转盘动边将索放出。

在放索过程中，由于索盘自身的弹性和牵引产生的偏心力，会使转盘转动加速，导致散盘，危及施工人员的安全。所以，一般情况下，要对转盘设制动装置，或者以钢丝绳做尾索，用卷扬机控制放索。

②索在桥面上的移动

在放索和挂索过程中，要对斜拉索进行拖移，由于索自身弯曲，或者与桥面直接接触，在移动中就有可能损坏斜拉索的防护层或索股，为避免这些情况的发生，一般采取以下方法对移动时的对索进行保护。

若索盘是水上由驳船运来，对于短索一般直接将索盘吊到桥面上，利用放索支架放索，对于长索一般直接在船上设置放索支架放索。采用前者要在梁上放置吊装装备，采用后者则需要梁端设置转向装置以利于索的移动。对于现浇梁，转向装置设在施工挂篮上，若是拼装结构则设在主梁上，并且要求转向装置的半径不小于索盘半径，与梁体保持一定的距离。

辊筒法：在桥面上设置一条辊筒带，当索放出以后，沿辊筒运动。制作辊筒时，要根据斜拉索的布置及刚柔程度，选择适宜的辊轴半径，以免辊轴弯折，摩阻增加。平辊之间要保持合理的间距，防止斜拉索与桥面接触。辊筒可与桥面固结，也可与斜拉索套筒固结，具体方法依施工现场情况而定。

移动平车法：当斜拉索上桥后，每隔一段距离垫一个平车，由平车载索移动。梁体顶面凹凸不平时会导致平车运动不便，所以平车的轮子不宜太小。与辊筒法一样，平车也要保持合理的间距，避免斜拉索与桥面接触。

导索法：在索塔上部安装一根斜向工作悬索，当斜拉索上桥后，前端连接牵引索，每隔一段距离放置一个吊点，使斜拉索沿着导索运动。这种方法能省去大型牵索设备，可安装成卷的斜拉索。

垫层法：对于一些索径小、自重轻的斜拉索，可在梁面放索线上敷设麻袋、草包、地毯等柔软的垫层，就地拖移。

（2）斜拉索的塔部安装

单吊点法：斜拉索上桥面后，从索塔孔道中放下牵引绳，连接斜拉索的前端，离锚具下方一定距离设一个吊点，索塔吊架用型钢组成支架，配置转向滑轮。

当锚头提升到锁孔位置时，采用牵引绳与吊绳相互协调，使锚头尺寸准确。牵引至索塔孔道后，穿入锚头固定。单吊点法施工简便、安装迅速，缺点是起重索所需的拉力大，斜拉索在吊点处弯折角度较大，故一般适用较柔软的短斜拉索。

多吊点法：同前述导索法。只要将导索法中的牵引索从预穿索孔中引出即可。多吊点法吊点分散、弯折小，在统一操作指挥下，可使斜拉索均匀起吊。因吊点较多，易保持索呈直线状态，两端无须用大吨位千斤顶牵引。

起重机安装法：采用索塔施工时的提升起重机，用特制的扁担梁捆扎拉索起吊。拉索前段由索塔孔道内伸出的牵引索，引入索塔斜拉索锚空内，下端用移动式起重机提升。起重机法操作简单快速，不易损坏拉索，但要求起重机有较大的起重能力，故一般适用于重量不大的短索安装。

分步牵引法：根据斜拉索在安装过程中索力递增的特点，分别采用不同的工具，将斜拉索安装到位。第一，用大吨位的卷扬机将索张拉端从桥面提升到预留孔外；第二，用穿心式千斤顶将其牵引至张拉锚固面。

在这个阶段前半部分，采用柔性张拉杆——钢绞线束，利用两套钢绞线夹具，系统交替完成前半部分牵引工作；牵引阶段的后半部，应根据索力逐渐增大的情况，采用刚性张拉杆分步牵引到位。分步牵引法的特点是牵引功率大、辅助施工少、桥面无附加荷载、便于施工。

总之，在以上各种挂索过程中，各种构件连接处较多，如锚头与拉杆、牵引头的连接滑轮与塔柱斜拉索的连接等。任何一处发生问题，就会发生事故，在施工中，应特别注意各处连接的可靠性。

（3）斜拉索的梁部安装步骤

同塔部安装，基本方法有如下两种。

吊点法：在梁上放置转向滑轮，牵引绳从套筒中伸出，用起重机将索吊起后，随锚头逐渐牵入套筒，缓缓放下吊钩，向套筒口平移，直至将锚头牵入套筒内。

拉杆接长法：对于梁部为张拉端的斜拉索安装，采用拉杆接长法比较方便。先加工长度均为1.0 m左右的短拉杆与主拉杆连接（张拉杆连接），使其总长度超过斜拉索套筒加张拉千斤顶的长度。利用千斤顶多次运动，逐渐将张拉端拉出锚固面，并逐渐拆掉多余的短拉杆，安装锚固螺母。运用拉杆接长法，要加工一个组合螺母（张拉杆连接螺母）。采用这个螺母逐步锚固拉杆，直到将锚头拉出锚板后拆除。

4.斜拉索调索张拉

根据目前的技术水平，国内外斜拉索锚具、千斤顶、斜拉索的设计吨位已达到"千吨"级水平，大吨位斜拉索整体张拉工艺已经十分成熟。无论是一端张拉还是两端张拉，一般情况下，都须在斜拉索端头接上张拉连接杆，之后使用大吨位穿心式千斤顶实施斜拉索的张拉调索。为方便施工，张拉杆都采用分节接长，而非整根通长。拉锚式斜拉索张拉索主要步骤包括以下六点。

第一，对张拉千斤顶和配置液压泵进行标定，同时，对预计的调整值划分级别。根据标定得出的张拉值和液压表读数之间的直线关系，计算并列出每级张拉值的相应的油表读数。

第二，对索力检测仪器进行标定。

第三，计算各级调整值并列出相应的延伸量。

第四，做好索力检测和其他各种观测的准备工作；将张拉工具、设备一一就位。

第五，先将千斤顶撑架用手拉葫芦等固定在斜拉索锚固面上，然后将千斤顶用螺栓连接支承在撑架上；将张拉杆穿过千斤顶和撑架，旋转在斜拉索锚头端，再将长拉杆上的后螺母从张拉杆尾端旋转穿进；将千斤顶与液压泵用油管接好，开动液压泵，使千斤顶活塞空升少许，如调索要求降低索力，可根据情况多升一定量；接着将后螺母旋至与活塞接触紧密处。如调索是在斜拉索锚头还未被牵出锚固面的情况下进行的，则上述过程已在牵索过程完成；如索力检测采用测量张拉杆拉力的方式，则应在张拉杆后螺母间安装穿心式压力传感器，测量张拉力。需要先将传感器从张拉杆后端插入，再将张拉杆后螺母旋入。

第六，按预定级别的相应张拉力，通过电动液压泵进油逐级调整索力。如果是降低索力，则先进油拉动斜拉索，使锚环能够松动，在旋开锚环后可回油使斜拉索索力降低。在调索过程中，如千斤顶达到行程允许伸长量，即可将斜拉索锚头的锚环旋紧，使其临时支承于锚固支承面上，这时千斤顶可回油并进行下一行程的张拉。如果调索是在斜拉索锚头还未牵出其锚固面的情况下进行的，则临时锚固由叠撑在锚环上的张拉杆前螺母，即两半边螺母承担临时锚固张拉调索过程中，应以检测、校核数据，配合液压表读数，共同控制张拉力，并对结果随时观测，以防不正常情况发生。

第三节　悬索桥施工技术

悬索桥也称吊桥，主要用悬挂在两边塔架上的强大缆索作为主要承重结构。在竖向荷载作用下，通过吊杆使缆索承受很大的拉力，在两岸桥台的后方修筑非常巨大的锚碇结构。悬索桥的钢缆易于运输，结构的组成构件较轻，便于无支架悬吊拼装。对于山岭地区和遭受山洪泥石冲击等威胁的山区河流以及大跨径桥梁，在修建其他桥梁有困难的情况下，往往采用悬索桥。

一、悬索桥概述

（一）悬索桥的受力特点

悬索桥的主要受力构件是锚碇、索塔、缆索系统以及加劲梁等。成桥后作用在桥面上的竖向荷载一部分由加劲梁承担，一部分通过吊索传递给主缆。主缆在塔顶由主索鞍提供支撑，并通过主索鞍将荷载传递给索塔，索塔传递给基础。主缆在两端的强大拉力通过锚碇来平衡，并通过锚碇将拉力传递给地基。

悬索桥属于柔性桥梁结构体系，刚度小、变形大，具有较强的非线性受力特征。从构件受力的重要性出发，可将悬索桥的各部件分为第一体系、第二体系、第三体系。

主缆是第一体系的主要承重构件，承担由吊杆传递过来的桥面荷载及恒载，以受拉为主。主缆通过塔顶鞍座悬挂在索塔上，两端锚固于锚体上。主缆是柔性构件，但主缆的恒载拉力提供了强大的重力刚度，使其成桥后的桥梁总体刚度满足桥梁规范的要求。

索塔是第一体系的主要承重构件，主要起支撑主缆的作用。悬索桥的恒载和活载均通过索塔传递给基础。锚碇是主缆的锚固体，属于第一体系的承重结构，它将主缆的拉力传递给地基，通常有重力式锚碇和隧道式锚碇。重力式锚碇依靠巨大的自重来抵抗主缆的竖向分力，水平分力由锚体与地基的摩阻力抵抗。隧道式锚碇是将主缆拉力直接传递给围岩。

悬索桥的加劲梁属于第二体系的承重构件，以受弯为主。其主要功能是提供桥面和防止桥梁发生过大的挠曲变形和扭转变形。加劲梁直接承受桥面荷载。

吊索属于第三体系的构件，主要作为传力结构，主要受拉。其主要功能是将桥面上的活载以及恒载，通过索夹传递到主缆上。吊索的上端通过索夹与主缆相连，下端与加劲梁相连。

（二）悬索桥的分类

1.按悬吊跨数划分

根据悬吊跨数不同，悬索桥可分为单跨悬索桥、三跨悬索桥、四跨悬索桥和五跨悬索桥，其中单跨悬索桥和三跨悬索桥最为常用。

（1）单跨悬索桥

单跨悬索桥常用于高山峡谷地区，两岸地势较高而采用桥墩支撑边跨更为经济，或者道路的接线受到限制，使得平面曲线布置不得不进入大桥边跨的情况。就结构特性而言，单跨悬索桥由于边跨主缆的垂度较小，主缆长度相对较短，对中跨荷载变形控制更为有利。

（2）三跨悬索桥

三跨悬索桥是目前国际工程实例中应用最多的桥型，世界上大跨度悬索桥几乎全采用这种形式。不仅是因其结构受力特征较为合理，同时，也因其流畅对称的建筑造型更符合人们的审美观。

（3）多跨悬索桥

相对于三跨悬索桥而言，四跨和五跨悬索桥又称为多跨悬索桥，这种桥型由于结构柔性大，固有振动频率较低，难以满足特大跨度悬索桥的实力及刚度需要，因而也就不具备实用优势，世界上几乎没有这类特大桥工程的实例。

在建桥条件需要采用连续大跨布置时，可以用两个三跨悬索桥联袂布置，中间共用一座桥的锚碇锚固这两桥的主缆。美国的旧金山—奥克兰海湾大桥和日本本州四国联络线中的南北备赞大桥即采用此形式。当建桥条件特别适于做连续大跨布置而采用四跨悬索桥时，其中央主塔为满足全桥刚度要求通常需要做A形布置，相应的塔顶主缆须采取特殊锚固措施，以克服两侧较大的不平衡水平拉力。

2.按主缆的锚固方式划分

根据主缆的锚固方式的不同，悬索桥可分为地锚式悬索桥和自锚式悬索桥。

（1）地锚式悬索桥

通常所讲的绝大多数悬索桥都采用地锚式锚固主缆，即主缆通过重力式锚碇或岩隧式锚碇将荷载产生的拉力传至大地来达到全桥的受力平衡，这是大跨度悬索桥最佳的受力模式。

（2）自锚式悬索桥

在较小跨度的悬索桥中，也有个别以自锚形式锚固主缆的，这种自锚式悬索桥的主缆，在边跨两端将主缆直接锚固于加劲梁上，主缆的水平拉力由加劲梁提供轴压力自相平衡，不需要另外设置锚碇。这种桥式的加劲梁要先于主缆安装施工，实践中因施工困难、经济性差等原因，一般很少采用。

3.按悬吊方式划分

采用竖直吊索并以钢桁架做加劲梁；采用三角布置的斜吊索，并以扁平流线形钢箱做加劲梁，也有呈交叉形布置的斜吊桥；混合式，即采用竖直吊索、斜吊索和流线形钢箱梁做加劲梁。除了有一般悬索桥的缆索体系外，还设有若干加强的斜拉索。

4.按支承结构划分

如果按加劲梁的支承结构来分，又可分为单跨两铰加劲梁悬索桥、三跨两铰加劲梁悬索桥及三跨连续加劲梁悬索桥等。

二、悬索桥施工

（一）塔柱施工工艺

钢塔柱一般用钢板先预制连接成格子形截面的节段，节段在现场吊装拼接成塔柱。早期的钢塔柱无论节段内还是节段间的连接均采用铆接，构件加工精度要求高。随着栓焊技术的发展，钢塔节段在工厂焊接制造，然后将节段运输到工地架设并用高强螺杆来连接。

钢塔柱一般支承在一块厚钢板上，厚钢板与桥墩混凝土拴接并把塔柱压力均匀传递到桥墩中去。现在也有在桥墩混凝土中埋设锚固构架，塔柱用高强螺栓锚固在构架上，通过构架将压力均匀传递到混凝土中去的做法。

混凝土塔柱的施工与斜拉桥塔柱施工相同，一般以就地浇筑为主，采用滑模爬模等技术连续浇筑。

（二）锚碇施工

悬索桥主缆索股锚固形式分为自锚式和地锚式。自锚式是将主缆索股直接锚于加劲梁上，无须使用锚碇结构，一般仅适用于中小跨径悬索桥。地锚式则将主缆索股锚于重力式锚碇、隧道锚碇或直接锚于坚固的岩体上。此处所讨论的锚碇是指地锚式悬索桥锚固主缆的重要结构物。

锚碇是锚块基础、锚块、钢缆的锚碇架及固定装置等的总称。它不仅抵抗来自主缆的竖直反力，而且抵抗主缆的水平力，是悬索桥区别于其他桥梁的独有结构，直接关系到悬索系统的稳定。锚块是直接锚固主缆的结构，它通过锚固系统将主缆索股拉力分散开。锚块与其下面的锚块基础连成一体，用于抵抗因主缆拉力产生的锚碇滑动及倾倒。锚碇主要有重力式锚碇、隧道式锚碇等。目前，世界上已建悬索桥绝大部分采用的是重力式锚碇。这除了与锚碇所处的地形、地质条件有关外，还与主缆架设方法、锚碇施工方法有关。

一般而言，若锚碇处有坚实岩层靠近地表，则修建隧道式锚碇（或称岩洞式锚碇）可能比较经济。美国华盛顿桥新泽西岸锚碇是隧道式的，其混凝土用量仅为纽约岸锚碇（重力式）的21%，但隧道式锚碇有传力机理不明确的缺点。若有坚实基岩层靠近地表，也可采用重力式锚碇，让锚块嵌入重基岩，使位于锚块前的基岩凭借承压来抵抗主缆的水平力。例如，汕头海湾大桥设计为力前锚式锚碇，虎门大桥的东锚碇设计为山后重力式锚碇。

一般设置在承载力比较好地基上的重力式锚碇，宜采用明挖的扩大基础。当锚碇设置在软土层中时，可以采用大型沉井或地下连续墙的形式。如江阴长江大桥北锚碇采用了大型沉井基础，明石海峡大桥（日本）、虎门大桥的西锚碇和润扬长江公路大桥北锚碇均采用了地下连续墙基础。

（三）主缆施工

1.主缆架设

悬索桥的钢缆有钢丝绳钢缆和平行线钢缆。钢丝绳钢缆适用于中、小跨度的悬索桥，平行线钢缆适用于主跨为500 m以上的大跨悬索桥。平行线钢缆根据架设方法分为空中送丝法和预制索股法两种。

（1）空中送丝法架设主缆

①架设方法

空中送丝法架设主缆是在桥两岸的索塔和锚碇等都已安装就绪后，沿主缆设计位置，在两岸锚碇之间布置一无端牵引绳，将牵引绳的端头连接起来，形成从这一岸到那岸的长绳圈。其主要架设方法如下。

第一，将送丝轮扣牢在牵引绳上，且将缠满钢丝的卷筒放在一岸的锚碇旁，从卷筒中抽出钢丝头，暂时固定在靴跟处（称为"死头"）。

第二，继续将钢丝向外抽，由死头、送丝轮和卷筒将正在输送的丝形成一个钢丝套圈，用动力机驱动牵引绳，于是送丝轮就带着钢丝送向对岸。

第三，在钢丝套圈送到对岸时，用人工将套圈从送丝轮上取下，套到其对应的靴跟上。

第四，随着牵引绳的驱动，送丝轮又被带回这岸，取下套圈套在靴跟上，然后又送向对岸。

第五，这样循环进行，当其套在两岸对应靴跟上的丝数达到一根丝股钢丝的设计数目时，就将钢丝"活头"剪断，并将该"活头"与上述暂时固定的"死头"用钢丝连接器连起来。即完成了一根丝股的空中编制。

②空中送丝法施工注意事项

空中送丝法扩缆每一丝股内的钢丝根数为300～600根，再将这种丝股配置成六角形或矩形，挤紧而成为圆形。空中送丝法架设主缆施工必须设置猫道、配备送丝设备，还需有稳定送丝的配套措施。为使主缆各钢丝均匀受力，应分别对钢丝长度和丝股长度进行调整，还应及时进行紧缆和缠缆。

（2）预制索股法架设钢缆

①架设方法

预制索股法架设钢缆的目的是使空中架线工作简单化。索股预制股每束61丝、91丝或127丝，再多就过重了。两端嵌固热铸锚头在工厂预制，先配置成六角形，然后挤紧成圆形。

②索股线形调整步骤

第一，垂度调整应在夜间温度稳定时进行。温度稳定的条件为：长度方向索股的温差不大于2℃，横截面索股的温差不大于1℃。

第二，绝对垂度调整，应测定基准索股下缘的标高及跨长、塔顶标高及变位、主索鞍预偏量、散索鞍预偏量。主缆垂度和标高的调整量，应在确定气温与索股温度等值后经计算确定。基准索股标高必须连续3 d在夜间温度稳定时进行测量，三次测出结果误差在容许范围内时，应取三次的平均值作为该基准索股的标高。

第三，相对垂度调整，应按与基准索股若即若离的原则进行。

第四，垂度调整允许误差，基准索股中跨跨中为±1/20000跨径；边跨跨中为中跨跨中的两倍；上下游基准索股高差10 mm；一般索股（相对于基准索股）为–5～10 mm。

第五，调整合格的索股不得在鞍槽内滑移。索股锚头入锚后应进行临时锚固。索股应设一定的抬高量，抬高量宜为200～300 mm，并做好编号标志。

第六，索力的调整应以设计提供的数据为依据，其调整量应根据调整装置中测力计的读数和锚头移动量双控确定。实际拉力与设计值之间的允许误差应为设计锚固力的3%。

2.主缆防护

首先，主缆防护应在桥面铺装完成后进行。防护前必须清除主缆表面灰尘、油污和水分等，并设置临时覆盖。待涂装及缠丝时再揭开临时覆盖。其次，主缆涂装应均匀，严禁遗漏。涂装材料应具有良好的防水密封性和防腐性，并应保持柔软状态，不硬化、不脆裂、不霉变。最后，缠丝作业宜在二期恒载作用于主缆之后进行，缠丝材料以选用软质镀锌钢丝为宜。钢丝缠绕应紧密均匀，缠丝张力应符合设计要求。缠丝作业应由电动缠丝机完成。

（四）加劲梁架设

悬索桥的加劲梁一般采用钢结构，早期以钢桁梁为主，个别中小跨度的悬索桥采用钢板梁。由于钢板梁的抗风性能不佳，自采用钢板梁的美国塔科玛老桥被风振毁后，世界各国在较大跨度的悬索桥中不再采用钢板梁。

1.加劲梁断面形式

现阶段，加劲梁主要有钢桁梁（桁架式加劲梁）和钢箱梁（钢箱式加劲梁）两类。

钢箱梁的抗风性能较好，风阻吸收仅为钢桁梁的1/4 ~ 1/2，且耗钢量较少；钢桁梁在双层桥面的适应性方面远较钢箱梁优越，适用于交通量较大、公铁两用或其他特殊条件下的悬索桥。

与一般钢桥相同，钢桁梁或钢箱梁均在工厂内制造，运输到现场后通过节段间现场连接的方法成桥。加劲梁的制造节段长度一般与钢桁梁的节间长度或其纵向吊索间距相同。

2.加劲梁架设安装顺序

加劲梁的架设安装顺序主要有两种形式：一种是从主跨跨中及两侧桥台向索塔的两侧推进，另一种是从索塔两侧分别向主跨跨中及两侧桥台推进。拼装顺序应能保证塔顶纵向位移尽可能较小，梁段的竖向变位起伏小，并有利于抗风稳定。

美国旧金山—奥克兰海湾大桥和维拉扎诺桥采用的是前一种顺序，而金门大桥和麦基纳克桥采用的是后一种顺序；欧洲多数桥梁（赛文桥、博斯普鲁斯海峡大桥、亨伯尔桥等）采用前一种顺序；在日本，除白鸟大桥外，几乎全部采用后一种顺序。

随着悬索桥施工实践的日益增多，加劲梁架设顺序也在不断发展。例如，日本的明石海峡大桥分别采用两种顺序进行架设。但无论采用哪种架设顺序，均须考虑主缆变形对加劲梁线形（高程）的影响，应在施工前尽可能先做模型试验与必要的计算分析，再结合各桥的特点加以确定。

3.缆载吊机

加劲梁架设的主要工具是缆载吊机，其由主梁、端梁及各种运行提升机构组成。缆载吊机横跨并支承在两主缆上，其主梁跨度即为两主缆的中心距。

梁段用驳船浮运到安装位置的下方，提升梁上的卷扬机，放下提升钢丝绳。钢丝绳通过平衡梁与加劲梁节段连接。卷扬机将梁段提升到吊索位置后，将吊索下端与梁段上的吊点连接，同时，将本段梁段与相邻梁段临时铰接，然后松开平衡梁，本梁段即吊装完毕。

主缆是柔索结构，当只有部分梁段悬吊在主缆上时挠度很大，已吊装的加劲梁将产生很大的弯曲变形。如果梁段吊装到位后即与相邻梁段连接，则加劲梁将承担很大的弯曲应力，容易造成结构破坏。

为此，梁段吊装到位后只在上缘与相邻梁段形成铰接，下缘在吊装期间张开。随着吊装梁段的增加，主缆的局部挠度减小，加劲梁下缘的间隙逐渐闭合，待梁段全部吊装完成或大部分完成后，在相邻节段间永久固结连接。此时，加劲梁恒荷载完全由主缆承担，加劲梁只承担节段内的局部弯矩。

（五）施工阶段线形及内力控制

悬索桥施工过程中必须对塔柱弯矩、主缆线形及加劲梁线形加以控制，以使成桥时塔柱基本只承担竖向力，主梁线形达到道路线形要求。

在空缆状态下，主缆无论在中跨还是在边跨均为悬链线，当加劲梁安装完毕后，恒载接近于均布荷载，主缆线形接近于二次抛物线。在两种线形之间转换时主缆将向中跨移动，因此，塔顶的索鞍在加劲梁架设期间，必须可以在纵桥向移动，待架设完毕后再与塔顶固结。

主缆的长度是从成桥状态考虑成桥温度后，用无应力法计算得到的。再根据索股在主缆中的位置计算索股的长度，编索时先确定标准丝的长度，其余钢丝按照标准丝定长度。

空缆的形状根据缆索的总长及中跨与边跨主缆水平分力相等的原则确定。空缆线形与成桥线形比较后可以得到索鞍在架设期间移动的距离。有了空缆线形后即可进行加劲梁吊装过程模拟计算，从而得到吊装过程中主缆、加劲梁的线形控制值，结果将用于现场操作控制。现场控制时将现场实测值与计算值比较，控制架设精度。

以上计算都必须考虑几何非线性效应，现在一般通过基于有限位移法的计算机程序进行计算，同时，考虑实测温度与计算温度差的补偿。

第五章 公路桥梁施工准备工作

第一节 施工技术资料准备工作

施工技术资料准备工作主要包括原始资料收集与调查、技术准备和生产资料准备三方面。

一、原始资料收集与调查

调查研究和收集有关施工资料，是施工准备工作的重要内容之一，主要目的是查明工程环境特点和施工的自然、技术经济条件，为选择施工技术与组织方案收集基础资料，并以此作为确定准备工作项目的依据。尤其是当施工单位进入一个新的城市和地区，该工作显得更加重要，它关系到施工单位全局的部署与安排。通过原始资料的收集分析，为编制出合理且符合客观实际的施工组织设计文件提供全面、系统、科学的依据，为图纸会审、编制施工图预算和施工预算提供依据，为施工企业管理人员进行经营管理决策提供可靠的依据。施工原始资料收集与调查主要包括：调查建设地区的技术经济条件、调查工程项目特征与要求的有关资料、调查建设场地及附近地区的自然条件。

（一）收集给排水、供电等资料

水、电、气是施工不可缺少的条件，需要收集的内容如表5-1所示。

资料来源主要是当地城市建设、电业、电信等管理部门和建设单位，主要用作选用施工用水、用电、供热、供气方式的依据。

表5-1 水、电、气条件调查表

项目	调查内容	调查目的
供水排水	工地用水与当地现有水源连接的可能性，可供水量、接管地点、管径、材料、埋深、水压、水质及水费，至工地距离，沿途地形地物状况；自选临时江河水源的水质、水量、取水方式，至工地距离，沿途地形地物状况；自选临时水井的位置、深度、管径、出水量和水质；利用永久性排水设施的可能性，施工排水的去向、距离和坡度；有无洪水影响，防洪设施状况	确定生活、生产供水方案；确定工地排水方案和防洪方案；拟订供排水设施的施工进度计划

（续表）

项目	调查内容	调查目的
供电 电信	当地电源位置，引入的可能性，可供电的容量、电压、导线截面和电费；引入方向，接线地点及其至工地距离，沿途地形地物状况；建设单位和施工单位自有的发、变电设备的型号、台数和容量：利用邻近电信设施的可能性，电话等至工地的距离，可能增设电信设备、线路的情况	确定供电方案：确定通信方案；拟订供电、通信设施的施工进度计划
供气 供热	蒸汽来源，可供蒸汽量，接管地点、管径、埋深，至工地距离，沿途地形地物状况，蒸汽价格：建设、施工单位自有锅炉的型号、台数和能力，所需燃料及水质标准；当地或建设单位可能提供的压缩空气、氧气的能力，至工地距离	确定生产、生活用气的方案；确定压缩空气、氧气的供应计划

（二）收集交通运输资料

建筑施工中，常用铁路、公路和航运三种主要交通运输方式，收集的内容如表5-2所示。资料的来源主要是当地铁路、公路、水运和航运管理部门，主要用作选用材料和设备的运输方式以及组织运输业务的依据。

表5-2　交通运输条件调查表

序号	项目	调查内容	调查目的
1	铁路	邻近铁路专用线、车站至工地的距离及沿途运输条件；站场卸货线长度，起重能力和储存能力；装卸单个货物的最大尺寸、质量的限制	选择运输方式；拟订运输计划
2	公路	主要材料产地至工地的公路等级、路面构造、路宽及完好情况，允许最大载重量；途经桥涵等级、允许最大尺寸、最大载重量；当地专业运输机构及附近村镇能提供的装卸、运输能力运输工具的数量与运输效率以及运费、装卸费；当地有无汽车修配厂，修配能力和至工地距离	选择运输方式；拟订运输计划
3	航运	货源、工地至邻近河流、码头渡口的距离，道路情况；洪水、平水、枯水期时，通航的最大船只及吨位，取得船只的可能性；码头装卸能力、最大起重量，增设码头的可能性；渡口的渡船能力，同时可载汽车数，每日次数，能为施工提供能力；运费、渡口费、装卸费	选择运输方式；拟订运输计划

（三）收集建筑材料资料

建筑工程要消耗大量的材料，主要有钢材、木材、水泥、地方材料（砖、砂、灰、石）、装饰材料、构件制作、商品混凝土、建筑机械等。资料来源主要是当地主管部门和建设单位及各建材生产厂家、供货商，主要作用是选择建筑材料和施工机械的依据。

（四）社会劳动力和生活设施调查

建筑施工是劳动密集型的生产活动。社会劳动力是建筑施工劳动力的主要来源。资料来源是当地劳动、商业、卫生和教育主管部门，主要作用是为劳动力安排计划、布置临时设施和确定施工力量提供依据。

（五）工程特征及要求资料与自然环境资料的调查

工程项目特征与要求的有关资料的主要内容有：对建设单位与设计单位的调查；建设地点的气象、地形、地貌、工程地质、水文地质、场地周围环境及障碍物主要内容。资料来源主要是气象部门及设计单位，主要作用是为确定施工方法和技术措施，编制施工进度计划和施工平面图布置设计提供依据。

二、技术准备

技术准备是施工准备工作的核心，是现场施工准备工作的基础。由于任何技术的差错或隐患都可能引起人身安全和质量事故，造成生命、财产的巨大损失，因此必须认真做好技术准备工作。其主要内容包括熟悉与会审图纸、编制中标后施工组织设计、编制施工图预算和施工预算。

（一）熟悉与会审图纸

1.熟悉与会审图纸的依据

熟悉与会审图纸的依据包括：建设单位和设计单位提供的初步设计或扩大初步设计（技术设计）、施工图设计、建筑总平面、土方调配和城市规划等资料文件；调查、收集的原始资料；设计、施工验收规范和有关技术规定。

2.熟悉与会审图纸的目的

熟悉与会审图纸的目的包括：能够按照设计图纸的要求顺利进行施工，生产出符合设计要求的最终建筑产品（建筑物或构筑物）；能够在拟建工程开工之前，使从事建筑施工技术和经营管理的工程技术人员能充分地了解和掌握设计图纸的设计意图、结构与构造特点和技术要求；通过审查，发现设计图纸中存在的问题和错误，及时修正，在施工开始之前，为拟建工程的施工提供一份准确、齐全的设计图纸。

3.熟悉图纸及其他设计技术资料的重点

（1）基础及地下室部分

具体包括：核对建筑、结构、设备施工图中关于基础留口与留洞的位置及标高的相互关系是否处理恰当；给水及排水的去向，防水体系的做法及要求；特殊基础做法，变形缝及人防出口做法。

（2）主体结构部分

具体包括：定位轴线的布置及与承重结构的位置关系；各层所用材料是否有变化；各种构配件的构造及做法；采用的标准图集有无特殊变化和要求。

（3）装饰部分

具体包括：装修与结构施工的关系；变形缝的做法及防水处理的特殊要求；防火、保温、隔热、防尘、高级装修的类型及技术要求。

4.熟悉与审查图纸的内容

具体包括：第一，审查拟建工程的地点、建筑总平面图与国家、城市或地区规划是否一致；建筑物或构筑物的设计功能和使用要求是否符合卫生、防火及美化城市方面的要求。第二，审查设计图纸是否完整、齐全以及设计图纸和资料是否符合国家有关工程建设的设计、施工方面的方针和政策。第三，审查设计图纸与说明书在内容上是否一致以及设计图纸与其各组成部分之间有无矛盾和错误。第四，审查建筑总平面图与其他结构图在几何尺寸、坐标、标高、说明等方面是否一致，技术要求是否正确。第五，审查工业项目的生产工艺流程和技术要求，掌握配套投产的先后次序和相互关系以及设备安装图纸与其相配合的土建施工图纸在坐标、标高上是否一致，掌握土建施工质量是否满足设备安装的要求。第六，审查地基处理与基础设计同拟建工程地点的工程水文、地质等条件是否一致以及建筑物或构筑物与地下建筑物或构筑物和管线之间的关系。

除此之外，还要明确拟建工程的结构形式和特点，复核主要承重结构的强度、刚度和稳定性是否满足要求，审查设计图纸中工程复杂、施工难度大和技术要求高的分部分项工程或新结构、新材料、新工艺，检查现有施工技术水平和管理水平能否满足工期和质量要求并采取可行的技术措施加以保证。明确建设期限、分期分批投产或交付使用的顺序和时间以及工程所用的主要材料、设备的数量、规格、来源和供货日期，明确建设、设计和施工等单位之间的协作与配合关系以及建设单位可以提供的施工条件。

5.熟悉与审查设计图纸的程序

熟悉与审查设计图纸的程序通常分为自审阶段、会审阶段和现场签证三个阶段。

（1）设计图纸的自审阶段

施工单位收到拟建工程的设计图纸和有关技术文件后，应尽快组织工程技术人员熟悉和自审图纸，写出自审图纸的记录。自审图纸的记录应包括对设计图纸的疑问和对设计图纸的有关建议。

（2）设计图纸的会审阶段

一般由建设单位主持，由设计单位和施工单位参加，三方进行设计图纸的会审。图纸会审时，首先由设计单位的工程主设计人向与会者说明拟建工程的设计依据、意图和功能要求，并对特殊结构、新材料、新工艺和新技术提出设计要求；其次施工单位根据自审记录以及对设计意图的了解，提出对设计图纸的疑问和建议；最后在统一认识的基础上，对所探讨的问题逐一做好记录，形成图纸会审纪要，由建设单位正式行文，参加单位共同会签、盖章，作为与设计文件同时使用的技术文件和指导施工的依据以及建设单位与施工单位进行工程结算的依据。

（3）设计图纸的现场签证阶段

在拟建工程施工的过程中，如果发现施工的条件与设计图纸的条件不符，或者发现图纸中仍然有错误，或者因为材料的规格、质量不能满足设计要求，或者因为施工单位提出了合理化建议，需要对设计图纸进行及时修订时，应遵循技术核定和设计变更的签证制度，进行图纸的施工现场签证。如果设计变更的内容对拟建工程的规模、投资影响较大时，要报请项目的原批准单位批准。施工现场的图纸修改、技术核定和设计变更资料，都要有正式的文字记录，归入拟建工程施工档案，作为指导施工、竣工验收和工程结算的依据。

6.熟悉技术规范、规程和有关技术规定

技术规范、规程是国家制定的建设法规，是实践经验的总结，在技术管理上具有法律效用。建筑施工中常用的技术规范、规程主要包括建筑安装工程质量检验评定标准、施工操作规程、建筑工程施工及验收规范、设备维护及维修规程、安全技术规程、上级技术部门颁发的其他技术规范和规定。

（二）编制中标后施工组织设计

目前，根据建筑业管理模式的要求，施工组织设计主要分为以下两大类。

1.指导性施工组织设计

包括施工组织总设计、投标阶段施工组织设计。

指导性施工组织设计，面对的是单项工程、群体工程或招标工程中内容量大或存在不确定因素的部分。只是确定总的原则，不具备工程施工指导性。

2.实施性施工组织设计

包括单位工程施工组织设计、分项工程施工组织设计。

实施性施工组织设计，根据工程特征或者是作为施工组织总设计已确定的总原则的补充，其表述的内容详尽、完善、针对性强，是工程施工的依据。

（三）编制施工图预算和施工预算

施工图预算是技术准备工作的主要组成部分之一，它是按照施工图确定的工程量、施工组织设计所拟定的施工方法、建筑工程预算定额及其取费标准，由施工单位主持，在拟建工程开工前的施工准备工作期所编制的确定建筑安装工程造价的经济文件，是施工企业签订工程承包合同、工程结算、银行拨贷款以及进行企业经济核算的依据。

施工预算是根据施工图预算、施工图纸、施工组织设计或施工方案、施工定额等文件，综合企业和工程实际情况，并在工程确定承包关系以后进行编制。它是企业内部经济核算和班组承包的依据，因此是企业内部使用的一种预算。

施工图预算与施工预算存在很大区别：施工图预算是甲乙双方确定预算造价、发生经济联系的技术经济文件；施工预算是施工企业内部经济核算的依据。"两算"对比，都是促进施工企业降低物资消耗，增加积累的重要手段。

三、生产资料准备

生产资料准备是指工程施工中必需的劳动手段（施工机械、机具等）和劳动对象（材料、构件、配件等）的准备。该项工作应根据施工组织设计的各种资源需要量计划，分别落实货源、组织运输和安排储备，这是工程连续施工的基本保证，主要内容如下。

（一）建筑材料的准备

建筑材料的准备包括：三材（钢材、木材、水泥）、地方材料（砖、瓦、石灰、砂、石等）、装饰材料（面砖、地砖等）、特殊材料（防腐、防射线、防爆材料等）的准备。为保证工程顺利施工，材料准备要求如下。

1.编制材料需要量计划，签订供货合同

根据预算的工料分析，按施工进度计划的使用要求、材料储备定额和消耗定额，分别按材料名称、规格、使用时间进行汇总，编制材料需要量计划，同时根据不同材料的供应情况，随时注意市场行情，及时组织货源，签订供货合同，保证采购供应计划的准确可靠。

2.材料的运输和储备

材料的运输和储备要按工程进度分期分批进场。现场储备过多会增加保管费用、占用流动资金，过少则难以保证施工的连续进行。对于使用量少的材料，尽可能一次进场。

3.材料的堆放和保管

现场材料的堆放应按施工平面布置图的位置，按材料的性质、种类，选取不同的堆放方式，合理堆放，避免材料的混淆及二次搬运；进场后的材料要依据材料的性质妥善保管，避免材料的变质及损坏，以保持材料的原有数量和原有的使用价值。

（二）施工机具和周转材料的准备

施工机具包括施工中所确定选用的各种土方机械、木工机械、钢筋加工机械、混凝土机械、砂浆机械、垂直与水平运输机械、吊装机械等，应根据采用的施工方案和施工进度计划，确定施工机械的数量和进场时间；确定施工机具的供应方法与进场后的存放地点和方式，并提出施工机具需要量计划，以便企业内部实现使用需求平衡或对外签约租借机械。

周转材料的准备主要指模板和脚手架，此类材料施工现场使用量大、堆放场地面积大、规格多、对堆放场地的要求高，应按施工组织设计的要求分规格、型号整齐码放，以便使用和维修。

（三）预制构件和配件的加工准备

工程施工中需要大量的钢筋混凝土构件、木构件、金属构件、水泥制品、塑料制品、卫生洁具等，应在图纸会审后提出预制加工单，确定加工方案、供应渠道及进场后的储备地点和方式。现场预制的大型构件，应依施工组织设计做好规划并提前加工预制。

此外，对采用商品混凝土的现浇工程，要根据施工进度计划要求确定需用量计划，主要内容有商品混凝土的品种、规格、数量、需要时间、送货方式、交货地点，并提前与生产单位签订供货合同，以保证施工的顺利进行。

第二节　施工技术现场准备工作

施工现场是施工的全体参加者为实现优质、高速、低耗的目标，而有节奏、均衡连续地进行施工作业的活动空间。施工现场的准备工作，主要是为了给拟建工程的施工创造有利的施工条件和物资保证。

一、施工现场内部的准备工作

施工现场内部的准备是按照施工组织设计的要求进行的施工现场具体条件的准备工作，主要内容有清除障碍物、做好施工场地的测量放线，做好"三通一平"（或"七通一平"），做好施工现场的补充勘探，建造临时设施，安装、调试施工机具，做好建筑构（配）件、制品和材料的储存与堆放，及时提供建筑材料的试验申请计划，进行新技术项目的试制和试验，设置消防、保安设施。

（一）清除障碍物

施工场地内的一切障碍物，无论是地上的或是地下的，都应在开工前清除。这些工作一般是由建设单位来完成的，但也有委托施工单位来完成的。如果由施工单位来完成这项工作，应注意如下五点：第一，一定要事先摸清现场情况，尤其是在老城区内，由于原有建筑物和构筑物情况复杂，而且通常资料不全，在清除前需要采取相应的措施，防止发生事故。第二，对于房屋的拆除一般要把水源、电源切断后才可进行拆除。对于较坚固的房屋和地下老基础，则可采用爆破的方法拆除，但这需要委托有相应资质的专业爆破作业单位来承担，并且必须报经公安部门批准方可实施。第三，架空电线（电力、通信）、地下电缆（包括电力、通信）的拆除，要与电力部门或通信部门联系并办理有关手续后方可进行。第四，自来水、污水、煤气、热力等管线的拆除，应委托专业公司来完成。场地内若有树木，须报园林部门批准后方可砍伐。第五，拆除障碍物后，留下的渣土等杂物都应清除到场外。运输时，应遵守交通、环保部门的有关规定，运土的车辆要按照指定的路线和时间行驶，并采取封闭运输车或在渣土上洒水等措施，以避免渣土飞扬而污染环境。

（二）做好施工场地的测量放线

测量放线的任务是把图样上所设计好的建筑物、构筑物及管线等测设到地面上或实物上，并用各种标志表现出来，以作为施工的依据。其工作的进行，一般是在土方开挖之前，通过在施工场地内设置坐标控制网和高程控制点来实现的。这些网点的设置应视工程范围的大小和控制的精度而定。在测量放线前，应对测量仪器进行检验和校正，熟悉并校核施工图样，了解设计意图，校核红线桩与水准点，制订出测量放线方案。

建筑物定位放线是确定整个工程平面位置的关键环节，实施施工测量中必须保证精度，杜绝错误，否则其后果将难以处理。建筑物定位、放线，一般通过设计图中平面控制轴线来确定建筑物的四廓位置，测定并经自检合格后，提交有关部门和甲方（或监理人员）验线，以保证定位的准确性。沿红线施工的建筑物放线后，还要由城市规划部门验线，以防止建筑物压红线或超红线，为正常顺利地施工创造条件。

（三）做好"三通一平"（或"七通一平"）

"三通一平"是指路通、水通、电通和平整场地。"七通一平"是指基本建设中前期工作的道路通、给水通、电通、排水通、热力通、电信通、燃气通及土地平整等的基础建设。

1.路通

施工现场的道路是组织物资运输的动脉。拟建工程开工前，必须按照施工总平面图的要求，修好施工现场的永久性道路（包括厂区铁路或公路）以及必要的临时性道路，形成完整畅通的运输网络，为建筑材料进场和堆放创造有利条件。

2.水通

水是施工现场的生产和生活不可缺少的资源。拟建工程开工之前，必须按照施工总平面图的要求，接通施工用水和生活用水的管线，使其尽可能与永久性的给水系统结合起来，做好地面排水系统，为施工创造良好的环境。

3.电通

电是施工现场的主要动力来源。拟建工程开工前，要按照施工组织设计的要求，接通电力和电信设施，做好其他能源（如蒸汽、压缩空气）的供应，确保施工现场动力设备和通信设备的正常运行。

4.平整场地

按照建筑施工总平面图的要求，首先拆除场地上妨碍施工的建筑物或构筑物，然后根据建筑总平面图规定的标高和土方竖向设计图纸，进行挖（填）土方的工程量计算，确定平整场地的施工方案，进行平整场地的工作。

（四）做好施工现场的补充勘探

对施工现场做补充勘探是为了进一步寻找枯井、防空洞、地下管道、暗沟和枯树根等隐蔽物，以便及时拟订并实施处理隐蔽物的方案，为基础工程施工创造有利条件。

（五）建造临时设施

现场生活和生产用的临时设施，在布置安排时，要遵照当地有关规定进行规划布置。如房屋的间距、标准是否符合卫生和防火要求，污水和垃圾的排放是否符合环境要求等。临时建筑平面图及主要房屋结构图，都应报请城市规划、市政、消防、交通、环保等有关部门审查批准。为了施工方便和安全，对于指定的施工用地的周界，应用围栏围挡起来，围挡的形式和材料及高度应符合市容管理的有关规定和要求。在主要入口处设标志牌，标明工程名称、施工单位、工地负责人等。各种生产、生活用的临时设施，包括特种仓库、混凝土搅拌站、预制构件场、机修站、各种生产作业棚、办公用房、宿舍、食堂、文化生活设施等，均应按照批准的施工组织设计规定的数量、标准、面积、位置等要求来组织修建，大、中型工程可分批、分期修建。

此外，在考虑施工现场临时设施的搭建时，应尽量利用原有建筑物，尽可能减少临时设施的数量，以便节约用地，节约投资。

（六）安装、调试施工机具

按照施工机具需要量计划，组织施工机具进场，根据施工总平面图将施工机具安置在规定的地点或仓库。对于固定的机具要进行就位、搭棚、接电源、保养和调试等工作。对所有施工机具要求必须在开工之前进行检查和试运转。

（七）做好建筑构（配）件、制品和材料的储存与堆放

按照建筑材料、构（配）件和制品的需要量计划组织进场，根据施工总平面图规定的地点和指定的方式进行储存和堆放。

（八）及时提供建筑材料的试验申请计划

按照建筑材料的需要量计划，及时提供建筑材料的试验申请计划。如钢材的机械性能和化学成分、混凝土或砂浆的配合比和强度等试验。

（九）进行新技术项目的试制和试验

按照设计图纸和施工组织设计的要求，认真进行新技术项目的试制和试验。

（十）设置消防、保安设施

按照施工组织设计的要求，根据施工总平面图的布置，建立消防、保安等组织机构和有关规章制度，布置安排好消防、保安等措施。

二、冬、雨季施工的准备工作

土建施工绝大部分工作是露天作业，季节变化对施工的影响很大。我国南北方气候差异较大。黄河以北，尤其是东北、西北的广大地区，每年冰冻期有四五个月；长江以南地区，冬季气温经常处于 $0 \sim 10$ ℃，持续的时间比较长。在这样的气温条件下施工，有一定的困难，施工速度也相应受到影响。

特别是雨季，对施工生产有很大的影响。如何减少自然条件给施工作业带来的影响，这是编制施工组织设计时必须研究解决的任务之一，要从组织、进度安排、技术措施等方面提出一系列办法和措施，并注意吸取广大建筑职工长期创造和积累起来的宝贵经验。要保证冬、雨季的施工，首先应特别重视冬、雨季施工的准备工作。

（一）冬季施工的准备工作

冬季施工是一项复杂而细致的工作，在气温低、工作条件差、技术要求高的情况下，认真做好冬季施工准备具有特殊的意义。例如，对于钢筋混凝土工程，混凝土的强度增长与养护时期的气温有密切关系。4 ℃时混凝土的养护时间比 15 ℃下的养护时间长 3 倍；当气温在 0 ℃以下时，水泥的水化作用基本停止；当气温低于 -3 ℃时，混凝土中的水冻结，而且水在结冰时体积要膨胀 8% ~ 9%，从而混凝土有被胀裂的危险。此外，由于低温时养护时间长，不但拖延了工期，而且影响模板的周转使用，增加了工程的费用。实践

证明，混凝土凝结前3～6 h受冻结，其28 d强度将比设计强度下降50%；如果在凝结后2～3 h受冻结，强度下降15%～20%；而当强度达到设计强度50%以上，并且其抗压强度不低于50 kg/cm²时受冻结，不会影响它的强度。

因此，当平均气温低于5 ℃或昼夜最低气温低于-3 ℃时，就应采用冬季施工措施。

1.合理安排冬季施工项目和进度

（1）工程项目确定

冬季施工工程项目的确定，必须根据国家计划和上级的要求，具体分析研究，要既考虑技术上的可能性，又考虑经济上的合理性，综合分析后做出正确的决定。

绝大部分工程能在冬季施工。但是，各种不同的工程冬季施工的复杂程度有所区别，因冬季施工而增加的费用也不相同，一般在安排工程项目时，可按以下情况安排：冬季施工费用增加不大的项目，如一般砌砖工程、可用蓄热法养护的混凝土工程、吊装工程、打桩工程等在冬季施工时，对技术要求并不高，但它们在工程中占的比重较大，对进度起着决定性作用，可以列在冬季施工的范围内。成本增加稍大的工程项目，如用蒸汽养护的混凝土结构、室内粉刷等，采取技术措施后，安排在冬季施工也是可行的。受冬季施工影响较大的项目，如土方工程、室外粉刷、防水工程、道路工程等，最好在冬季以前完成。

（2）进度安排

安排工程进度时，应尽可能地减少冬季施工项目。在冬季施工前，要尽快完成工程的主体，以便取得更多的室内工作面，达到良好的技术经济效果。

2.重视冬季施工对平面布置的特殊要求

给水和排水的管线应避免冻结的影响。施工中的临时管线埋设深度应在冰冻线以下；外露的水管，应用草绳等包扎起来，免遭冻裂。排水管线应保持畅通，现场和道路应避免积水和结冰；必要时应设临时排水系统，排除地面水和地下水。

冬季前，应修整道路，注意清除积雪，保证冬季施工时道路畅通；要尽可能储备足够的冬季施工所需的各种材料、构件、备品、物资等。冬季施工时，所需保温、取暖等火源大量增多，因此应加强防火教育及防火措施，布置必要的防火设施和消火栓、灭火器等，并应安排专人进行检查管理。

3.冬季施工特殊材料的准备

冬季施工须增加一些特殊材料，如促凝剂、保温材料（稻草、炉渣、草垫、麻袋、锯末等）及劳动保护、防寒用品等。另外，还要加强冬防保安措施，抓好职工的思想技术教育和专职人员的培训工作。

（二）雨季施工的准备工作

在多雨地区，认真做好雨季施工准备，对于提高施工连续性、均衡性，增加全年施工天数具有重要作用。

1.采取晴雨结合的办法

晴天施工条件好，多完成室外作业，做好主体工程，为雨天创造工作面，多留一些室内工作在雨季施工。尽量把不适于雨天作业的工程，如大型土方工程、屋面防水工程等，抢在雨季到来之前完成。

2.做好现场的排水工作

现场排水工作，须在进行整个现场的"三通一平"时统一规划。雨季到来前，要进行有组织的检查，疏通道路边沟，加强管理，防止堵塞。

另外，要准备抽水设备（如水泵等），及时处理低洼、基坑中的积水。

3.采取有效的技术组织措施

雨季前，应对现场的临时道路进行修整，加铺碎石、炉渣等，同时对道路横剖面加大坡度以利排水，保证运输道路畅通。为确保工程质量，需要采取有效的技术措施，如防止砂浆及混凝土水分的增加、钢筋的锈蚀、粉刷面的冲刷等。

4.做好物资供应及储备工作

准备必要的防雨器材，做好材料的保管，防止物品因淋雨、受潮而变质；库房不漏雨，四周有排水；水泥等材料应遵守"先到先用，后收后发"的原则供应；各种材料堆存均应有适当措施，防止或减少损失。

三、施工现场外部的准备工作

施工现场准备除了施工现场内部的准备工作外，还有施工现场外部的准备工作。其具体内容如下。

（一）材料的加工和订货

建筑材料、构（配）件和建筑制品大部分均必须外购，工艺设备更是如此。如何与加工部、生产单位联系，签订供货合同，做好及时供应，对于施工企业的正常生产是非常重要的；对于协作项目也是如此，除了要签订议定书之外，还必须做大量的相关工作。

（二）做好分包工作和签订分包合同

由于施工单位本身的力量所限，有些专业工程的施工、安装和运输等均需要向外单位委托。根据工程量、完成日期、工程质量和工程造价等内容，与其他单位签订分包合同、保证按时实施。

（三）向上级提交开工申请报告

当完成好分包工作和签订分包合同等施工场外的准备工作后，应该及时填写开工申请报告，并上报上级批准。

第三节 施工现场人员准备工作

施工现场人员准备工作主要包括施工项目组的组建、施工队伍的准备工作以及施工队伍的教育管理三方面。

一、项目组的组建

项目管理机构建立的原则如下：根据工程规模、结构特点和复杂程度，确定项目管理机构的编制及人选；坚持合理分工与密切协作相结合的原则；执行因事设职、因职选人的原则，将富有经验、创新精神、工作效率高的人入选项目管理机构。对一般单位工程可设一名工地负责人，配备一定数量的施工员、材料员、质检员、安全员等即可；对大中型单位工程或群体工程，则要配备包括技术、计划等管理人员在内的一整套班子。

二、施工队伍的准备

施工队伍的建立，要考虑工种的合理配合，技工和普工的比例要满足劳动组织的要求；要坚持合理、精干原则，在施工过程中，依工程实际进度需求，动态管理劳动力数量。需要外部力量的，可通过签订承包合同或联合其他队伍来共同完成。

（一）建立精干的基本施工队组

基本施工队组应根据现有的劳动组织情况、结构特点及施工组织设计的劳动力需要量计划确定，一般有以下三种组织形式。

1.砖混结构的建筑

该类建筑在主体施工阶段，主要是砌筑工程，应以瓦工为主，配合适量的架子工、钢筋工、混凝土工、木工以及小型机械工等；装饰阶段以抹灰、油漆工为主，配合适量的木工、电工、管工等。因此，砖混结构的建筑以混合施工班组为宜。

2.框架、框剪及全现浇结构的建筑

该类建筑主体结构施工主要是钢筋混凝土工程，应以模板工、钢筋工、混凝土工为主，配合适量的瓦工；装饰阶段配备抹灰、油漆工等。因此，框架、框剪及全现浇结构的建筑以专业施工班组为宜。

3.预制装配式结构的建筑

该类建筑的主要施工工作以构件吊装为主，应以吊装起重工为主，配合适量的电焊工、木工、钢筋工、混凝土工、瓦工等，装饰阶段配备抹灰工、油漆工、木工等。因此，预制装配式结构的建筑以专业施工班组为宜。

（二）确定优良的专业施工队伍

大中型的工业项目或公用工程，内部的机电安装、生产设备安装一般需要专业施工队或生产厂家进行安装和调试，某些分项工程也可能需要机械化施工公司来承担，这些需要外部施工队伍来承担的工作，须在施工准备工作中签订承包合同的形式予以明确，落实施工队伍。

（三）选择优势互补的外包施工队伍

随着建筑市场的开放，施工单位通常依靠自身的力量难以满足施工需要，因而须联合其他建筑队伍（外包施工队）来共同完成施工任务，通过考察外包队伍的市场信誉、已完工程质量、确认资质、施工力量水平等来选择，联合施工的各建筑队伍要充分体现优势互补的原则。

三、施工队伍的教育管理

（一）施工队伍的重要性

在专门的设计单位产生以前，像许多产品一样，公路桥梁的设计施工都是由同一个单位承担完成的，即施工过程包含设计过程。如中国古代的工匠，就兼具设计员和施工员的双重身份和作用，即使到了近代中国也是如此。

随着社会分工的日益明细，设计等工作逐渐从施工中脱胎出来，形成专门的部门，分别负责同一项目的两个阶段的工作。设计单位负责项目施工前的规划设计，施工单位负责项目的具体施工。由于设计在前，施工在后，设计工作又直接表现为看似复杂的理论计算，施工行为似乎仅仅是实现设计的意图，只要按照建设单位或业主提供的设计文件按图施工就可以了。长期的实践活动逐渐使人们产生一种错觉：设计比施工重要。其实不然，从理论上分析，设计过程是一个从实践到理论的过程，施工过程是一个从理论到实践的过程，这两个过程同属于认识的范畴，是一个大过程中的两个小过程，无所谓孰轻孰重。

作为设计人员，必须依据规范、理论公式、设计惯例及实地情况做好结构物的设计和设计文件的编制，而作为生产一线的施工人员，既要准确领会设计意图组织项目的实施，又要结合实地情况为优化设计提出建设性的建议，使设计产品尽量完美，在项目施工中，业主要求设计单位设计代表也就是基于这一原因。这对减少投资、提高质量、增加效益均有十分重要的意义。

所以，作为施工单位的现场人员只有既知其然，又知其所以然，才能准确地、建设性实现设计意图，表达设计效果。从这个角度看，施工技术人员既要有丰富的施工经验，又要具备与设计人员同等甚至更优的个体素质。设计过程中会有一些使用设计手段难以确定的因素，必须等到项目施工到一定阶段才能得出结论，有些设计内容还有待在施工过程得到完善和延续，这些问题的发现和提出只有施工单位才能完成，设计单位只是派遣设计代表据实修改设计文件。因此，施工过程既是一个对设计成果检验和再评审的过程，又是设计文件的延续完善过程，施工单位不可分割地要承担部分设计工作的内容。

现在欧美一些国家对建筑项目的管理理念是比较前卫的，如美国，业主一般只组织完成可行性研究或初步设计，做出控制概算就实施招标；施工中标单位也只要根据招标文件提供的资料继续完成施工图设计，自己编制和控制设计预算和施工预算，按业主给定的各项技术和经济指标完成的建筑产品就能被业主所接受。这种模式一方面给予了施工单位足够的空间和自由；另一方面也把设计的责任和工作量转嫁给了施工单位，进一步体现了施工单位在项目建设中的重要性。一件好的建筑作品，是靠设计者和施工者共同来完成的。在这个创作过程中，实际操作者的作用尤为重要。一个高水平的施工队可以和设计单位形成良好的互动，为整个行业的发展形成共同推进的合力。所以，我们认为从一定意义上讲，施工队伍的选择是公路桥梁建设成败的关键。

（二）施工队伍的选择

公路桥梁作为力学和平衡系统的结合体，集合着理论、结构、材料三大力学的内容，作为这一复杂建筑产品的生产者，不仅需要具有较深的理论知识，而且还要具有丰富的实践经验。

所以对公路桥梁施工队的选择，除了执行有关法律法规规定的招投标程序外，还要对拟派往现场的项目经理、技术负责人和专业技术人员进行一些相关理论和专业知识的面试以及类似施工经验的考核。项目经理必须是在类似项目中担任过项目经理，或在规模和难度系数大于本项目的项目中担任过副经理的专业项目管理人员。技术负责人和专业技术人员必须对本项目的关键工序有过近似的施工经验，熟练掌握了流水工序和施工技巧，否则不能上岗。施工中，监理和业主代表要严格监督拟派人员到位。有些单位，经营和生产分开管理，在单位分属两个不同的经济指标考评体系，经营追求的是中标率。所以，他们编制标书时，只挑最能吸引评委目光的人员、机械等资料组织，中标后，怎么组织生产，在施工过程中标书中承诺的人机能否到位，就不是经营部考虑的问题了。

工程部追求的是资源配置的最低成本，标书里承诺的内容仅作为参考。所以项目部建设的时候，相当多的中标基本上不是以标书的承诺内容作为依据，而是根据本单位生产和劳动的供需随意调整。这样一来，就导致了标书做得好的单位不一定就是施工优秀单位的错位结果，暴露出了单凭投标文件和报价取舍中标单位的方法的偏向弊端。

所以我们认为，选择施工单位时，必须把住两道关：一是标书里人员的整体素质是否满足要求；二是承诺的人机能否如实到位。业主或招标代理在招标文件的告知条款必须明确规定，招标文件承诺的人机如不能足额到位，无条件废除中标资格中途责令退场。因此，取舍施工中标单位时，不应以投标价格和综合排名作为唯一依据，应该以施工队伍的素质和诚信作为重要的条件，这比直接节约投资、比生硬地维护各个环节的"公评"重要、更有意义，换一个角度来说，这也是为了更好地体现公平、公正，从根本上节约投资、从本质上实现安全、从理念上体现人本思想。

（三）施工队伍的管理

施工单位在整个施工过程中所处的关键地位应是不争的事实，但对施工单位的管理，大家习惯认为是主管单位的事，但是我们认为，对公路桥梁施工队的管理也应该纳入项目管理的范畴。施工队伍作为一种人力资源，它不仅仅是构成一个单位的无形资产和企业资质，更主要的是，它是一个社会产品的制作者，他们的行为后果直接关系到社会人类的安危，在这种资源通过一定形式和载体表现为一个特定的实物形态的过程中，对它的管理就不应该仅仅是拥有单位的事，作为这种资源在一定时期内使用的单位也负有一定的责任，这是一种单位的责任，也是一种社会的责任。

首先，对公路桥梁施工队的管理应建立资信制度。桥梁施工队作为技术含量相对较高的施工群体，它的业绩和资信是企业赖以生存和发展的重要条件，也应是业主单位挑选施工单位的基础。业绩既是一个单位能力和实力的体现，也是一个单位或部门作业经历的记录，而诚信又是市场经济的精髓，业绩和诚信指标的形成和项目本身紧紧联系在一起。所以，在施工过程中，业主和监理单位应以各种形式对施工单位进行不定期的业绩考评，并以聘请社会督促员等形式对企业实行监督和民主评议，并将考评的结果以媒体等形式予以发布，资质管理部门、行业管理部门应和业主实行信息对接与管理联动，对施工单位建立生产现场的形象管理机制，将考评结果逐一记录，对施工实行过程实录，并及时通过媒体和专业网站予以公布。公布内容应包括项目经理和总工程师的业务水平、从业道德等基本情况，让全社会参与评议和监督，媒体公布栏目实行长期对外开放。一个施工单位的业绩多少、优劣、真伪，任何一个需要了解情况的单位，随时都可以点击了解。有了这种管理模式，项目业主在选择施工单位时只要通过媒体便一目了然。

其次，对施工单位使用民工队的情况也要提出具体的要求并进行监督。在计划经济条件下，建筑企业作为国营或集体单位，它的所有作业岗位几乎都是由企业正式职工或合同工组成，没有"民工"的概念，随着市场经济的建立和逐步发展，以及企业科技含量和单位素质的提高，在施工管理中，一些劳动密集型的具体工作渐渐地借助社会力量来完成，于是民工逐渐取代了企业昔日的工人，成为企业人力资源不可或缺的组成部分，以至发展到今天许多企业离开民工就无法生存和发展的状况。今天的建筑施工企业完全接受并离不开农民工了，从劳动管理的角度看，农民工的成本和服从意识更加符合企业的要求，随着民工队伍较快地融入施工企业，在全民普教条件下农工自身素质的不断提高，一些具有一定的技术性或技巧性的工作也逐渐由民工来承担，这时农民技术工又产生了。按行业管理部门的要求和具体岗位的特点，企业在使用民工前，对从业人员必须经过一定的岗前培训或令其经历一定的熟练过程，以确保劳动过程中达到预期的效果和效率，尤其是钢筋工、木工、焊工等比较重要的技能岗位的要求更高。因此，民工队伍作为企业人力资源的组成部分，企业对他们又花费了一定的管理成本，必须保持一定相对的连续性和稳定性。但作为松散型的农民工队伍，它毕竟不是完全意义上的企业职工，企业不可能用企业正式员工的制度去约束他们。所以，企业人力资源部门必须制定科学可行的管理机制及民工轮换和再生培训计划，确保民工队伍的整体水平稳定和结构连续。根据实践经验，一般熟练工应占民工队伍的80%以上，民工的年轮换率不能超过20%，施工就不会受影响。

综上所述，我们认为，对桥梁施工队伍中民工队的管理也是对施工企业监管的必不可少的内容。

第六章　公路桥梁施工组织管理

第一节　公路桥梁施工质量管理

对于整个工程的质量来说，公路桥梁施工管理具有重要作用，必须重点抓好施工过程中的质量控制，加强施工过程中的技术应用，从而使公路桥梁工程的施工质量得以保证，提高公路桥梁工程的使用性能。

一、公路桥梁施工质量管理概述

我国日趋完善的城市化基础设施，使加快公路桥梁工程建设成为一种客观需求。对公路桥梁施工中的技术应用及质量控制加强，能够使施工企业的经济效益得到有效的提高，同时还能使得整个社会得到可持续发展，并且对其具有重要的推动作用。因此，当务之急就是探索适合我国国情特点的施工质量管理方式。

（一）工程质量概念

1.质量

根据相关标准规定，"质量是指客体的一组固有特性满足要求的程度"。该定义中质量不仅是指产品质量，也可以是某项活动或过程的工作质量，还可以是质量管理体系运行的质量。质量是由一组固有特性组成，这些固有特性是指满足顾客和其他相关方要求的特性，并由其满足要求的程度加以表征。

定义中的特性是指可区分的特征。质量特性是固有的特性，并通过产品，过程或体系设计和开发及实现过程形成的属性。固有的意思是指在某事或某物中本来就有的，尤其是那种永久的特性。赋予的特性（如某一产品的价格）并非产品，过程或体系的固有特性，不是它们的质量特性。

定义中满足要求就是指应满足明示的（如合同、规范、标准、技术、文件）、通常隐含的（如组织的惯例、一般习惯）或必须履行的（如法律、法规、行业规则）的需要和期望。与要求相比较，满足要求的程度才反映为质量的好坏。对质量的要求除考虑满足顾客的需要外，还应考虑其他相关方的自身利益、提供原材料等的供方的利益和社会的利益等多种需求。例如，须考虑安全性、环境保护、节约能源等外部的强制要求。只有全面满足这些要求，才能评定为好的质量或优秀的质量。

另外，有关方面对产品、过程或体系的质量要求是动态的、发展的和相对的。质量要求随着时间、地点、环境的变化而变化。如随着技术的发展、生活水平的提高，人们对产品、过程或体系会提出新的质量要求。因此，应定期评定质量要求，修订规范标准，不断开发新产品、改进老产品，以满足已变化的质量要求。另外，不同国家不同地区因自然环境条件不同，技术发达程度不同，消费水平不同和民俗习惯的不同，会对产品提出不同的要求，产品应具有这种环境的适应性，对不同地区应提供不同性能的产品，以满足该地区用户的明示或隐含的要求。

2.产品质量

产品质量是指产品满足人们在生产及生活中所需要的使用价值及其属性，体现为产品的内在和外观质量指标。

3.工程项目质量

工程项目质量包括工程产品实体和服务这两类特殊产品的质量。其中工程实体作为一种综合加工的产品，它的质量是指建筑工程产品适合于某种规定的用途，满足人们要求所具备的质量特性的程度；而"服务"是一种无形的产品，服务质量是指企业在推销、销售、售后服务过程中满足用户要求的程度。其质量特性依服务业内不同行业而异，但一般包括服务时间、服务能力、服务态度等。

公路桥梁工程建设项目具有实行招标投标投资额大、生产周期长的特点，因此，服务质量同样是公路桥梁工程项目质量的主要组成之一。公路桥梁行业的服务质量既可以是定量的，也可以是定性的，例如，施工工期是定量的，而现场布置、施工单位与现场监理之间的协作配合与工程竣工后的保修等则是定性的。

4.工作质量

工作质量是指参与工程的建设者，为了保证工程项目质量所从事工作的水平和完善程度。工作质量包括社会工作质量、生产过程工作质量等，它是质量的广义内容。工作质量不像产品质量那样直观，它体现在整个企业的一切技术和管理活动中，要保证工作质量，要求有关部门和人员的精心工作，协调配合，对影响工程质量的所有因素进行严格控制，通过工作质量来保证工程质量。

要保证公路工程建设处于较高的工作质量水平，必须从人员、材料、设备、方法等要素入手。

（1）人员素质

人是生产经营活动的主体，也是工程项目建设的决策者、管理者、操作者，工程建设的全过程，如项目的规划、决策、勘察、设计和施工，都是通过人来完成的。人员的素质，即人的文化水平、技术水平、管理能力、组织能力、作业能力、控制能力、身体素质及职业道德等，都将直接或间接地对规划、决策、勘察、设计和施工的质量产生影响，而规划是否合理，决策是否正确，设计是否符合所需要的质量功能，施工能否满足合同、规范、技术标准的需要，都将对工程质量产生不同程度的影响，所以，人员素质是影响工程质量的一个重要因素。因此，公路桥梁建设实行经营资质管理和各类专业从业人员持证上岗制度是保证人员素质的重要管理措施。

（2）工程材料

工程材料泛指构成工程实体的各类建筑材料、构配件、半成品等，它是工程建设的物质条件，也是工程质量的基础。工程材料选用是否合理，产品是否合格，材质是否经过检验，保管使用是否得当等，都将直接影响建设工程的结构刚度和强度、工程外表及观感、工程的使用功能和使用安全。

（3）机械设备

机械设备可分为两类：一是指组成工程实体的工艺设备和各类机具；二是指施工过程中使用的各类机具设备。工程使用的机具设备其产品质量优劣，直接影响使用工程质量。施工机具设备的类型是否符合工程施工特点，性能是否先进稳定，操作是否方便安全等，也将影响工程项目的质量。

（4）工艺方法

工艺方法是指施工现场采用的施工方案，包括技术方案和组织方案。前者如施工工艺和作业方法；后者如施工区段空间划分及施工流向顺序、劳动组织等。在工程施工中，施工方案是否合理，施工工艺是否先进，施工操作是否正确，都将对工程质量产生重大的影响。大力推进采用新技术、新工艺、新方法，不断提高工艺技术水平，是保证工程质量稳定提高的重要因素。

（二）公路桥梁工程质量的特征

公路桥梁工程质量的特征主要表现在以下六方面。

1.适用性

适用性即功能，是指工程满足使用目的的各种性能。包括结构性能，如地基基础牢固程度，结构的强度、刚度和稳定性；使用性能，如路面工程行车平稳度、路面抗滑功能、道路桥梁通达便捷程度等。

2.耐久性

耐久性即寿命，是指工程在规定的条件下，满足规定功能要求使用的年限，也就是工程竣工后的合理使用寿命周期。

3.安全性

安全性是指工程建成后在使用过程中保证结构安全，保证人身安全和保证环境免受危害的程度。公路桥梁建设工程产品的结构安全度、抗震等能力是否能达到特定的要求是安全性的重要标志。工程交付使用之后，必须保证工程整体及人身财产都能免受工程结构破坏带来的伤害。

4.可靠性

可靠性是指工程在规定的时间和条件下完成规定功能的能力。工程不仅要求在交工验收时要达到规定的指标，而且在一定的使用时期内要保持应有的正常功能。

5.经济性

经济性是指工程从规划、勘察、设计、施工到整个产品使用寿命周期内的成本和消耗的费用。工程经济性具体表现为设计成本、施工成本、使用成本三者之和。包括从征地、拆迁、勘察、设计、采购（材料、设备）、施工、配套设施等建设全过程的总投资和工程使用阶段的维护、保养乃至改建更新的使用维修费用。通过分析比较，判断工程是否符合经济性要求。

6.与环境的协调性

与环境的协调性是指工程与其周围生态环境相协调，与所在地区经济环境协调以及与周围已建工程相协调，以适应可持续发展的要求。

上述六个方面的质量特性彼此之间是相互依存的，总体而言，适用、耐久、安全、可靠、经济、环境适应性，都是必须达到的基本要求，缺一不可。

（三）工程项目质量管理

质量管理就是确定质量方针、目标和职能，并通过质量体系中的质量策划、质量控制、质量保证和质量体系来使其实现所有管理职能的全部活动。而"全面质量管理"是指组织开展以质量为中心、全员参与为基础的一种管理方法，其目标是通过使用户满意，本单位成员和社会受益，以达到长期成功。

1.质量策划

质量策划是为质量和采用的质量体系要素确定目标和要求而进行的一系列活动。它包括如下内容：工程策划对质量特性进行识别、分类和重要性评定、确定质量目标、要求和要素条件。管理和作业策划为实施质量体系做准备，包括组织与进度安排。编制质量计划，并为质量改进做好准备。

2.质量控制

质量控制也就是施工质量控制，即为满足工程质量要求所采取的施工作业技术和活动。施工作业技术和活动的主要内容是确定控制计划与标准。实施控制计划与标准，并在实施过程中进行连续监视、评价和验证。纠正不符合计划与程序的现象。排除质量形成过程中的不良因素与偏离规范现象，恢复其正常状态。

3.质量保证

为使人们确信所建造的公路能满足质量要求，在质量体系内所开展的并按需要进行证实的有计划和有系统的全部活动，称为质量保证。质量保证的核心在于使政府质量监督部门、工程业主和监理部门确信施工单位有能力满足规定的质量要求，给他们提供信任感。

为此，施工单位必须做到下述两点：提供充分必要的证据（记录）和接受评价。例如，政府质量监督部门、工程业主、监理部门和企业高层管理者组织实施的质量审核、质量监督、质量认证、质量评价（评审）。质量保证还分为内部质量保证和外部质量保证。

（1）内部质量保证

为了使本企业高层管理者确信本施工单位具备满足质量要求的能力所进行的活动，称为内部质量保证。其中，包括质量审核、质量体系复审、质量评价、工序质量验证等。它是企业质量管理职能的活动内容之一。

（2）外部质量保证

为了使政府质量监督部门、工程业主和监理部门确信施工单位具备满足质量要求的能力而进行的活动，称为外部质量保证。在外部质量保证活动中，首先应把工程业主对施工单位的质量要求（如依照何种标准，须补充的保证要求及其水平）列入合同；其次，对施工单位的质量体系进行审核验证和评价。施工单位应向施工监理部门提供有关质量体系能满足合同要求的证据，包含质量手册、程序性文件、质量计划、质量凭证与记录、见证材料等。

4.质量体系

质量体系是为实施质量管理，由组织机构、职责、程序、过程和资源构成的有机整体。其中，"组织机构、职责"，是指影响工程质量的组织体制。一般包括：领导职责与质量管理职能；质量机构的设置；各机构的质量职能、职责以及它们之间的纵向与横向关系；质量工作网络与质量信息传递与反馈等。"程序"是指为完成某项活动所规定的活动目的、范围、做法、时间进度、执行人员、控制方法与记录等。这些一般包括：施工承包合同、标准规范、人员、物资采购、施工准备、质量管理方法的应用、工程安全与责任、测量和试验设备的控制、施工过程控制、不合格控制、纠正措施、工程竣工验证、竣工养护、质量文件和记录等。此外，还应有必要的体系文件，即质量手册、程序性文件（包括管理性程序文件、技术性文件）、质量计划等。

二、质量体系的建立和运行

施工过程的质量管理是指建立在质量体系的基础上，对施工质量开展一系列管理活动的过程。实行施工过程的质量管理应该有相应的目标、计划、制度和措施，通过组织和人员去落实。

（一）质量体系概述

1.质量体系类型

（1）质量管理体系

质量管理体系是指为了长期实施连续有效的质量控制而由施工企业所建立的内部质量体系。

（2）质量保证体系

质量保证体系是指在合同条件下，施工企业为了实施业主规定的工程质量要求，并向业主证实质量保证能力所建立的质量体系。

2.质量管理和质量保证标准简介

（1）系列标准的组成

ISO 9000系列标准是在《质量——术语》（ISO 8402—86）的基础上产生的。我国等同采用ISO 9000系列标准制定的GB/T 19000系列标准由五个标准组成：《质量管理和质量保证》（GB/T 19000-ISO 9000）、《质量体系——设计/开发、生产、安装和服务的质量保证模式》（GB/T 19001-ISO 9001）、《质量体系——生产和安装的质量保证模式》（GB/T 19002-ISO 9002）、《质量体系——最终检验和试验的质量保证模式》（GB/T 19003-ISO 9003）、《质量管理和质量体系要素——指南》（GB/T 19004-ISO 9004）。

（2）系列标准的分类

《质量管理和质量保证》系列标准分为三类：指导性标准（标准的选择指南）、质量保证模式标准、企业质量体系基础性标准（体系要素）。

ISO 9000标准为指导性标准，阐述了五个关键质量术语的概念及概念之间的相互关系，规定了使用和选择质量体系标准的原理、原则、程序和方法。该标准在系列标准中起着指导作用，国际标准化组织称它为系列标准中具有交通指南性质的标准。

ISO 9001、ISO 9002、ISO 9003为质量保证式标准。这类标准适用于合同环境下的外部质量保证，为供需双方签订含有质量保证要求的合同提供了三种质量保证模式，选定的模式标准既可作为生产方质量保证工作的依据，也可作为需方对供方进行质量体系评价的依据及企业申请质量体系认证的认证标准。

ISO 9004标准为企业质量体系的基础性标准。该标准从市场经济需求出发，提出并阐述了企业质量体系的原理、原则和一般应包括的质量要素。标准具有高度的普遍性和指导性。对不同行业的生产企业给予指导，是企业质量管理和质量体系的通用参考模式。

这五个标准构成了《质量管理和质量保证》系列标准。五个标准互为关系、互相支持，形成有机的整体。

3.质量体系的有关术语

（1）质量方针

质量方针是由组织的最高管理者正式颁布的该组织总的质量宗旨和质量方向。质量方针是企业总方针的一个组成部分，由最高管理者批准。

（2）质量管理

质量管理是制定和实施质量方针的全部管理职能。质量管理是企业管理职能的一个方面。质量管理包括为实现质量目标而制定的战略规划、资源配备及其他与质量有关的系统的活动，如质量策划、实施和评价等。为达到规定的质量目标，应要求企业的全体职工参加有关活动并为之承担相应的责任，但质量管理的责任应由企业的最高领导者承担。

（3）质量体系

质量体系是为了达到质量目标而建立的综合体。为了履行合同和法令，或进行评价，可要求供方提供体系中要素的证明。

（4）质量控制

质量控制是为了达到质量要求所采取的作业技术和活动。其目的在于监视一个过程并排除质量环上各阶段产生问题的原因，以取得经济效益。在质量管理工作中质量控制已有特定的含义，为避免混淆，当涉及一项具体的质量控制或当涉及一个更广泛的概念时要注意使用限定词，避免产生歧义。例如，"工序质量控制""公司范围质量控制"。

（二）建立质量体系的基础工作

从企业生存和发展的角度出发，为了提高竞争能力和市场占有率，企业都要建立质量体系，开展内部与外部质量保证活动。我们所期望的质量体系应是有明确规定的质量方针并能有效运行的质量体系；能保持和不断改进的质量体系；能形成文件并能提供客观证据的质量体系；符合ISO 9000标准要求，与国际接轨的质量体系。根据GB/T 19004标准，企业建立质量体系的原则性工作主要为：确定质量环；明确和完善体系结构；质量体系文件化；定期进行质量体系审核与质量体系复审。

1.确定质量环

质量环是从产品立项到使用全过程各个阶段中影响质量的相互作用活动的概念模式，这些阶段包括市场调研、设计、采购、售后服务等，构成了产品形成与使用的全过程。满足要求的产品质量是产品质量各个阶段质量职能的综合效果。根据《质量管理和质量体系要素——指南》（GB/T 19004）给定的通用的典型质量环，结合施工企业的特定产品对象，无论其工程复杂程度、结构形式怎样变化，无论是高速公路还是一般道路，其建造和使用的过程、程序和环节基本是一致的。

GB/T 19004标准给定了通用的典型质量环，将产品质量划分为11个阶段，即营销和市场调研；设计/规范的编制和产品开发；采购；工艺策划和开发；生产制造；检验、试验和检查；包装和储存；销售和分发；安装和运行；技术服务和维护；用后处理。

公路桥梁工程施工企业特定的产品就是工程，依据GB/T 19004标准质量环，对照施工程序，工程施工企业质量环则由以下8个阶段组成：工程调研和任务承包；施工准备工作；材料、设备采购；施工生产；试验与检查；建筑物功能试验；竣工交验；回访与保修。

2.完善质量体系结构，并使之有效运行

根据GB/T 19004标准的规定，企业决策层和管理层要负责质量体系的建立、完善、实施和各项工作的开展，使质量体系得以有效运行。一般一个企业只有一个质量体系，其基层单位的质量管理和质量保证活动只能是企业的组成部分，是企业质量体系的具体表现。这样通过相应的组织机构网络，充分发挥质量职能的有效控制，使企业质量体系达到预期的目标。

3.质量体系文件

质量体系文件是质量体系存在和实施的方针性文件。它是指将施工质量管理体系中采用的全部要素、要求和规定，系统地编写成方针性或程序性文件，其中一般包括质量方针（政策）、质量手册、质量计划、程序文件、质量记录等。

（三）质量体系的运行

1.建立和完善质量体系

按照国家标准GB/T 19000建立和完善一个新的质量体系的一般工作步骤如下。

（1）企业领导决策

只有企业主要领导下决心走质量效益型的发展道路，亲自组织、实践和统筹安排，才能确保这项工作的顺利开展。因此，企业领导决策是做好质量体系的首要条件。

（2）编制工作计划

编制工作计划即进行培训教育、体系分析、职能分配、文件编制、配备仪器设备等工作内容。

（3）分层次教育培训

组织学习ISO国际、国内系列标准，结合企业特点，研究与本职工作有直接影响的要素，提出质量要素控制的办法。

（4）分析企业特点

结合企业的特点和具体情况，确定采用哪些质量要素控制方法和程序。要素应对控制工程实体质量起主要作用。

（5）落实各项要素

企业在选好合适的控制质量要素后要把各项质量活动落实到具体部门或个人。要把企业的管理标准、工作标准、质量责任制、岗位责任制编制成与质量要素相对应的有效运行文件。

（6）编制质量体系文件

按文件作用分为法规性和见证性文件两类，第一类是规定各项质量活动的要求，内容和程序的文件；第二类是用以表明质量体系的运行情况和证实有效性的文件。这些文件记载体系的运行情况和工程实体质量的状态，是质量体系运行的见证。

2.质量体系的运行途径

质量体系运行是执行质量体系文件、实现质量目标、确保质量体系持续有效和不断优化的过程。

（1）组织协调

组织协调工作是维护质量体系运行的动力，就公路工程企业而言，计划部门、施工班组、技术部门、试验部门、测量部门、检查部门都必须在目标与分工等方面协调一致，责任范围内不能出现空当，保持体系的连续性。这些都需要通过组织和协调工作来完成。

（2）质量监督

质量体系在运行过程中，各项活动及其结果不可避免地会发生偏离标准的可能。为此，必须实施质量监督。质量监督是对工程实体进行连续性监视和验证，发现质量偏差，要求企业采取纠正措施，严重时责令其停工整顿，使工程质量符合标准规定。

（3）质量信息管理

质量信息管理在质量体系运行中，通过质量信息反馈系统对信息进行反馈处理，从而使工程实体质量处于受控状态。

（4）质量体系评审

企业定期对质量体系进行审核和评价，其评审内容包括三方面：一是评审质量体系要素；二是对体系进行管理；三是评价质量体系对环境的适应性。开展质量体系评审是保证质量体系持续有效运行的主要手段。

三、施工过程的质量管理过程

（一）施工准备阶段的质量管理

施工准备工作是整个施工活动的主要内容之一。它是根据工程设计及规范文件的要求，把材料、设备、能源、操作人员与专业技术等方面合理地组织起来，明确规定施工方法和程序，分析影响工程质量的因素，采用有效的控制方法，确保施工按照已制定的工艺方法和工艺过程在受控制状态下进行，为工程获得合格的性能质量创造条件。因此，施工准备工作是直接影响工程质量的十分重要的体系要素。施工准备工作包括制订施工质量控制计划，施工工序能力的验证，对原材料、辅助材料、公用设施、环境条件以及工艺文件的质量控制等。

1.制订施工质量控制计划

在施工质量控制计划中，必须有规定的活动内容，有进度、有分析、有检验、有成果表达，要求责任部门认真对待，保质、保量、按期完成。

不同类型的企业，不同类型的工程，其施工质量控制计划的内容不尽相同，主要内容归纳起来有以下方面，可根据实际需要来选择采用：审查，研究工程施工的工艺性，以保证工程施工质量，确保施工顺利进行；确定合理的施工工艺方法、工艺路线和计算机软件，编制工艺流程；选择与质量特性要求相对应的机械设备，配备必要的测试仪器、仪表；对采用的新材料、新工艺、新设备进行试验与验证；设计、制造、验证专用的工艺装备、储运工具和辅助设备；制订工序质量控制计划；对于关键工序、部位和环节实行重点的工序控制，对于重点控制的质量特性设置工序质量控制点；编制工程检验计划，指导检验人员开展正常质量检验，主要内容有确定检验程序，检验手段和方法，检验路线，检验设备及工具，检验质量特性，检验标准等；制定合理的材料消耗定额和工时定额；培训操作人员，特别是特殊工种的操作人员，进行资格认可和颁发岗位培训合格证件；分析影响工序质量的因素，并确定其中的主导因素，在施工工序中加以控制；编制各种控制工序质量的文件和图表，如工序质量表、作业指导书、设备定期检修卡、质量控制图、质量检验规范等；研究改进施工质量和工序能力的措施和方法。

2.工序能力的验证

工序能力就是工序能够稳定施工完成合格工程的能力，即指工序处于受控状态下的实际施工能力。由于工序质量是影响工程质量的基本环节，故在工序准备工作中应对工序是否具备施工完成符合工程质量要求的能力进行验证。这就要求抓住对工程有重大影响的重点工序，对影响工序质量的六大因素（操作人员、机械设备、材料、工艺方法、测试手段及环境条件）进行分析与验证，以确保工序能力符合工程设计和规范的质量要求。例如，在大面积施工路面结构层之前，通常选取一个典型路段，作为配置和验证路面铺筑工序能力的试验路段。

3.材料的质量控制

材料的含义包括供应给施工企业的原料、材料、零件、元件、部件、半成品等。一般而言，施工企业的外购材料费用占工程总造价的30%～70%。因此，要求供货单位的质量保证是十分重要的。

材料质量控制的主要内容：编制材料采购计划；材料的订购及供应单位（或厂商）的选择；合同签约；材料的验收质量控制；材料保管和发放的质量控制。

（二）施工过程的质量管理

施工过程的质量管理是从工程开工到竣工的整个过程对工程质量的控制。质量管理的职能是根据设计、技术标准和工艺文件的规定以及施工质量控制计划的要求，对各种影响施工质量的因素具体实施控制活动，以确保施工完成的工程符合设计意图和质量规范的要求。为此，施工过程中应着重控制如下两个环节。

1.加强工艺管理，严格执行工艺规程

施工过程质量控制的核心问题，就是采取各种有效措施，使施工过程处于稳定的控制状态，从根本上减少或消灭不合格项目。尽管影响工程质量的因素很多，但这些因素的变化与工程质量波动的内在联系是有规律的。因此，施工过程的质量控制就是要着重研究和应用这些规律，不断地提高工艺质量。进行岗位培训，明确岗位责任制，严格控制施工，强化工艺纪律，加强工艺文件的管理、工艺更改的监督、特殊工艺的控制、不合格项目的控制、工艺状态的验证等均属于工艺管理的内容。

2.严格把关，强化施工过程中的检验工作

为了保证质量，在施工过程中必然存在一个检验过程。施工过程中质量检验的任务是把好"三关"：材料关，即原材料、辅助材料、外购材料、半成品的质量关；工艺关，即施工过程的工艺质量关；成品关，即工程项目施工完成后应符合设计和规范的要求。

质量检验活动应贯穿于工程施工的全过程。开工前做好检验的准备工作，如确定质量检验标准、检验方法和手段，以及根据施工工艺过程确定检验范围、配备检查人员、组织检验工作。在检验中，按照工程质量标准要求，用全数检验或抽样检验方法，从材料及施工过程中的在建项目，直至已完工程的全过程进行检验，并随时做好检验记录，填好统计报表。同时，应妥善保管、分类编目，建立工程质量档案。利用检验所得的数据、资料以及下道工序的意见，及时进行质量分析，发现质量异常波动，迅速反馈给有关部门及管理人员，做到日有日报表，月有月报表，季度、年度有综合质量统计与分析报表。此外，还应制定对每个工程项目，工段、工班和职工的经济考核制度，纳入质量经济责任制。新材料和新技术的试验工作，优化设计各阶段的设计评审、工艺评审以及工程质量评审工作，检验部门都应当参与。

第二节 公路桥梁施工成本管理

现代化公路桥梁建设项目，具有规模大、技术复杂、分工细、协作面广、机械自动化程度高等特点，不仅需要现代的科学技术，而且更需要现代的科学管理。在施工项目管理中，最终是要使项目达到质量好、工期短、消耗低、安全好等目标，而成本是这四项目标经济效果的综合反映。因此，施工项目成本是施工项目管理的核心之一。

一、施工项目成本管理概述

加强公路桥梁工程项目成本控制是科学细化施工企业管理的关键环节，公路桥梁工程项目成本管理是项目施工管理的核心，加强成本管理有助于实现利润目标，增强企业的竞争力。只有在工程项目全过程中进行成本管理与控制，才能更好地提高经济效益。

（一）施工项目成本及成本管理的概念

公路桥梁施工企业的基本活动是建造公路建筑产品。在建造公路建筑产品过程中，要发生各种生产耗费，包括劳动对象的耗费、劳动手段的耗费以及劳动力的耗费等，这些耗费的货币表现称为生产费用。施工项目成本是施工企业以施工项目作为成本核算对象，施工过程中所耗费的生产资料转移价值和劳动者的必要劳动所创造的价值的货币形式，也就是某施工项目在施工中所发生的全部生产费用的总和，包括所消耗的主、辅材料，构配件，周转材料的摊销费或租赁费，施工机械的台班费或租赁费，支付给生产工人的工资、奖金以及项目经理部（或分公司、工程处）一级为组织和管理工程施工所发生的全部费用支出。施工项目成本不包括劳动者为社会所创造的价值（如利润），也不包括不构成施工项目价值的一切非生产性支出。

施工项目成本是施工企业的主要产品成本，亦称工程成本，一般以项目的单位工程作为成本核算对象，通过各单位工程成本核算的综合来反映施工项目成本。

施工项目成本管理是根据企业的总体目标和工程项目的具体要求，在工程项目实施过程中，对工程项目的成本进行有效的组织、实施、控制、跟踪、分析和考核的管理活动。它是施工企业项目管理系统中的一个子系统，也是项目管理的核心。加强工程项目成本管理，有助于实现目标利润，提高成本管理水平，降低工程成本，创造良好经济效益，是公路施工企业积蓄财力、增强企业竞争力的必由之路。

公路桥梁项目施工成本，是指在施工现场发生的全部生产费用的总和（制造成本）。它包括消耗的材料、构配件，周转材料的摊销费或租赁费，施工机械的台班费或租赁费，支付给生产工人的工资以及项目部为施工管理所发生的全部费用支出。它研究的是财务成本（现金成本），是以货币或资金的形式表现的。非财务成本则是一种不能通过资金形式直接表示的成本。非财务成本虽然耗费了资金，它却不能马上表现为现金支出，但是日后也会通过其他途径最终表现在资金形态上，如精神成本、企业形象和企业的声誉。因此，施工成本管理既是对资金要素的管理，又是对各项施工要素管理的综合效果，与其他生产要素管理密不可分。

（二）施工项目成本的分类

为了明确认识和掌握成本的特性，做好成本管理，可以根据公路桥梁工程施工项目的特点，计算标准的不同和成本管理的要求，对施工项目成本按以下三种标准进行分类。

1.按成本管理的要求分类

（1）预算成本

公路工程项目的产品具有多样性、固定性和生产周期长的特点，对工程项目的建设需要通过编制预算来确定产品价格。预算成本是根据施工图，按分部、分项工程的预算单价和取费标准计算的工程预算费用。工程预算成本加间接费、利润和税金，即为工程项目的预算造价。在招标投标时，预算造价是施工企业与发包单位签订承包合同和进行工程价款结算的主要指标。

预算成本是确定工程造价的基础，也是编制计划成本的依据和评价实际成本的依据。

（2）计划成本

施工项目计划成本，是指施工项目经理部根据计划期有关资料（如工程的具体条件和施工企业为实施该项目的各项技术组织措施），在实际成本发生前预先计算的成本，也就是施工企业考虑降低成本措施后的成本计划数。

计划成本反映了企业在计划期内应达到的成本水平，对于加强施工企业和项目经理部的经济核算，建立和健全施工项目成本管理责任制，控制施工过程中生产费用，降低施工项目成本具有十分重要的作用，是施工项目成本分析和考核的重要依据之一。

（3）实际成本

实际成本是施工项目在报告期内实际发生的各项生产费用的总和。它是反映施工企业施工管理水平和考核企业成本降低任务完成情况的重要依据。

实际成本与计划成本比较，可揭示成本的节约和超支，考核企业施工技术水平及技术组织措施的贯彻执行情况以及企业的经营效果。实际成本与预算成本比较，可以反映工程盈亏情况。计划成本和实际成本都是反映施工企业成本水平的，它受企业本身的生产技术、施工条件及生产经营管理水平所制约。

2.按计入成本的方法分类

按照《公路工程基本建设项目概算预算编制办法》（JTGB 06—2007）的规定，公路桥梁施工项目成本可分为直接费、间接费和税金三大类。

3.按费用与完成工程数量间的关系分类

施工费用支出的数量与工程量成果有依存关系，按这种关系可把施工费用分为变动费用和固定费用。变动费用和固定费用的划分，将有助于进行成本预测、计划和分析，也有助于寻求降低成本的途径。在招投标情况下，还有助于合理确定投标报价策略。

变动费用是指成本总额随业务量的增减变化而成比例变动的费用，如直接用于工程的材料费，实行计划工资制的人工费等。所谓变动，也是就其总额而言，对于单位分项工程上的变动费用通常是不变的。固定费用是指在一定时期和一定生产规模的情况下，其耗费总额不受业务量增减变化的影响，基本保持一个常数或相对固定的费用。如折旧费、大修理费、管理人员工资、办公费等。一般来说，企业每年的固定成本基本相同。但是，当工程量超过一定范围则需要增添机械设备和管理人员，此时固定成本将会发生变动。此外，所谓固定，指其总额而言，对于分配到每个单位工程量上的固定费用则是变动的。

（三）施工项目成本管理的基本原则

施工项目成本管理是企业成本管理的基础和核心，施工项目经理部在对项目施工过程进行成本管理时，必须遵循以下基本原则。

1. 成本管理科学化原则

成本管理是企业管理学中一个重要内容，企业管理要实行科学化，必须把有关自然科学和社会科学中的理论、技术和方法运用于成本管理。例如，在施工项目成本管理中，可以运用预测与决策方法、目标管理方法、量本利分析方法和价值工程方法等。

2. 成本管理最低化原则

施工项目成本管理的根本目的是通过运用成本管理的各种手段，不断降低施工项目的成本，达到可能实现最低的目标成本的要求。但是，在实行成本最低化原则时应注意研究降低成本的可能性和成本最低的合理性，一方面挖掘各种降低成本的潜力，使可能性变为现实；另一方面要从实际出发，制定通过主观努力可能达到合理的最低成本水平，并据此进行分析、考核和评比。

3. 成本管理责任制原则

为了实行全面成本管理，施工项目经理部应对企业下达的指标负责，班组和个人对项目经理部的成本目标负责，以做到层层分解，以分级、分工、分人的成本责任制做保证，定期考核评定。成本责任制的关键是划清责任，并与奖惩制度挂钩，使各部门、各班组和个人都来关心施工项目成本。

4. 成本管理有效化原则

所谓成本管理有效化，主要有两层含义：一是以最少的人力和财力，完成较多的管理工作，提高工作效率；二是促使施工项目经理部以最少的投入，获得最大的产出。

提高成本管理有效性，一是采用行政方法，通过行政隶属关系，下达指标，制定实施措施，定期检查监督；二是采用经济方法，利用经济杠杆、经济手段实行管理；三是用法制方法，根据国家的政策方针和规定，制定具体的规章制度，用法律手段进行成本管理。

5.成本管理全面性原则

全面成本管理是全企业、全员和全过程的管理，亦称"三全"管理。长期以来，在施工项目成本管理中，存在"三重三轻"问题，即重实际成本的核算和分析，轻全过程的成本管理和对其影响因素的控制；重施工成本的计算分析，轻采购成本、工艺成本和质量成本；重财会人员的管理，轻群众性的日常管理。为了确保不断降低施工项目成本，达到成本最低化目的，必须实行全面成本管理。

二、施工项目成本计划与控制

（一）施工项目成本计划

在施工企业的综合经营计划中，不仅要有工作量完成计划、机械使用计划和劳动力调配计划等，还要有成本计划、利润计划。施工企业的施工项目成本计划是在成本预测的基础上进行的，是施工企业为确定计划年度降低成本水平和成本目标而编制的指导性计划，是计划年度施工企业各项降低成本措施及其经济效益的综合反映。它是施工单位进行成本管理基础和重要手段之一。编制施工项目成本计划，必须指标先进，切实可行，有科学论证，能落实到具体部门去实行。

（二）施工项目成本控制

所谓成本控制，就是在施工过程中，对工程成本的形成进行监督，并及时纠正而使工程成本限制在计划范围内，以实现降低成本的目标。施工项目成本控制具有三方面的含义：一是对目标成本本身的控制；二是对目标成本形成过程的控制和监督；三是在过程控制的基础上，着眼于未来，为今后成本的控制积累经验。

1.施工项目成本控制的依据

（1）计划指标

施工企业分解下达的成本计划指标是控制成本的基本依据，它包括单位工程成本计划、工程成本计划降低额和工程成本计划降低率等。为了便于掌握，还应根据需要将上述计划指标进行必要的分解。按分级管理要求可将成本计划指标进行纵向分解落实到基层单位；按归口管理要求可将成本计划指标分解落实到各个职能部门。在以上各部门、各基层单位控制的指标中，有的指标直接和成本相联系，属于成本指标；也有些指标，如质量、工期、安全、劳动生产率、设备利用率等，其本身虽然不是成本指标，但这些指标完成的好坏，必然引起成本水平的升降。所以，成本控制不应局限于几个成本指标，而必须同时从增产和节约两方面着手，这样才能抓好成本控制工作。

（2）施工定额

施工定额具体包括劳动定额、材料消耗定额、机械台班定额以及间接费用定额，这些定额是控制成本的辅助依据。

劳动定额是企业编制施工预算、施工组织设计和作业计划的依据，也是施工队向班组签发工程任务单、控制人工支出的依据。

材料消耗定额也是编制施工预算、施工组织设计和作业计划的依据，是确定材料和工程用料的标准。

机械台班定额是完成单位工程所必需的机械台班消耗标准。在编制施工预算时，应根据施工组织设计、工期和现场实际情况计算出所需台班数量，并据以控制台班支出。

间接费用定额是工程施工现场管理机构为组织管理施工生产所发生的费用消耗标准，是编制间接费计划和控制间接费支出的依据。

（3）其他内部管理制度

施工企业其他内部管理制度，如材料领用、退回、盘点、奖励制度等，也是控制成本的辅助依据。

2.施工项目成本控制的基本要求

（1）掌握标准

在确定了成本控制的目标和标准后，各职能部门、各生产岗位和职工就要依据成本进行控制。掌握标准，要严格按照标准办事，实事求是，如实反映情况，对变化做具体分析，灵活应对。

（2）分析差异

在施工过程中，通常由于某些原因，使实际发生的成本数额与预定的标准产生偏差，造成目标成本超支或节约。差异反映了各部门、岗位的工作质量和效果，要及时对成本进行分析，研究节约或超支的各种原因及其对完成成本计划的影响。

（3）调整偏差

对发生的成本差异，应在查明原因的基础上，由成本管理人员定期向领导做实绩报告，提供成本差异信息，以便及时对原有不切实际的成本标准进行调整或修改。

三、施工项目成本核算、分析与考核

（一）施工项目成本核算

施工项目成本核算是根据工程施工特点和管理要求，对施工生产过程中的各项耗费进行审核、记录、汇集和分配，以计算工程的实际成本。通过成本核算可以了解成本水平，根据成本核算资料分析成本升降的原因，从而采取措施，挖掘降低成本的潜力，并为编制成本计划提供依据。施工企业实施项目法施工后，工程成本核算一般实行公司、项目两级核算或实行公司、分公司、项目三级核算。项目经理部根据公司（或分公司）下达的成本指标，核算本项目包括现场管理费在内的直接工程费，即制造成本。公司（或分公司）核算当期管理费、财务费和其他费用，即当期损益。

施工项目成本核算是施工项目成本管理中最基本的职能，离开了成本核算，就谈不上成本管理，也就是说谈不上其他职能的发挥。施工项目成本核算在施工项目成本管理中的这种重要地位体现在两方面：首先，它是施工项目进行成本预测，制订成本计划和实行成本控制所需的重要信息来源；其次，它是施工项目进行成本分析和成本考核的基本依据。

1.施工项目成本核算的任务

鉴于施工项目成本核算在施工项目成本管理中所处的重要地位，施工项目成本核算应完成以下基本任务。

执行国家有关成本开支范围、费用开支标准、工程预算定额、企业施工预算、成本计划的有关规定，控制费用，促使项目合理，节约地使用人力、物力和财力。这是施工项目成本核算的先决前提和首要任务。

正确及时地核算施工过程中发生的各项费用，计算施工项目的实际成本。这是项目成本核算的主体和中心任务。

反映和监督施工项目成本计划的完成情况，为项目成本预测、技术经济评价、参与经营决策提供可靠的成本报告和有关信息，促进项目改善经营管理，降低成本，提高经济效益，这是施工项目成本核算的根本目的。

2.施工项目成本核算对象的确定

成本核算对象是指在计算工程成本时，确定归集和分配生产费用的具体对象，即生产费用承担的客体。合理地划分施工项目成本核算对象，是正确组织工程项目成本核算的前提条件。

确定施工项目成本核算对象的原则，应以每一独立施工图预算所列的单位工程为依据，并结合施工现场条件和施工管理要求，因地制宜地确定成本核算对象。在实际成本核算中，施工项目成本核算对象的确定，一般有以下五种方法：第一，以每一独立编制施工图预算的单位工程为成本核算对象。一个单位工程由几个施工单位分包施工时，各施工单位都应以同一单位工程为成本核算对象，各自核算其自行施工的部分。第二，对于规模较大、工期较长或者采用新技术、新工艺、新材料、新结构的单位工程，可将工程划分为若干部位，以分项工程作为成本核算对象。第三，同一个施工项目，同一施工地点，同一结构类型，开、竣工时间接近的若干个单位工程，合并作为一个成本核算对象。第四，改建、扩建的零星工程，可以将开、竣工时间接近，属于同一施工项目的几个单位工程合并为一个成本核算对象。第五，土石方工程、打桩工程可以根据实际情况和管理需要，以一个单位工程作为成本核算对象，或将同一施工地点的若干个工程量较小的单位工程合并作为一个成本核算对象。

3.施工项目成本核算的内容及工作流程

工程施工过程中发生的各项施工费用，首先，按照确定的成本核算对象和成本项目进行归集，能够直接计入有关成本核算对象的，直接计入，不能直接计入的，采用一定的分配方法计入各成本核算对象的成本；其次，计算出各施工项目的实际成本，将实际成本与预算成本、计划成本对比核算。

对比核算的内容，包括项目总成本和各个成本项目的相互对比，用以观察分析成本升降情况，同时作为考核的依据。比较的方法有两种：通过实际成本与预算成本的对比，考核工程项目成本的降低水平；通过实际成本与计划成本的对比，考核工程项目成本的管理水平。

（二）施工项目成本分析

施工项目成本分析是对企业成本形成情况进行评价、剖析、总结的工作。通过施工项目的成本分析，一方面确定实际成本达到的水平，查明影响成本升降的因素，揭示节约和浪费的原因，寻找进一步降低成本的方法和途径（包括项目成本中的有利偏差的挖潜和不利偏差的纠正）；另一方面，可从账簿、报表反映的成本现象看清成本的实质，从而增强项目成本的透明度和可控性，为加强成本控制，实现项目成本创造条件。由此可见，施工项目成本分析是施工项目成本管理的重要组成内容。

1.施工项目成本分析的内容

从总体上说，施工项目成本分析的内容应该包括以下三方面。

（1）按项目施工的进展进行的成本分析

按项目施工的进展进行的成本分析包括分部分项工程成本分析、月（季）度成本分析、年度成本分析、竣工成本分析。

（2）按成本项目进行的成本分析

按成本项目进行的成本分析包括人工费分析、材料费分析、机械使用费分析、其他工程费分析、间接成本分析。

（3）针对特定问题和与成本有关事项的分析

针对特定问题和与成本有关事项的分析包括施工索赔分析、成本盈亏异常分析、工期成本分析、资金成本分析、技术组织措施节约效果分析以及其他有利因素和不利因素对成本影响的分析。

2.施工项目成本分析的方法

进行成本分析，要采用一定的技术方法。由于施工项目成本涉及的范围很广，成本分析的技术方法也是多种多样的，具体采用什么方法，取决于分析的内容、特点和要求。在工程成本分析中通常采用的方法主要有以下三种。

（1）比较法

比较法又称指标对比分析法。它是通过技术经济指标的对比，确定指标之间的差异，为深入分析形成差异的原因和影响程度指出方向的一种方法。这种方法，具有通俗易懂、简单易行、便于掌握的特点，因而得到了广泛的应用，但在应用时必须注意各技术经济指标的可比性。

（2）比率法

比率分析是指把分析对比的数值变成相对数，以观察其相互之间的关系，构成或变化动态的方法。分析的内容和要求不同，计算比率的方法各异。

（3）因素分析法

在成本分析中，对一些由多因素构成的经济指标，通常在采用上述的对比分析法确定其总差异数值之后，还要进一步分析形成差异的原因。在这种情况下，就有必要采用因素分析法，解析差异总值的形成，为更加深入具体的分析指明方向。

所谓因素分析法，是指利用指数分析法，通过指数体系，分析各种因素的变动对施工项目工程成本的影响程度，从数量上说明成本变动的具体原因。

第三节　公路桥梁施工安全管理

公路桥梁施工的安全生产管理是工程项目管理的关键，是建设优质公路桥梁工程的必要条件。公路桥梁施工安全生产与一般建筑施工安全生产有着不同的特点，在安全生产管理工作中要不断学习、不断总结安全管理工作经验，并及时调整改进安全生产管理办法。

一、公路桥梁工程项目安全管理的原则

由于公路桥梁工程建设具有生产规模大、周期长、参与人数多、生产环境复杂多变、安全生产难度大等特点。我国目前实行"企业负责、行业管理、国家监察、群众监督、劳动遵章守纪"的安全生产管理体制。

企业对安全生产负责的关键是要做到"三个到位"，即责任到位、投入到位、措施到位。公路工程施工安全管理的原则主要有以下九点。

（一）管生产必须管安全的原则

管生产必须管安全的原则是公路桥梁施工企业必须坚持的基本原则，是指企业主管生产的各级管理人员在生产过程中必须坚持抓生产的同时抓安全。管生产必须管安全的原则体现了"安全为了生产，生产必须安全"；体现了在计划、布置、检查、总结、评比生产工作的同时，计划、布置、检查、总结、评比安全生产工作，即实现生产与安全的"五同时"。

（二）"谁主管谁负责、一把手负总责"的原则

"谁主管谁负责、一把手负总责"作为企业安全生产的原则，首先明确了企业法定代表人是安全生产第一责任人，对本企业安全生产应负全面责任。分管安全生产工作的副职，在其分管和涉及安全生产内容的同时，也应承担相应的领导责任。企业在制定安全生产领导责任制的同时，还应当制定安全生产责任制。这样才能保证企业的生产管理做到全面覆盖，使安全责任落实到位。真正形成主要领导负总责，分管领导具体抓，其他领导协助办，各部门各司其职，各尽其责，齐抓共管的安全生产工作新局面。

（三）预防为主的原则

预防为主的原则就是把安全生产工作的关口前移，超前防范，建立预教、预测、预想、预报、预警、预防的递进式与立体化事故隐患预防体系，改善安全状况，预防安全事故。

（四）动态管理的原则

动态管理的原则即安全管理过程是一个动态的管理过程。随着施工项目进展，安全管理的内容和重点也在发生着变化。所以，在公路桥梁工程施工安全管理方面要坚持动态管理的原则。

（五）计划性、系统性原则

安全管理的两个显著特点即计划性和系统性。安全管理和其他管理大同小异，都要将计划性与系统性列入年度或月度计划中。企业的安全管理要依据企业安全生产实际和上级主管部门的要求，合理确定企业某时期的安全生产方向、目标值以及实现安全目标的主要措施。

（六）奖优和罚劣相结合的原则

在公路桥梁工程施工安全管理当中既要采用奖励的手段，也要采用惩罚的管理手段，奖优要本着精神鼓励与物质鼓励相结合的原则。

（七）"安全第一"的强制性原则

"安全第一"就是要求在进行生产和其他活动时把安全工作放在一切工作的首要位置。当生产和其他工作与安全发生矛盾时，要以安全为主，生产和其他工作要服从安全。

（八）以人为本的原则

在公路桥梁工程施工安全管理中，要处处把人的安全放到首位，以人为本，以人的生命为本，关爱生命、关注安全，从而做到安全发展。

（九）"四不放过"的原则

"四不放过"的原则是指在发生安全生产事故时，必须坚持事故原因不查清不放过、事故责任人没处理不放过、事故相关者没得到应有的教育不放过、事故的防范措施不落实不放过的处理方法。

二、公路桥梁施工项目安全管理的范围和要求

公路桥梁工程施工安全管理的范围包括路基、路面、桥梁、陆地、高空、爆破、特殊设备等各种施工过程的安全管理。

（一）路基工程施工的安全管理范围和要求

1.路基工程施工安全管理的范围

路基工程施工安全管理的范围包括土方施工、石方施工、高边坡施工、爆破作业、机械作业、挡护工程等。其中各个管理方面都包含了对过程中起到能动作用的人的管理和施工中的各种机械、工具等的管理以及对施工环境的安全管理，即人们常说的"人、机、料、法、环"五方面。

2.路基工程施工安全管理的一般要求：路基工程施工安全管理必须建立健全路基施工安全保障体系，由项目经理部牵头，全面落实安全生产责任制，建立相应的安全生产预防、预警、预控、安全检查、隐患排查、事故报告与处理、应急处置等安全生产保障措施。

施工现场布置应有利于生产，方便职工生活。施工现场内的坑、沟、水塘等边缘应设安全护栏，场地狭小以及行人和运输繁忙的地段应设专人指挥交通。

路基用地范围内对通信、电力设施、上下水道（管）等，均应协助有关部门事先拆迁或改造，对文物古迹应妥善保护，下挖工程开挖前，应根据设计文件复查地下构造的埋置位置及走向，并采取相应的安全防护措施。施工中如发现可疑物品时，应停止施工，报请有关部门处理。

路基施工机械设备应有专人负责保养、维修和看管。各种机械操作人员、电工必须持证上岗，同时经常加强对驾驶员、电工及路基作业人员的安全教育。路基施工现场必须做好交通安全管理工作。夜间施工，路口、边坡顶必须设置警示灯或反光标志，专人管理灯光照明。

现场操作人员必须按规定佩戴个人安全防护用品，机械燃料库必须设消防防火设备。施工现场易燃品必须分工放置，保证一定的安全距离。

（二）路面工程施工的安全管理范围和要求

1.路面工程施工的安全管理范围

路面工程施工的安全管理范围包括沥青路面工程的安全管理和水泥混凝土路面工程的安全管理。

2.路面工程施工安全管理的一般要求

确定施工方案，及时准确发布路面施工信息。详细划分施工区域，设置好安全标志，严格按警告区、上游过渡区、缓冲区、作业区、下游过渡区、终止区来划分施工区域。施工现场所有施工人员应统一穿着橘黄色的反光安全服，施工时还应设专职的交通协管员和专职安全员，而且安全员分班实行24 h施工路段安全巡查。施工车辆必须配置，黄色闪光标志灯，停放在施工区内规定的地点。不得乱停乱放，要摆放整齐，特别在进出施工场地时，要绝对服从专职交通协管员的指挥，不得擅自进出。在施工区域两端应设置彩旗、安全警示灯、闪光方向标，给施工车辆和社会车辆以提示作用。

（三）桥梁工程的安全管理范围和要求

1.桥梁工程的安全管理范围

桥梁工程的安全管理范围包括桩基工程的安全管理、墩台工程的安全管理、墩身和盖梁工程的安全管理、桥面工程的安全管理等。其中各个管理方面都包含了对施工中人的安全管理，机械、工具等的安全管理以及施工环境的安全管理。此外，桥梁工程施工安全还要注意高处作业安全、缆索吊装施工安全、门架超重运输安全、混凝土浇筑安全、泵送混凝土安全、模板安装及拆除安全、脚手架安全、支架施工安全、钢筋制作安全、焊接安全等。

2.桥梁工程施工安全管理的一般要求

高墩、大跨、深水、结构复杂的大型桥梁施工，应对施工现场进行重大安全风险辨识与评估，并制定相应的安全技术措施。工程开工之前，应根据《公路工程施工安全技术规程》的要求制定出相应的安全技术操作规程，并及时向施工人员进行安全技术交底。施工人员进入施工现场须正确佩戴个人安全防护用品、用具，严防高处坠落、物体打击、触电或其他各类机械、人为的伤害事故发生。施工前应对施工现场安全防护设施临时用电、临时机电机具、特殊设备设施等进行全面的安全检查，确认符合安全要求后方可施工。

（四）陆地工程的安全管理范围和要求

陆地工程的安全管理范围包括：各类人员的安全培训考核；特殊工种持证上岗及各种安全技术交底；针对人员的安全管理；针对运输车辆、吊车、装载机、拌和站、摊铺机、压路面等的机械机具安全管理；针对施工现场各种安全防护、标志标语等环境的安全管理。

陆地工程安全管理必须保证公路桥梁工程项目在施工过程中，以安全为目的的标准化、科学化管理。

（五）高空工程施工的安全管理范围和要求

1.高空工程安全管理的范围

高空工程安全管理的范围包括：高空作业人员管理、从业人员的安全培训、安全技术交底、现场安全监督检查；高空作业临时防护及高空作业平台，高空防坠落等现场环境安全管理；高空作业机械、机具、各种用电等设施的安全管理。

2.高空工程施工安全管理的一般要求

高空作业施工前，应逐级进行安全技术教育及交底，落实所有安全技术措施和个人防护物品，未经落实时不得进行施工。高处作业时的安全标志、工具、仪表、电气设施和各种设备，必须在施工前加以检查，确认其完好，方能投入使用。悬空、攀登高处作业及搭设高处安全设施的人员必须按照国家有关规定经过专门的安全作业培训，并取得特种作业操作资格证书后，方可上岗作业。

从事高空作业的人员必须定期进行身体检查，诊断出患有心脏病、贫血、高血压、癫痫病、恐高症及其他不适宜高处作业的疾病时，相应人员不得从事高处作业。高空作业人员应佩戴安全帽，身穿紧口工作服，脚穿防滑鞋，腰系安全带。在有坠落可能的部位作业时，必须把安全带挂在牢固的结构上，安全带应高挂低用，不可随意缠在腰上，安全带长度应超过3 m。作业时要严格遵守各项劳动纪律和安全操作规程，严禁酒后和过度疲劳的人员进行登高作业。

高空作业场所有可能坠落的物体，应一律先行撤除或予以固定。所用物件均应堆放平衡，不妨碍通行和装卸。工具应随手放入工具袋，拆卸下的物件及余料、废料均应及时清理运走，清理时应采用传递的方式，禁止抛掷。

遇有六级以上的强风、浓雾和大雨等恶劣天气时，不得进行露天悬空与攀登高处作业。台风暴雨后，应对高处作业安全设施逐一检查，如发现有松动、变形、损坏、脱落、漏雨、漏电等现象，应立即修理完善或重新设置。

所有安全防护设施和安全标志等，任何人不得损坏或擅自移动和拆除。因作业必须临时拆除或变动安全防护设施、安全标志时，必须经有关施工负责人同意，并采取相应的可靠措施，作业完毕后立即恢复。

施工中对高空作业的安全技术设施发现有缺陷和隐患时，必须立即报告，及时解决。危及人身安全时，必须立即停止作业。高处作业上下应设置联系信号或通信装置，并指定专人负责。

（六）爆破工程施工的安全管理范围和要求

1.爆破工程的安全管理范围

爆破工程的安全管理范围包括：对操作人员进行的培训和考核、技术交底、考试取证、安全教育等安全管理；对炸药、雷管、导火索以及其他爆破器材等物的安全管理；对爆破现场的安全距离、安全防护、安全警示等环境的安全管理。

2.爆破工程施工的一般要求

从事爆破工程的施工单位必须取得相应的爆破资质，方能从事爆破工程施工作业。爆破工程施工前，施工方案必须报有关部门审批后才能实施。

按照《爆破安全规程》的规定，爆破作业人员应参加培训经考核取得有关部门颁发的相应类别和作业范围、级别的安全作业证，持证上岗。因此，爆破工程施工的作业人员必须按照国家有关规定经过专门的安全作业培训，并取得特种作业操作资格证书后，方可上岗作业。

爆破作业和爆破作业单位爆炸物品的购买、运输、储存、使用、加工、检验与销毁的安全技术要求及管理工作要求，应严格按照《爆破安全规程》的相关规定实施。

（七）特种设备的安全管理范围和要求

1.特种设备的安全管理范围

特种设备的安全管理范围包括：特种设备的购买、租赁与安装；特种设备持证情况，包括设备的出厂合格证、检验合格证、使用地报检合格证、操作人员特殊工种证等；特种设备的保养、维修、使用、检验检查记录；操作人员安全教育、技术交底等。

2.特种设备安全管理的一般要求

特种设备安全管理必须按《特种设备安全监察条例》的有关要求制定相应的安全管理措施。塔式（门式）起重机、施工电梯、物料提升机等施工起重机械的操作人员，指挥、司索人员等属特种作业，必须按国家有关规定经专门安全作业培训，取得特种作业操作资格证书方可上岗作业。

起重机械在安装、拆卸、加高作业前，应根据作业特点编制专项施工方案，并进行方案及安全技术交底。起重吊装作业时周边应设置警戒域，设置醒目的警示标志，防止无关人员进入。起重吊装作业过程必须遵守起重机"十不吊"原则：①指挥信号不明或乱指挥不吊；②物质质量不清或超负荷不吊；③斜拉物体不吊；④重物上站人或有浮置物不吊；⑤工作场地昏暗，无法看清场地、被吊物及指挥信号不吊；⑥遇有拉力不清的埋置物时不吊；⑦工件捆绑、吊挂不牢不吊；⑧重物棱角处与吊绳之间未加衬垫不吊；⑨结构或零部件有影响安全工作的缺陷或损伤时不吊；⑩钢（铁）水装得过满不吊。

第四节　公路桥梁施工资料管理

公路桥梁施工资料管理是指工程资料的填写、编制、审批、收集、整理、组卷、移交及归档等相关工作。主要是对文字材料、图纸、图表、声像材料等。

一、公路桥梁工程资料组成

公路桥梁工程资料主要由常用资料和工程资料两大部分组成。

（一）常用资料术语

1.工程资料

工程资料是在工程建设过程中形成的各种形式的信息记录，包括基建文件、监理资料、施工资料和竣工图。

2.基建文件

基建文件是建设单位在工程建设过程中形成的文件，分为工程准备和竣工验收等文件。

（1）工程准备文件

工程准备文件即工程开工以前，在立项、审批、征地、勘察、设计、招投标等工程准备阶段形成的文件。

（2）竣工验收文件

竣工验收文件即建设工程项目竣工验收活动中形成的文件。

3.监理资料

监理资料是监理单位在工程设计、施工等监理过程中形成的资料。

4.施工资料

施工资料是施工单位在工程施工过程中形成的资料。

5.竣工图

竣工图是工程竣工验收后，真实反映建设工程项目施工结果的图样。

6.工程档案

工程档案是在工程建设活动中直接形成的具有归档保存价值的文字、图表、声像等各种形式的历史记录。

7.立卷

立卷是按照一定的原则和方法，将有保存价值的文件分类整理成案卷，亦称组卷。

8.归档

归档是在文件的形成单位完成其工作任务后，将形成的文件整理立卷后，按规定移交档案管理机构。

（二）工程资料分类与管理

1.工程资料分类

在公路桥梁工程建设施工过程中，其产生的资料大致可分为基建文件、监理资料和施工资料三大类。工程资料应按照收集、整理单位和资料类别的不同进行分类。施工资料分类应根据工程类别和专业系统进行划分。施工过程中工程资料的分类、整理和保存应执行国家及行业现行法律、法规、规范、标准及地方有关规定。

2.监理资料管理

监理工程师应按照合同约定审核勘察、设计文件。监理工程师应对施工单位报送的施工资料进行审查，使施工资料完整、准确、合格后予以签字确认。

3.施工资料管理

施工资料应实行报验报审管理。施工过程中形成的资料应按报验、报审程序，通过相关施工单位审核后，方可报建设（监理）单位。施工资料的报验、报审应有时限性要求。工程相关各单位宜在合同中约定报验、报审资料的申报时间及审批时间，并约定应承担的责任。当无约定时，施工资料的申报、审批不得影响正常施工。工程实行总承包的，应在与分包单位签订施工合同中明确施工资料的移交套数、移交时间、质量要求及验收标准等。分包工程完工后，应将有关施工资料按约定移交。

4.施工资料报验程序

施工资料的报验程序应根据《公路工程施工监理规范》（JTGG 10—2006）中的要求同步进行，其报验程序如下。

（1）开工报告

各合同段在工程开工前及相应的单位工程、分部工程或分项工程开工前，高级驻地监理工程师均应要求承包人提交工程开工报告并进行审批。工程开工报告应提出工程实施计划和施工方案；依据技术规范的要求，列明工程的质量控制指标及检验频率和方法；说明材料、设备、劳力及现场管理人员等资源的准备情况及阶段性配置计划；提供放样测量、标准试验、施工图等必要的基础资料。

（2）工序自检报告

监理工程师应要求承包人的自检人员按照专业监理工程师批准的工艺流程和提出的工序检查程序，在每道工序完工后首先进行自检，自检合格后，申报专业监理工程师进行检查认可。

（3）工序检查认可

每道工序完成后，专业监理工程师应紧接着承包人的自检或在承包人自检的同时检查验收并签认，对不合格的工序应要求承包人进行缺陷修补或返工。前道工序未经检查认可，不得进行后道工序的施工。

（4）中间交工报告

当单位工程、分部工程或分项工程完成后，承包人的自检人员应再进行一次系统的自检，汇总各道工序的检查记录以及测量和抽样试验的结果，提出交工报告。

（5）中间交工证书

专业监理工程师应按照工程量清单，对已完工的单项工程进行一次系统的检查验收，必要时应进行测量或抽样试验。检查合格后，提请高级驻地监理工程师签发《中间交工证书》。未经中间交工检验或交工检验不合格的工程，不得进行下道工序的施工。

（6）中间计量

签发了《中间交工证书》的工程可以进行计量，由高级驻地监理工程师签发《中间计量表》，但竣工资料不全的应暂缓计量支付。

二、公路桥梁工程资料员工作职责

（一）资料员任职资格

公路桥梁工程资料员必须具备一定的知识，否则将很难胜任。根据公路桥梁工程实践，项目资料员必须具有公路桥梁工程相关专业中等以上文化程度，具有一定的文书处理能力。

资料员必须具有工程识图及结构构造的相关知识，了解现场施工程序及各种关键数据。资料员必须了解施工企业的承包方式、合同签订、施工预算、现场经济活动分析管理的基本知识，应了解与工程项目设计、施工验收和安全生产有关的法律法规及规范。除应具有一定的计算机应用能力外，还应了解国家和项目所在地各级政府有关档案管理的规定。

（二）资料员岗位职责

资料员应及时收集、分析市场信息，加强对工程资料的现代化管收发、运转、管理等工作，做到文件资料管理规范完整。掌握施工技术控制和工程图纸的收发和审核，对工程资料和工程图纸等进行独立组合案卷与归档。处理好各项公共关系，包括与业主、项目经理、技术主管、上级主管部门以及其他相关部门的关系，同时还要处理好与档案管理部门的关系。

（三）资料员的具体工作

1.工程资料的收集

资料员收集工程资料必须及时，保持与实际施工进度同步，并将工程建设资料管理纳入项目管理的程序中。资料员应参加生产协调会、项目管理人员工作会议等，及时掌握施工管理信息，便于对资料的管理和监控。资料员对收集到的资料应认真审核，不符合规定的，应返回施工单位予以修改或重做。对分包单位必须提供的施工技术资料，从项目经理、技术主管到资料员应严格把关，所提供的资料不符合要求的，不预结算工程款（包括对供货单位）。资料员对收集到的资料应及时整理、立卷与归档。

2.工程资料分类与保管

为保证工程资料管理的规范化、制度化和科学化，资料员应根据以下标准对资料进行分类：按工程资料的归档对象进行划分，如归业主的资料，应划归企业档案；按工程资料的内容进行划分；按工程同类资料产生时间的先后顺序划分。

工程资料的存放和保管方法根据本单位的实际情况确定，且必须符合档案管理的相关规定。工程档案库应按本单位档案管理规定和要求建立，并报请本地档案管理机构组织档案管理验收。工程档案库必须安全、清洁，并做到"六防"，即防火、防盗、防虫、防霉、防尘和防光。工程资料应按相关规定移交、归档。项目通过竣工验收后，一个月内交企业档案室；按有关规定和时限移交城建档案馆；按合同规定的时限提交业主。借阅工程资料时，必须履行相关手续，且不得损坏或遗失。工程资料的收回、销毁，按本单位和本地档案管理的有关规定执行。

3.工程资料的登记

工程资料的登记包括：第一，工程资料收发登记。无论是收回文件，还是发放文件，资料员应对这些文件进行逐件登记并备案，便于管理。第二，工程资料借阅登记。工程资料整理归档完毕后，由于工作的需要，单位领导或工作人员经常须阅读相关文件资料，资料员应建立资料登记制度，详细列出查阅文件的时间、供阅人、借阅目的及归还日期。第三，工程资料传阅登记。在文件处理过程中，如文件份数少而需要多人阅读，则需要传阅文件，因此建立文件传阅登记制度。

4.工程资料的复印

工程资料一般不得复印，但下列文件除外：非密级文件、投标标书、票据、凭证、少量一次性非常规表格等。此外，也包含那些必须复印，又具有应急性，单件性或少量性特点的其他资料。工程资料的复印由资料员统一管理，凡是受控文件不得擅自复印，必须复印的文件在进行复印前应经主管领导批准。需要复印的文件材料，有关部门应预先考虑其使用前景，适当增加自存数，避免临时突击复印。如单位另有复印部门，则工程资料复印前必须先填写复印申请单，由部门负责人签字确认，复印主管部门应同时做好记录。未经签证的文件，复印部门可以拒印。如须转发复印上一级单位文件，必须按有关规定办理相关手续，否则不得复印。密级文件复印须经本单位主管领导批准。复印的文件如无批准证明，资料员可不予复印。

5.单位印章的管理

印章是本单位对内对外行使权力的凭证。使用本单位印章必须严格执行上级的有关规定和印鉴管理规定。使用本单位印章必须登记齐全、完整，必须详细登记用印时间、单位、用印人、批准人以及用印内容等事项。印章都要有专人保管，印章使用必须符合用印范围。除正常的业务报表外，凡须使用党政印章者，必须经党政领导批准，未经党政领导批准的，印鉴管理部有权拒绝用印。

第五节 公路桥梁施工验收管理

《建设项目环境保护管理条例》要求建设单位自主开展建设项目环保竣工验收工作。新环境下如何规范地开展项目竣工自主验收、把控竣工环保验收工作质量，是当下迫切需要解决的实际问题。

一、公路桥梁工程交工管理

项目交工验收是工程建设中比较重要的环节，重点检查施工合同的执行情况，评价工程质量，对各参建单位进行初步评价。

（一）工程交工类型

在公路桥梁工程建设中，根据交工工程的情况，大致可分为以下两类。

1.合同工程交工

合同范围内的全部工程已基本完成。监理工程师收到承包人的交工申请报告，并经过对工程的全面检查，认为符合合同文件要求时，应及时向承包人签发全部工程的交工证书。若不符合合同文件要求，监理工程师应书面提出承包人尚应完成的工作。

2.部分工程交工

监理工程师按照上述的原则，就下列情况可以向承包人签发部分工程的交工证书：工程的任何主要部分已完成，能够独立交付使用；合同中规定有不同交工工期的任何部分工程；已由业主占用或使用的任何工程。

（二）交工验收的主要工作内容

交工验收的主要工作内容包括：检查合同执行情况；检查施工自检报告，施工总结报告及施工资料；检查监理单位独立抽检资料、监理工作报告及质量评定资料；检查工程实体，审查有关资料，包括主要产品质量的抽（检）测报告；核查工程完工数量是否与批准的设计文件相符，是否与工程计量数量一致；对合同是否全面执行、工程质量是否合格做出结论，按交通主管部门规定的格式签署合同段交工验收证书；按交通运输部规定的办法对设计单位、监理单位、施工单位的工作进行初步评价。

（三）公路桥梁工程交工验收应具备的条件

公路桥梁工程交工验收应具备的条件包括：工程已按施工合同和设计文件要求建成，具有独立使用价值；按相关要求编制完成竣工文件；设计、施工、监理等单位已准备好总结报告材料；质量监督部门已完成工程质量检测、检验并编写完成工程质量鉴定书。

（四）公路桥梁工程交工验收程序

施工单位在全面完成承包的工程并经监理工程师同意后，应向建设单位提出申请，建设单位核实其是否具备交工验收条件，及时组织验收。

交工验收组应认真听取和审议以下报告：建设单位关于工程项目执行情况的报告；设计单位关于工程设计情况的报告；施工单位关于工程施工情况的报告；监理单位工程监理（含变更设计）情况的报告。

交工验收组在听取报告、审查资料和实地察看的基础上，对质量监督部门提出的工程质量鉴定意见和评分进行审议和确认。

通过交工验收的工程必须写出交工验收报告，由建设单位按隶属关系报请上级交通主管部门或竣工验收主持单位核定。

对交工验收合格的工程，应安排养护管理。对于交工验收不合格或有缺陷的工程及未完工程，应由原承包单位限期修复、补救、完成，其费用自理。

二、公路桥梁工程竣工管理

（一）竣工验收的内容

竣工验收的内容包括：成立竣工验收委员会；听取项目法人、设计单位、施工单位、监理单位的工作报告；听取质量监督机构的工作报告及工程质量鉴定报告；检查工程实体质量、审查有关资料；按交通运输部规定的办法对工程质量进行评分，并确定工程质量等级；按交通运输部门规定的办法对参建单位进行综合评价；对建设项目进行综合评价；形成并通过竣工验收鉴定书。

（二）公路桥梁工程竣工验收应具备的条件

公路桥梁工程竣工验收应具备的条件包括：通车试运营两年以上；交工验收提出的工程质量缺陷等遗留问题已全部处理完毕，并经项目法人验收合格；工程决算编制完成，竣工决算已经审计，并经交通运输主管部门或其授权单位认定；竣工文件已完成"公路桥梁工程项目文件归档范围"的全部内容；档案、环保等单项验收合格，土地使用手续已办理；各参建单位完成工作总结报告；质量监督机构对工程质量检测鉴定合格，并形成工程质量鉴定报告。

（三）竣工验收程序

竣工验收主持单位收到建设单位申请验收报告后，应及时核查交工验收的工程及竣工文件，符合竣工验收条件的应及时组织验收。

竣工验收委员会由验收主持单位、建设单位、交工验收组代表、接管养护、质量监督、造价管理、有关银行、土地管理、环境保护等单位的代表组成。大中型项目和技术复杂的工程，应邀请有关专家参加验收工作。国防公路应邀请军队代表参加。

竣工验收委员会为全面掌握工程建设情况，应认真听取和审议如下报告：建设单位关于工程项目执行情况的报告；设计单位关于工程设计情况的报告；施工单位关于工程施工情况的报告；监理单位关于工程监理情况（含变更设计）工作的报告；质量监督部门关于工程质量监督工作的报告；交工验收组（代表）关于工程交工验收情况的报告。

以上各单位报告中应对建设管理、设计、施工、监理单位的工作情况做出综合评价。竣工验收委员会在全面听取报告及检查有关资料、现场察看的基础上，对工程质量、建设、设计、施工、监理等单位进行综合评分。竣工验收委员会对合格的建设项目签发《公路工程竣工验收鉴定书》，由主持验收单位负责印发各有关单位。经竣工验收的工程，各标段《工程质量鉴定书》由工程所在地公路工程质量监督部门签发。

第七章 桥梁施工的施工与组织设计实践 ——605 省道吴江同里至黎里段改扩建工程

第一节 工程概况

一、工程概况

（一）建设地点

605 省道吴江同里至黎里段改扩建工程项目沿线全长 19.902km，共划分为 4 个标段。S605—SG01 标段起于大姚桥北，顺接吴中区段，向南跨越大姚塘、上跨韩墅东路、瓜泾东路，终于周松线互通节点南侧。起讫桩号为 SK3+699.819—SK9+358.077，全长 5.658km（其中 SK4+715.5—SK6+720.5 高架桥为先导段，已施工完成），本标段主要工作内容：主线高架桥、3 对上下匝道桥、10 座地面辅道桥和 1 座箱涵，以及设计范围内的路基、路面及相关附属工程，工程总造价 87 074 万元（图 7-1）。

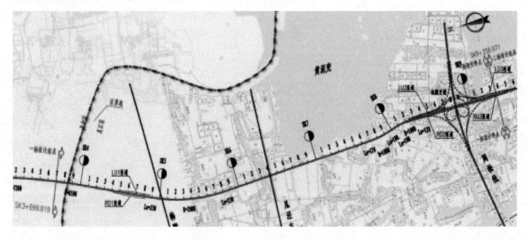

图 7-1 本标段总体路线图

本项目按一级公路标准，采用上下分离形式，主线高架和地面辅道均采用双向四车道；设计荷载采用公路－Ⅰ级；设计车速 80 km/h。高架桥标准断面宽度 25.5 m；地面辅道标准断面宽度 31.5 m（图 7-2）。

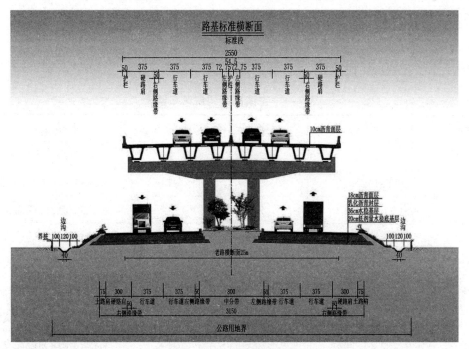

图7-2 标准横断面图

（二）结构概况

1.桥涵工程

（1）本标段桥涵工程：主线高架桥1座及上下匝道3对，地面辅道桥10座和1座箱涵。

①主线高架桥

主线高架桥总计40联，标准宽度为25.5 m。上部结构采用三种结构类型：第1~3联共9孔采用单箱三室现浇预应力箱梁；第54联为单孔钢砼组合箱梁（共6片）；其余36联均为装配式预应力砼简支箱梁共917片；下部结构采用"花瓶"式框架墩、直立式双柱矩形墩接大挑臂盖梁形式、直立式双柱矩形墩+辅助矩形墩接盖梁形式，承台为低桩承台，基础采用直径1.2 m/1.0 m灌注桩基础。

②匝道桥

上下匝道桥共6座，RD1/ LU1匝道各为2联，桥宽9 m；RD2/ LU2匝道各为2联/3联，桥宽10 m；RD3/ LU3匝道各为2联/3联，桥宽10 m。上部结构均采用装配式预应力砼简支箱梁共计138片；下部结构采用矩形独柱墩+盖梁形式，桥台采用U形桥台，承台为低桩承台，基础采用直径1.2 m/1.0 m灌注桩基础。

③地面辅道桥

本标段沿线地面辅道桥共10座。上部结构采用装配式预应力砼简支箱梁（大姚桥）共64片和先张预应力空心板梁共584片（其余9座桥）。下部结构采用桩接柱上设盖梁形式，桥台采用U形桥台，基础采用直径1.5 m/1.2 m/1.0 m灌注桩基础。

④箱涵一座，内径4 m×3 m（高）。

（2）主线高架桥、匝道桥、地面辅道桥桥跨布置汇总表：（表7-1～表7-3）

表7-1　主线高架桥桥跨布置表

联号	跨径布置（n×m）	桥宽（m）	梁高（m）	上部结构形式
1～3	9×30	25.5	2.0	现浇预应力砼箱梁
4	30.681+2×31	25.5	1.6	装配式预应力砼简支箱梁
5～6	（3×31）×2	25.5	1.6	装配式预应力砼简支箱梁
7～8	（3×31）×2	25.5～33.731	1.6	装配式预应力砼简支箱梁
9	31+2×30	33.731～41.216	1.6	装配式预应力砼简支箱梁
10	2×30	31.085～35.675	1.6	装配式预应力砼简支箱梁
11	2×30	25.5	1.6	装配式预应力砼简支箱梁
12	2×35	25.5	1.8	装配式预应力砼简支箱梁
13～31				为先导段已施工完成
32～34	2×30+（3×30）×2	25.5	1.6	装配式预应力砼简支箱梁
35～36	（3×35）×2	25.5	1.8	装配式预应力砼简支箱梁
37～43	（3×30）×6+4×30	25.5	1.6	装配式预应力砼简支箱梁
44	3×35	25.5	1.8	装配式预应力砼简支箱梁
45～46	（4×30）×2	25.5～37.203	1.6	装配式预应力砼简支箱梁
47	3×30	37.023～45.126	1.6	装配式预应力砼简支箱梁
48	1×30	34.378～36.629	1.6	装配式预应力砼简支箱梁
49	29.577+3×30	25.5	1.6	装配式预应力砼简支箱梁
50	3×30	25.5	1.6	装配式预应力砼简支箱梁
51	30+2×31	25.5	1.6	装配式预应力砼简支箱梁
52	3×35	25.5	1.8	装配式预应力砼简支箱梁
53	2×30+2×27	25.5	1.6	装配式预应力砼简支箱梁
54	55	25.5	2.845	钢砼组合梁
55～56	（3×30）×2	25.5	1.6	装配式预应力砼简支箱梁
57	30+2×35	25.5	1.6/1.8	装配式预应力砼简支箱梁
58	3×29	25.5～25.985	1.6	装配式预应力砼简支箱梁
59	4×30	25.985～28.711	1.6	装配式预应力砼简支箱梁

表7-2　匝道桥桥跨布置表

联号	跨径（m）	桥宽(m)	梁高（m）	上部结构形式
RD1 第 1 联	3×30	9	1.6	装配式预应力砼简支箱梁
RD1 第 2 联	30+35+34.35	9	1.6/1.8	装配式预应力砼简支箱梁
LU1 第 1 联	29.35+30+35	9	1.6/1.8	装配式预应力砼简支箱梁
LU1 第 2 联	35+2×30	9	1.8/1.6	装配式预应力砼简支箱梁
RD2 第 1 联	4×30	10	1.6	装配式预应力砼简支箱梁
RD2 第 2 联	3×30+29.35	10	1.6	装配式预应力砼简支箱梁
LU2 第 1 联	29.35+2×30	10	1.6	装配式预应力砼简支箱梁
LU2 第 2 联	3×30	10	1.6	装配式预应力砼简支箱梁
LU2 第 3 联	3×30	10	1.6	装配式预应力砼简支箱梁
RU3 第 1 联	34.35+35+29	10	1.8/1.6	装配式预应力砼简支箱梁
RU3 第 2 联	2×29+30	10	1.6	装配式预应力砼简支箱梁
RU3 第 3 联	3×30	10	1.6	装配式预应力砼简支箱梁
LD3 第 1 联	4×30	10	1.6	装配式预应力砼简支箱梁
LD3 第 2 联	3×29+34.35	10	1.6/1.8	装配式预应力砼简支箱梁

表7-3　地面辅道桥桥跨布置表

序号	桥名	中心桩号（m）	跨径 （n×m）	全宽 （m）	上部结构	下部结构
1	大姚桥	SFK3+849.819	8×30	31.5	组合箱梁	柱式墩台、灌注桩基础
2	金水荡桥	SFK4+853.000	1×20	61.5	空心板梁	U 形台、灌注桩基础
3	罗田上桥	SKF5+550.500	3×8	31.5	空心板梁	柱式墩、U 形台、灌注桩基础
4	裴库桥	SFK6+302.000	8+10+8	41.75	空心板梁	柱式墩、U 形台、灌注桩基础
5	夏家浜桥	SFK6+666.500	3×8	31.5	空心板梁	柱式墩、U 形台、灌注桩基础
6	梅湾桥	SFK7+048.720	1×16	31.5	空心板梁	U 形台、灌注桩基础
7	叶家溇桥	SFK7+639.000	1×10	31.5	空心板梁	U 形台、灌注桩基础
8	蛇洞浜桥	SFK7+929.300	3×13	31.5	空心板梁	柱式墩、U 形台、灌注桩基础
9	湾里桥	SFK8+677.500	1×16	63.5	空心板梁	U 形台、灌注桩基础
10	大南港桥	SFK9+143.050	3×16	65.75	空心板梁	柱式墩、U 形台、灌注桩基础
11	箱涵	SFK4+571.360	1×4	32.2	箱涵	/

2.道路工程

主线高架沿线地面系统采用双向四车道一级公路断面形式,起讫桩号为SK3+699.819—SK9+358.077,全长5.658 km。道路标准断面全宽31.5 m,断面布置为:8 m(中央分隔带)+2×0.5 m(路缘带)+2×(2×3.75m)(行车道)+2×3.0 m(硬路肩)+2×0.75 m(土路肩)=31.5 m。

路基工程:

包括特殊路基处理和路基灰土填筑。

①沿线特殊路基处理:一般道路拼宽段主要采用钢塑土工格栅+等载预压处理;地面桥桥头段、匝道段采用湿喷桩+钢塑土工格栅+等载预压处理。

②路基填筑:清表碾压后原地向下翻挖20 cm掺6%石灰,压实度≥90%;路基中部采用6%灰土填筑,压实度≥94%;路床采用8%灰土填筑,压实度≥96%。

路面工程:

路面结构总厚度为74 cm:20 cm低剂量水泥稳定碎石,底基层+36 cm水泥稳定碎石,基层+改性乳化沥青,下封层+8 cm SUP-25粗粒式沥青砼,下面层+6 cm SUP-20中粒式改性沥青砼,中面层+4 cm SMA-13细粒式改性沥青砼上面层。

3.排水工程

路基路面排水系统主要包括路面排水、中央分隔带排水和路基排水等部分,并通过边沟、桥涵等排水构造物将水排入天然河沟,以形成完整独立的排水系统。改造后地面道路仍采用边沟排水。高架桥道路在中分带内设置高架专用排水管,桥面雨水经雨水箅子、高架桥落水管、地面收集雨水口、高架排水管,分段汇流至河道,高架排水管管径DN400 ~ DN800。

4.路基支挡及防护工程

挡土墙用于匝道桥桥头路段、地面桥桥头路段以及无放坡条件一般路基防护等。匝道桥桥头路段采用钢筋混凝土悬臂式挡土墙,墙身采用C30砼;地面桥桥头路段采用重力式挡土墙,墙身采用C25片石砼。

填方高度$H \leqslant 3$ m的路堤段,边坡采用喷播植草防护,填方高度$H > 3$ m时,采用实心六角块防护;桥梁台后10 m护坡、锥坡、溜坡及临水构筑物均采用实心六角块防护。

5.海绵城市

SK6+400—SK6+650,SK6+700—SK7+000,两个段落作为海绵示范段。以示范段典型横断面宽度以及高架桥支墩30 m间距的道路长度形成标准设计单元。中央高架宽度25.5 m,长度30 m;地面道路宽度31.5 m,长度30 m。在8m中分带中设置3 m生物滞留池。

（三）主要工程量

钢筋约3.1万吨（含箱梁板梁0.9万吨），混凝土约26.5万方（含箱梁板梁4.6万方，桩基9.3万方）（见表7-4）。

表7-4　主要工程量汇总表

序号		项目名称	单位	数量
1	桥梁	钢筋 HPB300	t	1153
2		钢筋 HRB400	t	18 717
3		冷轧带肋钢筋网 CRB550	t	1139
4		Φs15.2 钢绞线	t	707
5		钢箱梁	t	696
6		钻孔灌注桩	m	86 625
7		水上钻孔灌注桩	m	4845
8		下部结构砼	m³	67 280
9		上部结构砼	m³	57 494
10		桥面铺装砼	m³	12 358
11		附属结构	m³	10 057
12		盆式 / 橡胶支座	个	4622
13		伸缩缝	m	2365
14	道路	湿喷桩	m	364 753
15		C30 素砼桩	m	21 048
16		土方开挖	m³	114 062
17		灰土	m³	279 205
18		管道	m	8708
19		水泥稳定碎石	m³	81 500
20		沥青混凝土	m³	46 720

二、地形地貌及地质概况

（一）地形地貌

本项目位于吴江境内，沿线地貌为长江三角洲太湖水网平原，地势较平坦，地面标高0.8 ~ 3.5 m右，区域内河网密布，水系十分发育，密布水产养殖区。线路沿现状苏同黎公路，所经位置均有填筑土层。

（二）地质资料

本项目区内均被第四系覆盖，第四系土层软硬交替，主要为全新统松散层类及上更新统黏性土、粉土、粉细砂层。根据钻探资料，各层土自上而下分为17个工程地质层，主要为素填土、黏土及淤泥质黏土、粉质黏土及粉土等。

1.道路工程地质。道路全区段分布在第2-1层粉质黏土层，韧性及干强度高，中偏低压缩性，层厚1.5 ~ 8.8 m。场地中上部连续稳定分布，地基土容许承载力fa=200 kPa，可作为道路路基基础持力层；沿线浅部、上部局部分布1-2软土及2-2层软弱土，力学性能较差，可采用换土垫层、堆载预压、水泥搅拌桩等方法进行处理。

2.桥梁工程地质。沿线工程地质条件总体一般，下部3-3、4-1c、4-1a、4-1d层工程性质较好，埋深合适，可作为桩基持力层。但由于2-2c、2-3、4-1c、3-2c、4-1c及4-1d层砂性土易坍塌，钻孔时应采取措施，防止砂性土坍塌及孔底沉渣问题。

（三）水文地质资料

1.地表水

项目区域内水系发达，呈网状分布，西临太湖，属太湖水系，是典型的江南水乡，由于地面平坦低洼，地表径流缓慢，排水不畅，河流水位明显受太湖水位变化及人工控制影响，汛期河湖水位升高。据资料统计，全区最高水位平均值1.718 m，最低水位平均值0.768 m，常年水位平均值1.168 m，年变幅约为1 m。

2.地下水

本项目区属太湖水网平原区，第四纪中早期受长江径流摆动影响，中、晚更新世及全新世又有海水入侵，加上新构造运动的西升东降趋势，使本区接受100 ~ 300 m厚的黏土、粉质黏土及砂土沉积，上部形成孔隙潜水层，中下部三个砂性土富集段形成Ⅰ、Ⅱ、Ⅲ承压含水层（组）。

（四）气候条件

吴江区地处北亚热带海洋性季风气候区，具有温和湿润、四季分明、雨量充沛、日照充足、无霜期长、冬夏季长、春秋季短等特点，气候宜人。多年平均气温15.7 ℃，极端最高气温40.1 ℃，极端最低气温–12.7 ℃。1月最冷平均气温2.8 ℃；7月最热平均气温27.9 ℃，春夏之交多梅雨，夏末秋初多台风。一年中4—9月降雨最多，12月降水最少。

三、工程特点及难点分析

（一）工程特点分析

1.边通车边施工、交叉施工多、相互干扰大

本标段施工的最主要特点：边通车边施工，且高架系统下面有道路系统，交叉施工多、相互干扰大。施工过程中须分区段、分阶段多次进行交通导改。

（1）拟定施工顺序

①沿线在现有老路中线两侧各5.75 m范围封闭（共11.5 m），保证封闭外侧双向单车道通行——进行桥梁灌注桩及承台、墩柱施工；同上进行老路两侧拓宽段保通道路施工。

②保通道路双向单车道通行——进行桥梁盖梁及上部结构施工。

③地面道路系统左右幅半幅封闭、半幅通车——进行路面结构层施工。

④地面道路系统左右幅开放交通。

（2）交叉施工特点

交叉施工的最显著特点就是在有限的作业空间和规定的时间内逐步完成道路和桥梁施工，为此，前期在具备施工条件时必须较大规模地投入机械设备进行软基处理湿喷桩施工、路基灰土及保通道路施工、桥梁灌注桩及下部结构承台和立柱施工，完成后又必须迅速进行交通导改，让开工作面转入桥梁盖梁及上部结构施工。

交叉施工必须精心组织施工队伍，根据各工序工作量的多少合理编排各工序作业进度计划，尽力避免质量问题返工、工序衔接紊乱、安全事故延误等。

2.高处作业面大量广

高架桥主要特点是高处作业，绝大部分墩柱、盖梁高度在8 ~ 10 m，周松线互通处部分墩柱、盖梁高度达10 ~ 17.8 m，且1 ~ 3联支架现浇箱梁高度达15.6 m，高处作业面大量广，施工安全管理重中之重。

高处作业安全管理控制的几个重要方面不容忽视：支架的整体和局部稳定性、起重作业、高空坠落（人或物件）、爬梯走道洞口临边安全防护等。

3.施工组织管理难

本标段沿线战线较长，5.658 km，施工组织管理除了上述提到的交通导改、交叉施工队伍的组织、高处作业的安全管理外，涉及的施工组织管理难点还有：现场临时用电管理、保通道路保障畅通管理、交通管制管理、环境保护和现场文明施工管理等，重点做好桩基泥浆处理及钻渣外运，保护好环境和水质。

（二）工程难点分析

本标段施工的重点部位有：道路软基处理湿喷桩施工、高架桥灌注桩施工、大挑臂盖梁支架现浇及1～3联高架桥箱梁支架现浇施工、第54联跨周松线钢砼组合箱梁制作及安装、沿线组合箱梁预制安装等。

施工的重点工序有大挑臂盖梁及现浇箱梁高支架搭设预压、连续梁预应力特长束安装张拉、钢砼组合箱梁制作及安装、沿线组合箱梁安装等。

本项目既有道路工程又有桥梁工程，具有施工内容多、项目杂、工期紧、质量要求高、工作任务重等特点。在前期具备施工条件时必须较大规模地投入机械设备和人员，精心组织施工队伍，根据各工序工作量的多少合理编排各工序作业进度计划，尽力避免质量问题返工、工序衔接紊乱、安全事故延误等。

针对以上工程特点，各分部分项工程必须精心组织，科学管理，统筹安排；同时必须加强质量和进度控制，积极采取新工艺、新技术，不断优化施工方案，严格按规范及设计要求施工。此外，必须不断加大安全工作力度，以确保安全、高速、优质地完成施工任务。

第二节　工程施工组织规划与设计

一、施工工场布置

根据现场察看，结合本工程施工特点及现场实际条件，结合合同要求的创建省级以上（含省级）平安"示范工地"（两次）的原则进行布置。本工程标准化临时设施主要有生产区（包括砼搅拌站、钢筋加工场、梁板预制场、仓库、试验室、配电房等）、生活区（包括办公用房、宿舍、食堂、浴室及公共卫生建筑和设施）以及供排水系统、场内道路等项目。所有临时设施依工程进度及实际需要先后建造。

（一）施工交通

1.对外交通

本工程交通运输条件较好，工程所需设备材料均通过周松线直接运至现场。

2.场内道路

场内道路按"边通车边施工"的原则建设保通道路，沿线搭设20座钢便桥，确保场内保通道路正常畅通。

（二）供排水系统

1.供水系统

本工程施工用水利用附近的河水，采用多级抽水泵提升至各蓄水池以满足施工需要，生活用水是从附近自来水管网在沿线安装 Φ50 mm 的管道引至各用点。

2.排水系统

在生产区、加工场、基坑等四周挖排水沟，将雨水引排或抽排至附近的地下污水管网。

（三）通信、动力、照明布设

1.通信

项目经理部对外通信拟安装一部电话传真机并申请网线，同时各部门负责人均配有手机，以便相互间及时联系，达到信息畅通无阻。

2.施工用电

施工用电拟在当地电力部门申请6台500 kVA变压器接入，分别设置在SK4+200右侧、SK5+280左侧（先导段利用）、SK6+400左侧（先导段利用）、SK7+150右侧、SK7+900右侧、SK8+850右侧；同时沿便道在场内布设架空电力线路及场内照明线路，另配备5台90 kW的发电机组备用，作为施工及现场应急使用。（现场变压器平面布置图见下图）

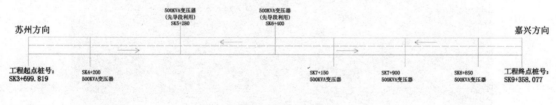

S606-SG01标段施工现场变压器平面布置图

3.照明设施

施工区、生产区的照明设施必须满足夜间施工的亮度要求，亮度要求不少于规定值，进出场道路及便道每隔50 m设置高杆路灯，次要道路每隔50 m亦设置简易路灯。

（四）办公及生活区、环境绿化

本标段全长5.658 km，考虑到施工方便及现场管理需要，项目部与施工队临时设施建设宜分开布置。临时设施建设主要有宿舍、食堂、餐厅、厕所等设施，给职工提供良好的生活环境，满足职工正常生活和工作的需要。

为了美化环境，在办公及生活区进行绿化布置，绿地率不少于20%，同时在进出口及营区内道路两侧种植常绿灌木、乔木和花草。

1.项目部临时设施布置在主线SK6+450西侧，占地面积7050 m²。

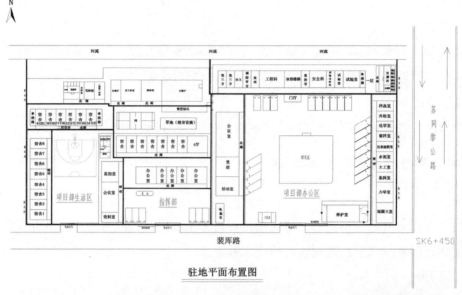

驻地平面布置图

项目部效果图

2.路基施工一队及桥梁施工一队，主要负责本标段起点（SK3+699.819）—先导段终点（SK6+720.5）沿线道路、桥梁工程施工。其临时设施布置在主线SK6+450东侧，占地面积5015 m²；一工区驻地建设规划平面布置图见下图：

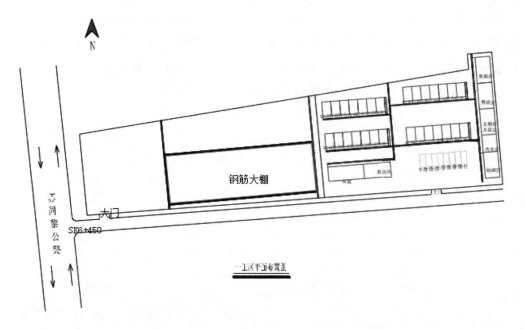

一工区平面布置图

3.路基施工二队及桥梁施工二队，主要负责本标段先导段终点（SK6+720.5）—本标段终点（SK9+358.077）沿线道路、桥梁工程施工。其临时设施布置在主线桥SK7+780西侧，占地面积12 268 ㎡。二工区驻地建设规划平面布置图见下图：

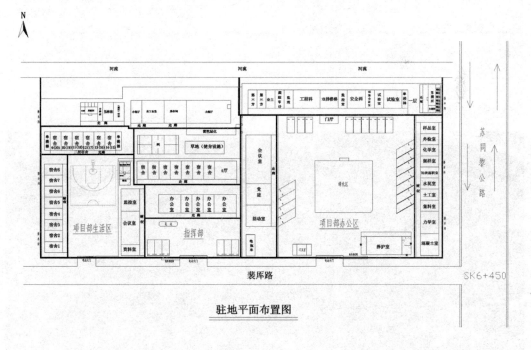

驻地平面布置图

（五）钢筋加工配送中心（钢筋大棚）

现场钢筋加工配送中心将设置一座钢筋大棚，位于主线高架桥桥梁附近，SK7+780右侧（新建）。

新建标准化钢结构钢筋加工大棚平面尺寸为43.5 m×100 m，占地面积为4350 m²，按钢筋储存区、加工区、半成品区、成品区四个分区进行布置。负责加工的主要部位为灌注桩钢筋笼、下部结构承台、墩身、盖梁钢筋、上部结构现浇箱梁钢筋及附属结构钢筋等。

1.钢筋大棚各分区规划布置及加工区设备平面布置见下图

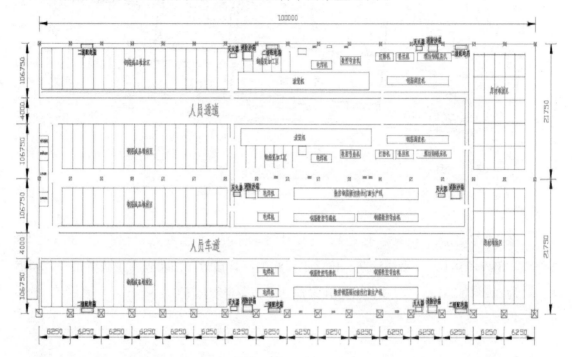

场内设备平面布置图

2.钢筋大棚建设示意图

（六）组合箱梁及空心板梁预制场布置

本项目装配式后张预应力组合箱梁共1119片，先张预应力空心板梁共584片，砼方量共45 863 m³。考虑到现场场地狭小，全部箱梁及板梁拟在明港公司梁板预制厂进行预制，平板拖车运至现场，架桥机及吊车进行安装。

（七）拌和站建设

本项目砼总方量约26.5万方，沥青混凝土约4.672万方，水泥稳定碎石约8.15万方，均由明港公司子公司负责提供。砼拌和站采用八坼商品砼拌和站；水稳、沥青场站位于G318震泽镇西，临近运河，方便材料的运输，严格按照标准化要求进行建设。

设备采用：沥青楼AM4000型、稳定土拌和站WCB650型，混凝土拌和楼3 m³/4 m³各一套，确保质量、环保满足设计及相关规范要求。

沥青拌和楼　　　　　　　　　　　　砼拌和楼

（八）工地试验室建设

为满足本标段试验检测需求，设置工地试验室，位于项目经理部内，占地面积不小于400 m²，主要负责试验检测工作。工地试验室包括土工室、集料室、石料室、水泥室、水泥混凝土室、力学室、化学室、标准养护室、样品室、留样室、外检室、储藏室、办公室、资料室等。配备齐全的试验检测设备和相应资质的检测人员，完善各项试验检测制度。

试验室配备经验丰富的试验检测人员，并持证上岗，所有相应的试验设备，经计量监督单位校验后方可使用。各种外委材料试验按业主及监理要求到指定的检测中心，我们将遵守执行。

（九）机械设备停放保养场地

投入本项目的机械设备多，如装载机、机动翻斗车、吊车、压路机、平地机、旋耕机、挖机等，将机械集中停放、保养。

（十）设备、材料

本工程拟派施工设备由我公司设备中心采用汽车运输的方式，按施工计划安排分期、分批到达施工现场，确保满足施工需要。

主要材料在市场准入材料范围内择优选购，并符合业主的有关规定。材料运输采用陆上运输方式，地材就近解决，采用自行运输或雇用地方运输车辆供料。施工所用水泥混凝土由明港公司砼搅拌站直接提供，用砼运输车运到工地。

二、施工规划总说明

本工程具有工期紧、工程量大、项目较杂的特点，因此一旦进场，我们将进行科学合理的施工布置，配备充足的施工资源，积极创造开工条件，为工程施工争取时间，确保按时优质地完成各项施工任务。

（一）施工组织机构

1.施工组织机构设置

根据本工程的特点，配备曾负责或参加过类似工程施工的项目经理、项目总工及主要施工人员参加该工程施工，为做好该工程提供有力的保证。成立项目经理部，实行项目经理负责制，全面履行合同，负责本工程项目的施工，组织协调好内外关系，确保质量、工期、安全和文明等各项目标的全面实现。项目经理部下设六个职能部门，包括总工室、工程科、质检科、安全科、综合科及四个专业施工队（道路施工1/2队、桥梁施工1/2队）。

2.施工组织机构

施工组织机构框图如下所示：

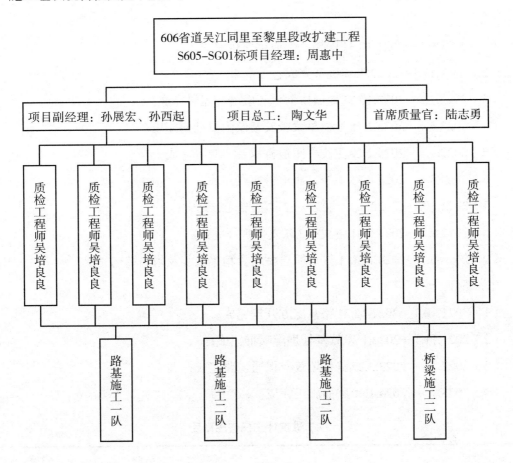

（二）质量、安全、工期目标

1.质量目标

（1）根据我公司"创精品工程、树一流形象，把每一个工程都建设成经得起时间考验的放心工程"的质量方针，确定该工程的质量目标，交工验收工程的质量评定："合格"，竣工验收的质量评定："优良"。

（2）创建省级以上（含省级）"品质工程"示范项目。

2.安全生产及文明施工现场管理目标

（1）安全生产管理目标：零死亡，少隐患，风险得到有效管控。

（2）工程现场管理目标：按照交通运输部、江苏省交通运输厅相关要求，组织开展"平安工地"建设活动，创建省级以上（含省级）平安工地"示范工地"（两次）。

3.工期目标

本工程施工总工期为30个月，即以2021年9月1日—2024年2月28日作为进度控制目标。

各关键节点工期要求：

桥梁部分

（1）2021.9.1—2021.10.31围挡、保通钢便桥完成；

（2）2021.11.1—2022.3.30桩基完成；

（3）2022.1.1—2022.10.31地面桥承台、墩身、盖梁完成；

（4）2022.5.1—2023.2.28地面桥梁板安装及附属结构完成；

（5）2022.1.1—2023.2.28主线、匝道桥承台、墩身完成；

（6）2023.3.1—2023.8.31主线、匝道桥盖梁完成；

（7）2021.10.1—2022.8.30主线1—2联支架现浇完成；

（8）2022.9.1—2023.5.31主线第3联支架现浇完成；

（9）2023.6.1—2024.1.30主线、匝道桥组合箱梁安装及附属结构完成。

道路部分

（1）2021.10.1—2021.12.31路基土方开挖完成；

（2）2021.11.1—2022.1.30软基处理湿喷桩完成；

（3）2022.1.1—2023.2.28路基填筑及保通道路完成；

（4）2023.9.1—2024.1.30路面施工完成。

施工进度计划横道图附后

湿喷桩		m	364753	道路
灰土		m³	239413	道路
道砟路基		m³	79880	道路
雨水管道		m	8708	雨水工程
砖砌井		座	217	雨水工程

三、施工资源需用量计划

（一）主要材料需用量计划

本工程主要材料需用量计划的编制，将根据施工图进行测算。在实际施工中按照工程施工部位、施工进度，相应购置所需材料需用量，以满足工程施工需求。

主要材料用量如下：

工程部位	材料名称	规格型号	单位	数量	备注
桥梁工程	混凝土	C50	m³	31 815	现浇箱梁、预应力盖梁、湿接缝等
		C40	m³	31 978	主桥墩柱及桥面铺装、护栏等
		C35	m³	4692	地面桥下部结构
		C30	m³	26 743	主桥承台、台身、搭板
		C30 水下	m³	93 889	灌注桩
		C25	m³	4585	附属结构
		C20	m³	1208	垫层
	钢筋	光园	t	1152	桥梁现浇
		带肋	t	18 717	桥梁现浇
		冷轧带肋	t	1334	桥梁现浇
		钢绞线	t	707	现浇箱梁及盖梁
	预制空心板梁	成品	片	576	地面桥
	预制组合箱梁	成品	片	1055	主线桥
	钢砼组合箱梁		t	696	主线桥
道路工程	混凝土	C25	m³	2243	重力式挡墙
		C25	m³	19 752	保通道路、挡墙、护栏
	钢筋		t	660	保通道路、挡墙、护栏
	水稳		m³	94 290	道路
	沥青		m³	31 034	道路
	湿喷桩		m	364 753	道路
	灰土		m³	239 413	道路
	道砟路基		m³	79 880	道路
	雨水管道		m	8708	雨水工程
	砖砌井		座	217	雨水工程

（二）劳动力需用量计划

本工程劳动力需用量计划，应综合考虑到工程施工方案、施工期（包括施工高峰期），以及文件中明确的控制性进度工期等因素。劳动力需用量高峰期主要集中在开工后4～20个月，据此制订初步劳动力计划需用量，施工高峰期劳动力需用量约500人。具体人员详见《劳动力计划表》。

管理人员配置及劳动力计划。

1.管理人员配置计划

序号	姓名	职务	进场时间	备注
1	周惠中	项目经理		
2	陶文华	项目总工		
3	孙展宏	项目副经理		
4	孙西起	项目副经理		
5	陆志勇	首席质量官		
6	周斌	项目副总工		
7	吴培良	质检工程师		
8	曹伟清	测量工程师		
9	沈明	试验室主任		
10	凌明杰	安全工程师		
11	庄夏明	计量工程师		
12	李永兴	资料科长		
13	李斌	材料科长		
14	沈华	财务科长		

2.劳动力计划

本标段专业施工队伍有路基施工1/2队、桥梁施工1/2队。各专业施工队以完成各自工段的施工任务为主要目标，各专业施工队人员配置：

队伍	专业、工种	人数		备注
		正常施工	高峰期	
桥梁施工 1/2 队	桩基工	140	140	
	钢筋工	70	70	
	焊工	20	30	
	架子工	60	75	
	模板工	60	75	
	砼工	30	45	
	机械操作工	35	38	含吊机、铲车、箱梁安装
	现场电工	3	3	
	辅工	30	30	
	小计	448	506	

（续表）

队伍	专业、工种	人数		备注
		正常施工	高峰期	
路基施工 1/2 队	湿喷桩操作工	60	60	
	钢筋工	16	20	
	焊工	6	6	
	架子工	10	15	
	模板工	20	15	
	砼工	5	10	
	机械操作工	20	20	
	现场电工	2	2	
	辅工	20	20	
	小计	159	168	

（三）主要机具、设备需用量计划

投入本项目施工的机械、设备计划，按照工程工期要求、工程特点以及施工方法等编制。初步计划需用量的配置，详见《主要施工机械设备表》。

主要施工机械设备表

机械或设备名称	型号规格	数量	制造年份	工作状态	使用部位
钻机	GPS-15/20	35 台	2015	良好	灌注桩
湿喷桩机	SN100	20 台	2016	良好	软基处理
挖机	ZX230LC	6 台	2012	良好	道路
推土机	TY220	2 台	2013	良好	道路
平地机	G215	2 台	2015	良好	道路
洒水车	EQ1050T	2 台	2016	良好	道路
自卸汽车	15t 三菱	20 辆	2012	良好	道路
装载机	ZLM50	3 辆	2014	良好	道路
三轮压路机	3Y18/21	2 台	2011	良好	道路
推土机铧犁	802 型	2 台	2012	良好	道路
大宝马旋耕机	J230	2 台	2014	良好	道路
小宝马旋耕机	750	4 台	2012	良好	道路

（续表）

机械或设备名称	型号规格	数量	制造年份	工作状态	使用部位
光轮压路机	3Y/2Y 系列	2 台	2015	良好	道路
振动压路机	YZ20～25	2 台	2015	良好	道路
胶轮压路机	YL12-16	2 台	2016	良好	道路
水稳摊铺机	福格勒 1800-2	2 台	2016	良好	道路
沥青摊铺机	ABG-423	2 台	2015	良好	道路
50 吨汽车吊	Q32	3 台	2012	良好	桥梁
钢筋数控弯曲机	GW-50	6 台	2021	新购	桥梁
钢筋数控弯箍机	YGW-18E	6 台	2021	新购	桥梁
滚笼机自动焊接	TJRD-2000	3 台	2021	新购	桥梁
锯切套丝打磨一体化线	GJDXX-4	3 台	2021	新购	桥梁
螺纹钢锯床机	WO-350ZD	3 台	2021	新购	桥梁
钢筋套丝机	GS40F	3 台	2021	新购	桥梁
钢筋切割机	GQ50	6 台	2021	新购	桥梁
钢筋立式机器人	G2L32-2	2 台	2021	新购	桥梁
调直机	GTJ4/14	3 台	2014	良好	桥梁
电焊机	BX1-500	30 台	2014	良好	桥梁
千斤顶	YCW-450	4 台	柳州 2018	良好	张拉
	YCW-250B	6 台	柳州 2018	良好	张拉
	YCW-150B	4 台	柳州 2019	良好	张拉
油泵	ZB4-500	8 台	柳州 2019	良好	张拉
灰浆泵	UB3A	6 台	柳州 2018	良好	张拉
发电机	90kW	5 台	2012	良好	应急备用
盘扣支架		500 吨	2018	良好	桥梁支架
10# 工字钢		200 吨	2018	良好	桥梁支架
36# 工字钢		50 吨	2018	良好	桥梁支架
竹胶板	1.5cm	500 张	2021	新购	现浇箱梁
方木	10×10cm	800 方	2021	新购	现浇箱梁
承台定型钢模板		6 套	2021	新购	承台

（续表）

机械或设备名称	型号规格	数量	制造年份	工作状态	使用部位
墩身定型钢模板		6套	2021	新购	墩身
盖梁定型钢模板		12套	2021	新购	盖梁
拉森钢板桩	9m/12m/15m长	1000根	2018	良好	深基坑
贝雷片		1000片	2017	良好	社会便桥
Φ630×8mm钢管桩		5000m	2017	良好	社会便桥及支架

（四）材料试验、测量、质检仪器设备计划

试验、测量、质检仪器在施工过程中进行有效的质量控制，确保工程质量，根据本工程的特点，投入的主要仪器设备详见《主要施工仪器设备表》。

主要施工仪器设备表

设备名称	型号规格	数量	国别产地	制造年份	额定功率kW	备注
压力试验机	SYE-2000	1台		2004		
万能试验机	WE-600B	1台				
烘箱	101A-2	1台				
水泥净浆搅拌机	NJ-160	1台				
水泥恒温恒湿养护箱	SHBY-20B-40B	1台				
水泥胶砂流动度测定仪	NLD-3	1台				
沸煮箱	FZ-31A	1台				
抗压试验机	WAY-300	1台				
水泥胶砂搅拌机	JJ-5	1台				
电动抗折试验机	DK2-5000	1台				
胶砂振实台	2F-96	1台				
砼弹性模量测定仪		1台				
石子压碎值测定仪		1台				
水泥标准稠度测定仪		1台				
砼振动台		3台				
液塑限联合测定仪		1台				
自动击实仪		1台				
量筒		1个				

（续表）

设备名称	型号规格	数量	国别产地	制造年份	额定功率 kW	备注
灌砂筒		1个				
酸碱式滴定仪		1台				
烧杯		2个				
分析天平		1台				
石灰土压力仪		1台				
金属标定罐		1个				
百分表		1台				
电子秤	0.01	1台				
电子秤	1g	1台				
砂套筛		2套				
石子筛		2套				
坍落度筒		3				
砼抗压试模		40				
回弹仪		2				
标养设备		1				
温度计		2				
全站仪	拓普康	2				
水准仪		4				

四、施工准备

（一）技术准备

1.图纸会审

为正确领会设计意图，进一步熟悉施工图纸，减少施工过程中的差错，确保工程质量，必须开展图纸会审工作。

已会审确认无误的图纸，由会审单位加盖"已会审图章"，登记分发至相关部门使用，"图章"中要注明会审单位及会审负责人。

2.编制质量计划

在严格遵守基本建设程序、国家及行业的技术法规、公司的各项规章制度的前提下，对本工程的施工进行全面策划，明确各分部、分项工程的质量目标及要求，细化质量控制点的设计方案。

为使项目施工处于受控状况，使项目质量计划得到有效的实施，我们将积极采用先进的施工技术和新工艺；做好劳动力、材料、机械设备调度平衡计划；并根据当地气候条件和工程特点及施工进度要求，修订针对性强、切实可行的施工方案，包括预防性措施。

3.技术资料准备

根据本工程图纸文件、合同条款及规范的技术条款要求，对于所有材料、设备和施工工艺，都应遵照有关的现行技术标准、规程和规范执行。对照设计图纸所列的各类技术标准和规范目录，向公司技术资料室开具领用申请单；在领取技术资料后，项目部还要根据公司质量体系程序文件《文件和资料的控制程序》规定，逐份予以确认，以确保与质量体系相关的人员，都能使用到该技术资料的有效版本，防止误用无效的或作废的技术文件。

4.由项目部总工负责进行技术交底，并组织工程技术人员熟悉设计图纸，编制分部工程的施工技术方案，组织技术人员和施工操作人员学习技术规范、质量标准监理程序。

（二）现场准备

1.测量放线

（1）平面控制测量

根据监理单位提交的基准点、基准线及其书面资料，以及国家测绘标准和本工程精度要求，对施工现场及控制点进行实地踏勘，结合本工程平面布置图，建立施工测量平面控制网，测设自己的施工控制网，并能满足在施工过程中所要进行的平面控制测量、立模放样、安装测量、施工现场地形测量和施工监理测量以及竣工测量等，定期对导线控制网进行闭合校验，保证各点位于同一系统。随着施工的进展，定期对导线点进行复测，以求控制网达到精度要求。平面控制网资料须提交监理单位审批。

（2）高程控制测量

根据监理单位提交的等级水准点及其书面资料，以及国家测绘标准和本工程精度要求，用精密水准仪进行引测，布置在施工区域附近。为保证施工期间高程点的稳定性，点位设置在受施工环境影响小，且不易遭破坏的地方。考虑季节的变化和环境的影响，定期对水准点进行复测。高程控制测量资料须提交监理单位审批。

2.施工道路修筑、供水、电管线的敷设

通过对施工现场的考察进行施工总平面布置，完成"四通一平"，即路道、电通、水通、电话通及场地平整。

3.临时设施的建设

全部临时设施分两大类：一类是生活性的，包括住房、办公室、会议室等；二类是生产性的，主要包括砼搅拌站、预制场、加工制作场、设备用房、试验室等。原则上尽量压缩非生产性临时设施，精简机构，减少层次，所有临时设施依工程进度及实际需要先后建造。

4.调查地下所有管线及地上干线，对影响桥梁、道路施工的管线应进行迁移。

5.技术人员进行水准点、导线点复核和交接工作，进行材料试验，完成软件资料整理，报送开工报告。

6.材料供应及运输

供应科迅速编制材料供应计划，试验室做好取样试验并做好配合比验证试验，组织材料进场，争取尽快具备开工条件，所有材料采用陆运送至现场。

第三节　主要施工方案及技术措施

605省道吴江同里至黎里段改扩建工程S605-SG01标段起讫桩号为SK3+699.819—SK9+358.077，全长5.658km（其中SK4+715.5—SK6+720.5高架桥为先导段，已施工完成），本标段主要工作内容：40联主线高架桥、3对上下匝道桥、10座地面辅道桥和1座箱涵以及沿线范围内的路基、路面及相关附属工程。

一、总体施工顺序

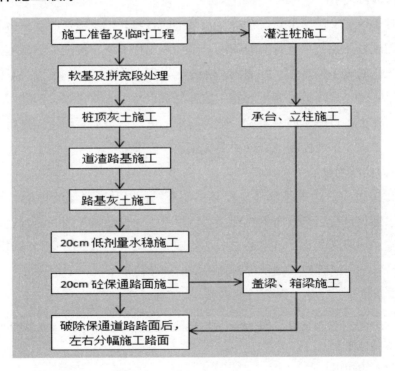

二、主要临时工程施工方案

（一）交通组织方案

因苏同黎道路改扩建过程中不封闭交通，施工现场须临时建设保通道路，确保社会车辆正常通行，保通道路利用苏同黎老沥青道路结合两侧加宽新建道路进行保通，保通道路结构采用新建路基+水稳+砼路面。

1.交通组织总体方案

总体方案：利用苏同黎老路和二侧加宽的新建保通道路进行多次导改，多次交通转换，最大限度降低增加额外保通道路的费用。以双向单车道通行为原则，保证一侧保通道路宽度不小于5.5 m。

大姚桥处，在主线高架西侧设置12米宽便桥，所有社会车辆从此便桥通行。

2.施工路段交通组织

根据新建的保通道路结合现场情况：导改区间分三个区段，导改阶段分五个阶段。

第一区段：起点现浇箱梁段SK3+699.819（P0#墩）—SK4+715.5（P33#墩，新导段起点），全长约1015.7 m。

第二区段：已建高架桥SK4+715.5（P33#墩，新导段起点）—SK6+720.5（P96#墩，新导段终点），全长约2005.1 m。

第三区段：SK6+720.5（P96#墩，新导段终点）—SK9+358.077（P181#墩，新建桥梁终点），全长约2637.6 m。

导改阶段划分：

（1）第一阶段：沿线在现有老路中线两侧各5.75 m范围封闭（共11.5 m），同时老路外侧封闭（如图7-3）。

①社会车辆运行：在老路左右幅两侧单向通行，单侧道路宽度5.25 m。

②主要施工内容：

桥梁部分进行第一、三区段灌注桩、承台、立柱施工，加快沿线地面辅道桥施工；

道路部分进行全线两侧拓宽段软基处理、路基灰土施工及第一、三区段保通道路20 cm水稳和20 cm砼面层施工，同时对第二区段（新导段）路基进行预压。（注：第一、三区段路基建议取消预压）

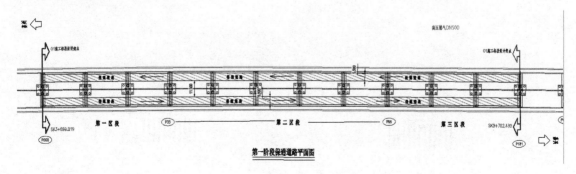

第一阶段保通道路平面图

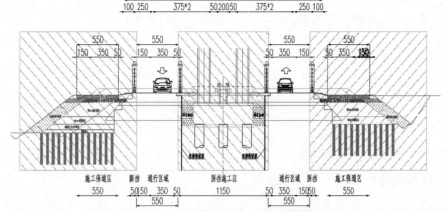

图7-3 第一阶段交通组织布置立面图

（2）第二阶段：沿线在保通道路中线两侧各2.75 m范围封闭（图7-4和图7-5）。

①社会车辆运行：在第一、三区段保通道路及在第二区段老路左右幅两侧单向通行，单侧道路宽度5.5 m。

②主要施工内容：

桥梁部分进行第一、三区段盖梁及箱梁安装施工；

道路部分对第二区段（新导段）路基进行预压卸载，并进行左幅保通道路20 cm水稳和20 cm砼面层施工。

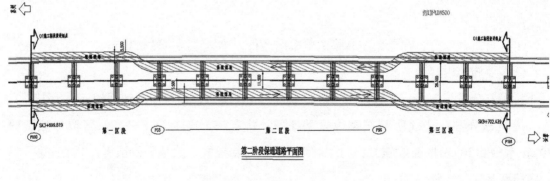

第二阶段保通道路平面图

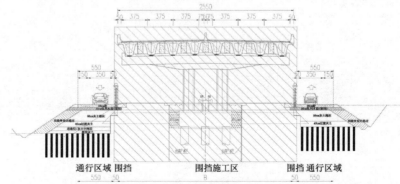

图7-4 第二阶段第一、三区段保通道路交通组织布置立面图

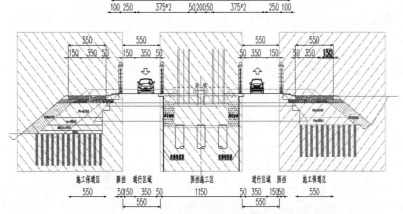

图7-5　第二阶段第二区段交通组织布置立面图

（3）第三阶段

①社会车辆运行：主桥盖梁、箱梁完成后，开放左幅桥下道路，左幅老路与保通道路一起形成单侧双向通行。

②主要施工内容：封闭右幅道路，破除右幅第一、三区段保通道路砼面层，进行右幅整幅道路路面水稳、沥青面层施工（图7-6）。（取消第二区段右幅保通道路砼面层）

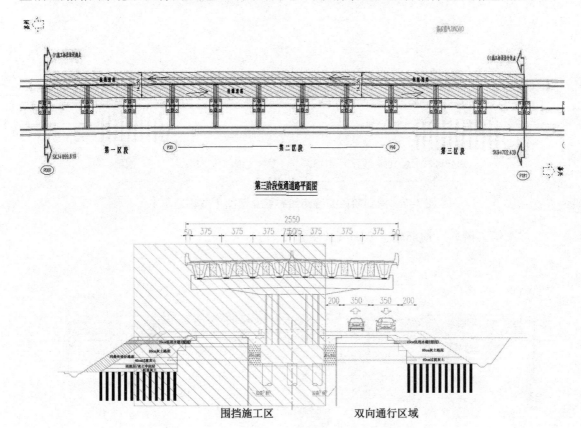

第三阶段保通道路平面图

围挡施工区　　　　　双向通行区域

图7-6　第三阶段交通组织布置立面图（左侧通车）

（4）第四阶段

①社会车辆运行：封闭左幅道路，开放右幅桥下道路，右幅新建道路形成单侧双向通行。

②主要施工内容：破除左幅第一、二、三区保通道路砼路面，进行左幅整幅道路路面水稳、沥青面层施工（如图7-7）。

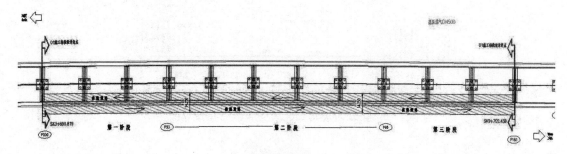

第四阶段保通道路平面图

施工断面时序图（四）

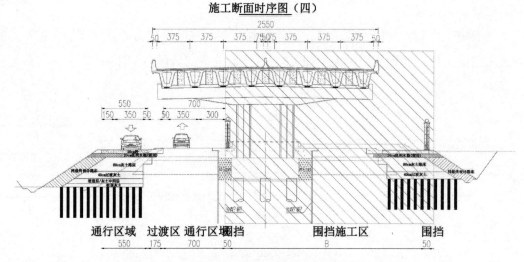

图7-7 第四阶段交通组织布置立面图（右幅通车）

（5）第五阶段：地面辅道全面开放交通（图7-8）。

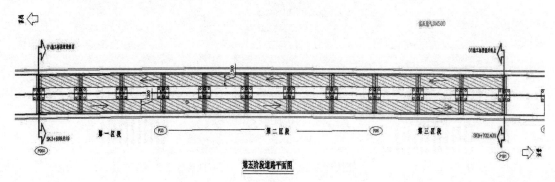

第五阶段道路平面图

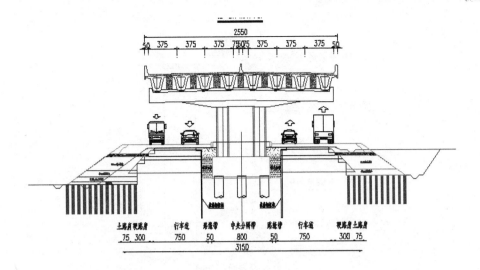

图7-8 第五阶段交通组织布置立面图（左右幅通车）

3.临时交通设施

（1）交通导向标志：设置路侧的交通标志、导向标志、信号灯，以满足交通通行需求。

（2）施工区标志：设置限速标志、禁止超车、禁止停靠、禁止掉头、禁用远光等禁标志。转弯半径较小时，设置临时线性诱导标志。

（3）临时交通标线：在交叉口处设置临时信号灯、黄闪灯等。夜间施工路段应加设夜间施工警告标志灯。

（4）围挡：围挡采用PVC板加混凝土基础形式，本标段围挡高度为2.5 m，具体结构参照标准图集（图7-9～图7-13）。

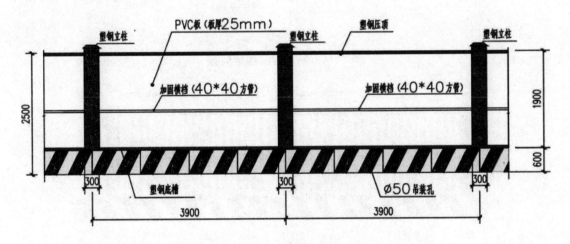

图7-9 标准段围挡结构图

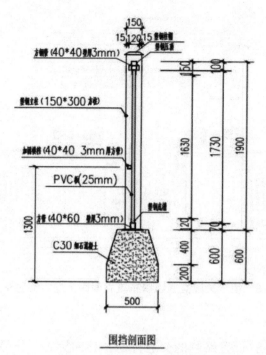

围挡剖面图

图7-10　标准段围挡结构图

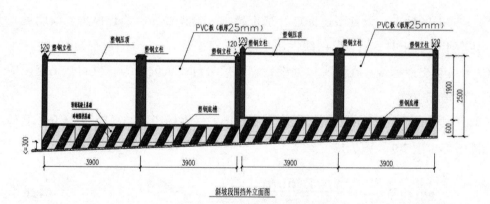

斜坡段围挡外立面图

图7-11　斜坡段围挡结构图

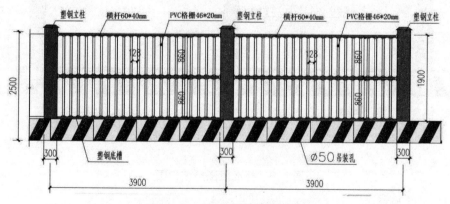

图7-12　转角段围挡结构图

图7-13 围挡效果图

（二）社会便桥规划

1.考虑到沿线高压燃气及西气东输管道影响，经过现场勘查，根据现场实际情况，社会便桥拟在主线辅道东西两侧或西侧单侧进行搭设，沿线搭设钢便桥共20座，统计如下：

便桥设置表

序号	中心桩号	便桥位置	结构形式	跨径设置（m）	宽度（m）	备注
1	SFK3+850	大姚桥8×30	上承式	12m×19跨	12m	西侧布置
2	SFK4+853	金水荡桥1×20	上承式	12m+12m	12m	西侧布置
3	SFK5+550.5	罗田上桥3×8	上承式	9m+9m+9m	6m	东西侧布置
4	SFK6+302	裴库桥8+9+8	上承式	9m+9m+9m	12m	西侧布置
5	SFK6+666.5	夏家浜桥3×8	上承式	9m+9m+9m	6m	东西侧布置
6	SFK7+048.720	梅湾桥1×16	上承式	9m+9m	6m	东西侧布置
7	SFK7+639	叶家溇桥1×13	上承式	12m	6m	东西侧布置
8	SFK7+929.3	蛇洞浜桥3×13	上承式	9m+12m+12m+9m	6m	东西侧布置
9	SFK8+677.5	湾里桥1×16	上承式	9m+9m	12m	西侧布置
10	SFK9+143.05	大南港桥	上承式	12m+12m+12m+12m	6m	东西侧布置

2.社会便桥结构形式：拟采用贝雷桁架做承重结构，基础采用630×8mm钢管桩，上设双拼36#工字钢横梁，便桥结构如图7-14和7-15：

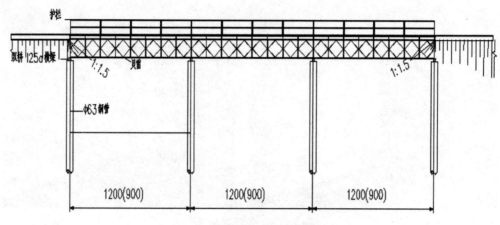

图 7-14 便桥纵向立面示意图

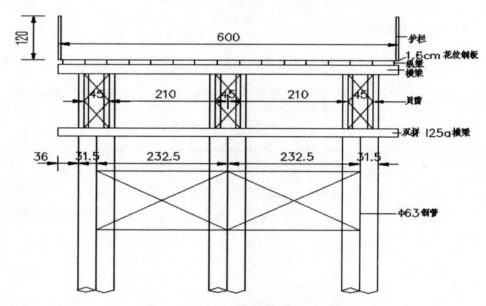

图 7-15 社会便桥宽 6 m 横向断面图

（三）老桥拆除

1.老桥拆除整体规划

沿线老桥拆除共7座，其中大姚桥桥跨结构为 30 m×8 跨，上部结构采用预制安装小箱梁，下部结构采用盖梁、低桩承台和墩柱，基础采用灌注桩基础。其他6座中小桥上部结构采用跨径 20 m 以内的空心板梁，下部结构采用桩接柱，上设盖梁，基础采用灌注桩基础。

因新建桥梁均在老桥位置，且老桥荷载标准已远远不能满足社会车辆通行需要，故须对老桥进行拆除重建。

大姚桥上部结构箱梁拆除拟采用2台80吨浮吊吊装拆除，中小桥上部结构空心板梁拆除拟采用吊车吊装拆除，下部结构拆除均采用现场切割、破碎方法拆除。

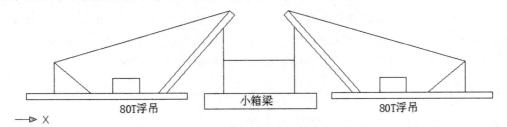

图7-16 大姚桥老桥拆除

2.老桥拆除

施工顺序应遵循"拆桥为建桥施工的逆顺序，先上部后下部、先中间后两边、先水上后陆上"的施工原则进行，即桥面系及附属结构拆除—组合小箱梁及空心板梁拆除—盖梁、墩柱及台身、承台拆除—桩基拆除—河道清理。

（1）桥面系及附属结构拆除

由于桥面各构件为小型构件，采用小型破碎机械辅以空压机进行栏杆、桥面铺装的凿除。

首先破除两侧防撞护栏，破除机械采用小型破碎机；其次在墩顶处对桥面连续构造进行破除，将连续箱梁变为简支箱梁；最后对相邻两片箱梁之间湿接缝、中横隔板及端横梁进行破除分离，形成一片片单独箱梁。破除过程中，采用小型破碎机结合绳锯切割进行，使梁板之间完全脱离，同时保证桥面的拆除工作不损伤下层组合小箱梁，使其能被顺利吊装拆除，凿除后的建筑垃圾用汽车外运至指定的位置进行弃置。

（2）梁板拆除

拆除顺序：桥面附属及湿接缝拆除、梁板分离—设置好梁板吊点处钢丝绳并将起吊设备就位—使钢丝绳初步受力—整体起离—起吊单片梁体至运梁车—运至破碎场。

梁板的拆吊顺序为纵桥向从跨中向两边跨方向进行逐片拆除吊移，横桥向先起吊边梁，再起吊中梁。吊点设置，为保证在起吊过程中梁板稳定，吊点设置在距盖梁外沿口10 cm处，以保证起吊后与现状梁板受力情况基本相同，梁板用直径为30 mm钢丝绳进行捆绑，吊点与梁体连接采用U形夹连接，在U形夹与梁体连接稳固经检查无问题后方可进行起吊。

经计算，大姚桥箱梁边梁重量$G=40.3$ m³$\times 2.5$吨/m³$=101$吨，拟采用2台80吨浮吊从大姚塘河东侧进入进行起吊。中小桥20 m空心板梁边梁重$G=12.6$ m³$\times 2.5$吨/m³$=31.5$吨，拟采用一台75吨吊车直接进行起吊。

（3）盖梁拆除

拟拆除方法：在盖梁和立柱交界处进行切割，让其分离，然后盖梁用2台吊车将其吊离，运至破碎场。切割过程中，拟在盖梁吊点处通过钢丝绳将其绑扎牢固，并与吊装设备进行连接，确保施工安全。

（4）立柱、承台、灌注桩拆除

大姚塘河拟采用双排钢管桩围堰，排水、清淤，将水上施工变为陆上施工，故大姚桥下部结构拆除采用干地施工，破碎机结合绳锯切割进行拆除；其余中小桥下部结构拆除，拟采用半幅河道进行围堰封闭、半幅过水，下部结构拆除采用干地施工，破碎机结合绳锯切割进行拆除。

三、桥涵工程主要施工方法及技术措施

本标段共有主线高架桥1座，匝道桥6座，地面桥10座。其中主线高架桥第1～3联上部结构为现浇预应力砼箱梁，第54联为钢砼组合梁，其余联与匝道桥均为装配式预应力砼简支箱梁，地面桥大姚桥为装配式预应力砼简支箱梁，其他中小桥均为先张预应力空心板梁；桥梁下部结构主桥采用花瓶式框架墩、直立式双柱矩形墩接大挑臂盖梁形式、直立式双柱矩形墩+辅助矩形墩接盖梁形式，匝道桥采用矩形独柱墩+盖梁形式，地面桥采用桩接柱上设盖梁形式，桥台采用U形桥台。基础均采用灌注桩基础，低桩承台。

（一）灌注桩施工

本工程基础均采用灌注桩基础，总计1583根钻孔桩，设计桩径为ϕ150cm共32根，设计桩径为ϕ120cm共1191根，设计桩径为ϕ100cm共360根。拟计划4个月完成，按每台钻机2.5d完成1根。拟计划钻机数量N=1583/（12根/月×4个月）≈33台，考虑各种不利因素拟布置35台。施工方法采用泥浆护壁、回旋钻机成孔。

1.现场泥浆池规划

考虑到交通工程"平安工地创建"及现场文明施工要求较高，拟现场每个主墩布置1个3 m×3 m×1.5 m（深）泥浆循环池，同时拟在地面辅道8 m宽的中分带之间，每4个主墩约120米之间布置1个6 m×20 m×1.5 m（深）中转泥浆沉淀池，并用泥浆泵将沉淀池泥浆输送至红线外大泥浆塘SK7+200处进行泥浆固化，大泥浆塘占地约6000 m²（图7-17）。

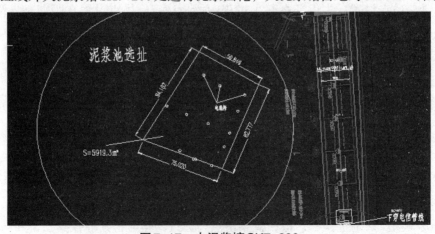

图7-17　大泥浆塘SK7+200

2.灌注桩施工工艺流程图

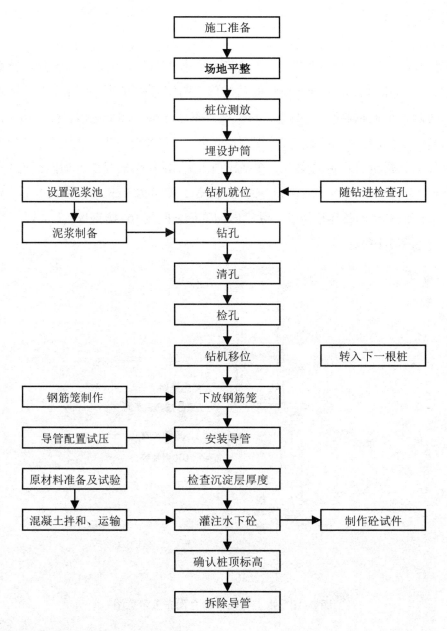

3.灌注桩主要施工步骤及技术措施

（1）灌注桩桩位测放工作

根据设计图纸的桥位中心线及监理工程师提供的导线点坐标和水准点进行测量放样，确定每根桩的中心位置，桩位偏差应控制在规范允许范围内。

（2）打桩工作平台

①陆上工作平台

根据现场实际情况，本标段除部分地面桥桩基在水中外，其余桩基均为陆上打桩，陆上工作平台须进行场地整平，碰到沟塘、小河均进行地基处理，其工序为：打坝排水—清淤—素土回填碾压。

②水上工作平台

5座地面桥（罗田上桥、裴库桥、夏家浜桥、蛇洞浜桥、大南港桥）1#、2#墩灌注桩均在水中，共74根桩，水上排架设计的结构形式为钢管桩基础。总体布置：在每排桥墩桩孔位置两侧各布置1排钢管桩排架，排架基础采用 φ630×8 mm 钢管桩，相邻钢管桩中心间距约 5 m；两排排架之间的中心间距为 3.0 m。单排钢管桩上方上设双拼36#工字钢形成横梁，作为钻机走管行走的支点。在钻机前方，2排排架横梁上方横向铺设10#工字钢间距 50 cm，上铺 1 cm 钢板（或横梁上铺设 4 m 长，厚度为 5 cm 的脚手板）形成钻机的工作平台，为保证平台的整体稳定性，纵横向钢管桩之间用10#槽钢焊接，形成平联和剪刀撑（图7-18和图7-19）。

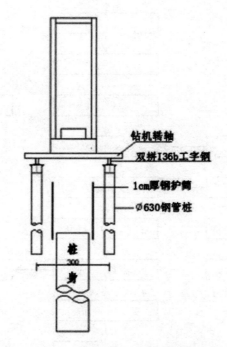

图7-18　水上钻孔平台立面布置示意图

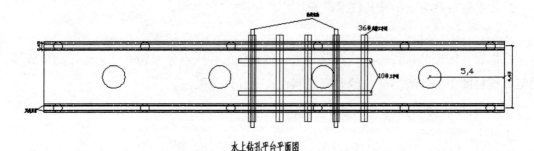

水上钻孔平台平面图

图7-19　水上钻孔平台平面布置示意图

水上工作平台施工工艺流程：施工放样—钢管桩插打—连接剪刀撑—双拼工字钢横梁安装—方木及脚手板铺设—工作平台成形。

第一，测量放线：根据图纸，放出排架的中心线，定出钢管桩桩位。

第二，工作平台施工。

a. 打桩。钢管桩采用90 kW振动锤履带式打桩机依次打入。用夹具夹起钢管，对准好桩位后，初步检验桩体纵横方向垂直度，确保桩体在锤击过程中始终保持垂直，符合要求后用锤将桩打入河床土中。若钢管桩已打入预计长度，贯入度仍较大，说明该处土质较差，承载能力不满足要求，需要继续打入，直至贯入度满足要求，即实际承载能力达到要求为止。当桩底遇到硬物时，桩位易打偏或不垂直，应及时清理后再施打。

b. 钢管桩纵横向加固连接。每一桥墩处的钢管桩插打完成后，纵横向都采用10#槽钢交叉连接，将各桩连接成整体，保证纵横向稳定并防止出现不均匀下沉。

c. 横梁。打设好钢管桩后，每一排钢管桩上方上设2根双拼36#工字钢形成横梁。

d. 2排排架横梁上方横向铺设10#工字钢间距50 cm，上铺1 cm钢板（或横梁上铺设4 m长，厚度为5 cm脚手板）形成钻机的工作平台。

第三，工作平台施工注意事项：

a.钢管桩采用锤击打入的方法进行施工，插打按最后的入土深度控制，通过桩承载力计算打入深度不小于15 m，确保单桩承载力满足要求。

b.打桩顺序按先岸边后水中，先深后浅的顺序施打。每打完一根桩进行平面位置、垂直度及高程的复测，对不满足要求的桩拔出重打。

c.制作钢管桩的用料根据设计的尺寸，选用无焊接、无腐蚀、无弯曲的钢管。

d.钢管桩采用桩顶切平并垂直于轴线。

e.桩长不足时需要接桩。每根桩接头不得超过一个，并将接头打入土中，相邻桩接头高低差大于0.75 m，同排桩接头数量不超过桩总数的25%。

f.横梁是连接横桥向桩与桩的重要构件，选择双拼36#工字钢。横梁与钢管桩采用焊接。

（3）钢护筒埋设

护筒采用10 mm钢板卷制，护筒直径较钻孔直径大15～20 cm，长度视地质条件不同而异，一般采用开挖埋设法，开挖直径应比护筒外径大8～10c m，吊装就位后，对中检查，平面中心位移不大于5 cm，应保持垂直，倾斜度<1%，用黏土沿四周对称分层填压夯实，护筒的埋深旱地不少于1.5 m，护筒顶面应与路面齐平；对于水中灌注桩钢护筒埋设拟在水中工作平台上搭设支架，进行护筒下沉埋设，护筒底应埋入河床以下50 cm以上，埋设时通过振动锤进行振动下沉，同时护筒顶面应高出河水位1.5 m以上，确保高压水，防止塌孔。

（4）泥浆制备

钻孔泥浆采用优质黏土在泥浆池内制备，搅拌均匀放置在泥浆池中，为防止泥浆污染道路，应将泥浆池和沉淀池设置在指定的位置，用循环槽连接，可供重复使用。水中桩泥浆池和沉淀池拟设置在船上。

（5）钻机就位

钻机就位对钻孔质量和能否顺利钻进关系重大，施工中保持钻机（钻架）平衡，不发生位移、倾斜和沉陷。

（6）钻孔

①钻头直径不得小于设计桩径。

②桩的钻孔，桩中心距离4倍桩径以内的任何桩的砼浇筑完毕36 h以后，才能开钻，或在桩基施工过程中应进行跳打，以防塌孔和穿孔。

③开始钻进时，进尺速度应适当控制，在护筒刃脚处低挡、慢速钻进，钻至护筒刃脚下1 m以后，可按土质以正常进度钻进。钻孔过程中保持孔内有1.5 m以上的水头高度。

④在钻孔过程中，根据土质等情况控制钻进速度，每钻进2 m或在土层变化处采取渣样，判断土层并认真填好施工钻孔记录。在砂土层中钻进时，应控制进尺、轻压、低挡、慢速、大泵量、稠泥浆钻进。

⑤按时检查泥浆指标，泥浆指标（一般土层）为：泥浆比重为1.05 ~ 1.20，黏度16 ~ 22 S，含砂率<4%，遇到土层变化处增加检查次数，并适当调整泥浆指标。

⑥钻进过程中，随时检查钻机水平及钻架垂直度，确保顶部起吊滑轮中心、转盘中心和桩孔中心控制在同一铅垂线上，偏差不大于2 cm。

⑦钻孔应一气呵成，不宜中途停钻以避免坍孔。

⑧终孔时对孔位、孔深、孔径、倾斜度及孔底土质等情况进行检验，可采用探孔器（圆钢筋笼，其外径D等于设计桩径，高度为3 ~ 4D）吊入孔内，并使其中心与钻孔中心符合，如上下均无阻挂，则符合要求，合格后立即清孔。

（7）清孔及吊装钢筋骨架

①终孔检查符合要求后，稍提钻锥距孔底10 ~ 20 cm，空转并保持泥浆正常循环，以中速压入优质泥浆，把孔内悬浮钻渣的泥浆置换取代，待泥浆指标符合相对密度1.03 ~ 1.10，黏度17 ~ 20S，含砂率<2%，沉淀厚度小于设计规定时，方可拆钻。清孔过程中始终保持原有水头高度，以防塌孔。

②吊放钢筋骨架。

钢筋笼在钢筋加工厂加工成形并进行预拼装，检查合格后，用平板车运输至现场，采用吊车进行吊放。吊放钢筋笼时，要对准孔位，直吊扶稳，缓慢下沉，避免碰撞孔壁，钢筋笼放到设计位置后（钢筋骨架底高程±5 cm），立即用钢管或型钢临时搁置在孔口平台上加以固定，防止钢筋笼下沉或上浮。经现场监理人员验收合格后方能进行下一道工序的施工。

为了保证钢筋笼的位置准确和钢筋的保护层满足规范要求，在钢筋笼长度范围内每隔2.0 m设置一处保护层，每处的保护层沿钢筋笼周边对称布置4个。钢筋笼吊装入孔时要避免扭笼现象的发生。

钢筋笼骨架之间的连接采用套丝机械连接，钢筋笼骨架在钢筋加工厂制作加工时，为使钢筋笼骨架有足够的刚度，按设计要求每隔2.0 m在主筋内侧设置一道加强箍筋，以保证在倒运和吊放过程中不产生变形。

③灌注砼前，应再次测量孔底沉淀厚度，如大于设计规定，应二次清孔。

（8）灌注水下混凝土（导管法）

①灌注砼采用φ25 cm合格的钢导管灌注，灌注前进行导管水压试验，检查导管的密封性、承压能力、垂直度、丝扣接头牢固程度等，不符合要求必须事先处理。

②灌注水下砼：水下砼采用商品砼，由搅拌站集中拌制，通过砼罐车运至现场，用汽车泵进行浇筑灌注，混凝土坍落度控制在18～22 cm。

③将导管插入到离孔底0.3～0.4 m的地方，导管上口接漏斗，在接口处设球形隔水栓。首批灌注砼的数量应确保将导管内的水全部压出并满足导管初次埋设深度的需要。拔球后将首批砼灌入孔底，立即测量孔内混凝土面高度，导管下口须埋入孔内砼1～1.5 m深，以保证孔内水不能重新进入导管。

④在灌注过程中，注意观察管内砼下降和孔内水位升降情况，用测深锤及时测量砼面高度，准确计算出导管埋入砼深度，以控制和保证导管埋入孔内砼有适当深度，准确指挥导管的提升和拆除。导管埋深一般不宜小于2 m或大于6 m，任何情况下不得小于1 m，正常为2～4 m。

⑤灌注砼必须连续进行，一气呵成，避免任何原因的中断灌注，当砼上升至钢筋骨架下端时，应保持埋管较深，适当放慢灌注速度，以防止钢筋骨架被顶起上升。浇筑过程中，按设计和规范要求做好砼试块。

⑥灌注的桩顶标高预加一定高度，预加高度比设计标高高出不小于0.8 m的高度。以保证桩头凿除后，桩头无松散层，桩头砼达到设计强度。

⑦护筒拆除。

（9）成桩检测

钻孔桩的桩身完整性、桩径、桩长、垂直度、桩的平面位置、桩顶标高和混凝土强度等，必须符合设计要求。

4. 泥浆分离、固化

拟在主线 SK7+200 处大泥浆塘进行泥浆固化，占地约 6000 m^2。固化后的泥土可作中央分隔带绿化土利用，满足品质工程资源节约中的再生利用。通过前期调研，泥浆分离比泥浆直接外运成本降至 15% ~ 0%。

泥浆分离工艺：收集钻孔桩废弃泥浆并净化处理—对净化后泥浆进行无机絮凝处理—对絮凝后泥浆采用生石灰粉作为助滤剂进行助滤处理—对助滤处理后的泥浆进行固液分离。

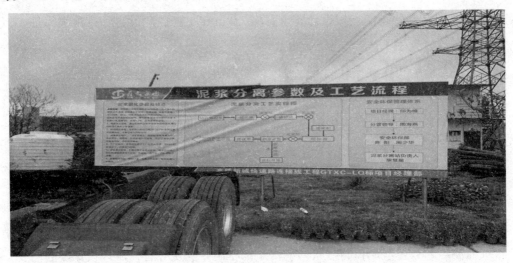

图 7-20　泥浆分离、固化工艺流程图

第 1 步：泥浆净化

通过泥浆自然沉淀、泥浆泵进口处设置钢丝网和除砂机除砂三种方式任何一种或者三种方式的所有组合可以达到泥浆净化效果，其目的：通过泥浆净化来调节泥浆性能指标，将满足成孔要求的泥浆进行循环利用，减少泥浆固液分离体量，节约能源。经过泥浆净化，可将泥浆中大于 20 mm 硬质固相颗粒剔除，减少其对泵体、管道、压滤机的损伤。

第 2 步：无机泥浆絮凝

在泥浆混合器的出口处均匀投入絮凝剂，絮凝的用量参照试验的最佳絮凝效果值，泥浆在絮凝池中自动循环混合均匀。

第 3 步：泥浆助滤

在絮凝后泥浆中加入助滤剂生石灰粉（CaO），CaO 可以改变泥饼颗粒结构，为泥饼提供多孔网状骨架，改善压滤脱水性能。

第 4 步：泥浆固液分离

泥浆固液分离的主要设备：渣浆泵、PP 隔膜压滤机、多级离心泵。

固液分离流程：渣浆泵将预处理后的泥浆输送到压滤机中空的滤室中，在泵压作用下泥浆中大部分自由水快速透过滤布排出，泥浆中的固相颗粒被滤布截留形成滤饼，关停渣浆泵后开启多级离心泵，使PP隔膜加压膨胀，滤饼受压而再次排出其中水分，使滤饼更加密实，含水率降低（图7-21）。

图7-21　泥浆分离、固化现场照片

（二）基坑开挖、回填及钢板桩维护

本标段全桥共202个承台，全部承台均为矩形承台，承台高度为匝道2 m，主线桥2.5 m。根据现场实际情况及地质资料，全部承台基坑开挖深度均在4～5 m，拟采用9 m长拉森钢板桩围檩进行施工。

承台基坑施工工艺流程：测量放样—钢板桩支护—机械开挖结合人工保护层土方开挖—基坑回填。

1.测量放样

在灌注桩施工完成后，根据承台位置对钢板桩支护位置进行精确放样，放样过程中应考虑承台底工作面要求，在开挖过程中随时测量基坑开挖深度，待下挖到设计标高前应预留20 cm保护层土方，采用人工开挖。

2.基坑钢板桩围护

承台平面尺寸为5.2 m×5.2 m、7.5 m×8.2 m、8.2 m×8.2 m共三种，考虑施工空间需要，同时考虑围堰每边长度应为钢板桩宽度0.4 m的倍数，三种钢板桩支护平面尺寸布置如下图：

（1）7.5 m×8.2 m承台钢板桩围堰布置（图7-22和图7-23）

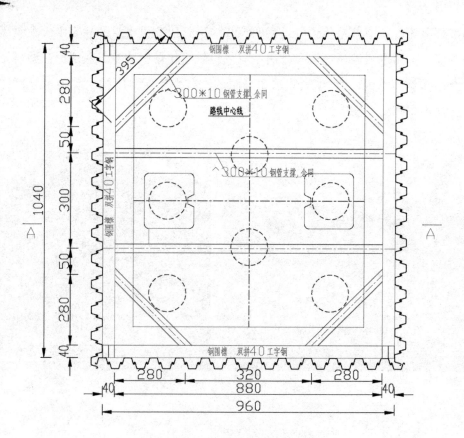

图7-22　钢板桩围堰平面布置图

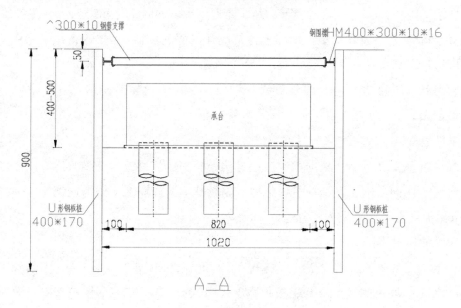

图7-23　钢板桩围堰立面布置图

（2）8.2 m×8.2 m承台钢板桩围堰布置（图7-24和图7-25）

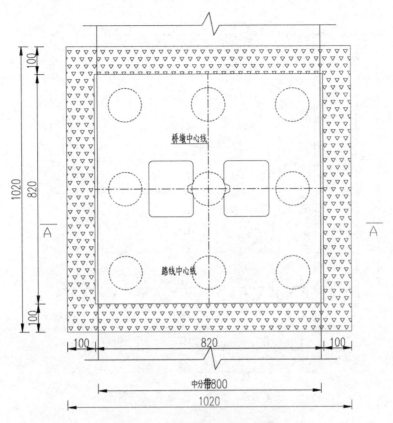

图7-24　钢板桩围堰平面布置图

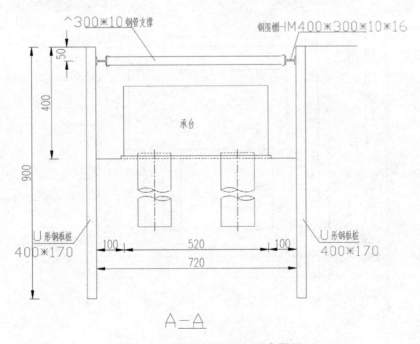

图7-25　钢板桩围堰立面布置图

（3）5.2m×5.2m承台钢板桩围堰布置（图7-26和图7-27）

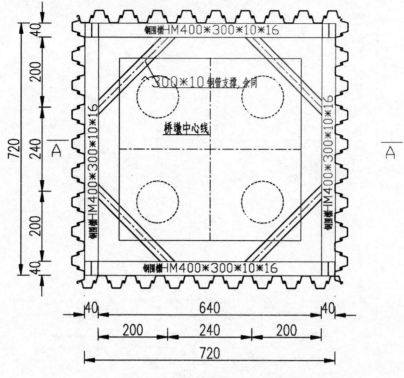

图7-26　钢板桩围堰平面布置图

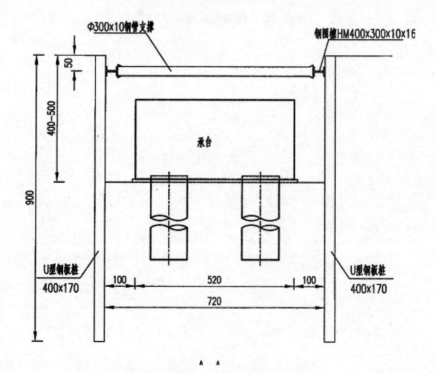

图7-27　钢板桩围堰立面布置图

（4）钢板桩施工流程

设备进场（检查、整修）—打设定位桩、安装导向架—打设钢板桩—围檩及支撑安装—拔钢板桩。

（5）钢板桩施工方法

①钢板桩施工前必须预先摸清地下管线和其他障碍，并做好有效标志后才能施工。

②钢板桩运到工地后，须进行整修。清除锁口内杂物（电焊瘤渣、废填充物），对缺陷部位进行整修（焊接打平）。

③宽度检查：每根钢板桩的上中下三部位用钢尺测量其宽度，超出偏差的钢板桩应尽量不用。

④锁口润滑及防渗措施：为保证钢板桩在施工过程中能顺利插拔，并增加钢板桩在使用时防渗性能，锁口内应均匀涂抹混合油，混合油体积比为黄油：干膨润土：干锯末 = 5：5：3。

⑤堆放和运输：处理好的钢板桩在堆放和运输过程中，要避免碰撞防止弯曲变形。堆放、装车采用吊机，载货汽车运输。堆放时每层数量一般不超过5根，各层间要垫枕木，枕木间距3～4 m，且上下层垫木应在同一铅垂线上，堆放总高度不宜超过2 m。

⑥钢板桩的插打

a.施打设备：打桩机械选用50吨履带吊配90 kN振动打拔桩锤，另配一台25吨汽车吊机送桩。本工程施工拟配2套打桩设备。

b.施打方法：考虑施打设备因素，本工程采用逐块插打方法，依次打至设计深度。

c.施工前应在适当位置架设经纬仪（或全站仪），用以控制钢板桩位置。

d.定位桩：各项准备工作就绪后，将事先加工好的定位桩精确垂直安设于预定位置，确保不偏。

e.导向架：导向架用型钢制作，也可用钢板桩兼作。将导向架与定位桩焊接牢固。

f.施打：第一根钢板桩以导向架为定位、垂直插。此项工作应反复仔细校正，确保垂直，然后用振拔桩锤振动下沉，开始时可点振下沉，待钢板桩垂直度符合要求后连续振动下沉。

其余各桩则以前一根钢板桩为准，起吊后人工扶持插入前一根锁口，插入桩位的钢板桩须紧靠导向架。插打一根或几根后，将已插好的钢板桩点焊固定于导向架上。

整个施工过程中，要用锤球始终控制每根桩的垂直度，及时调整。插打过程中应遵守"插桩正直，分散即纠"的施工要点。

g.钢板桩在锁口内下插困难时可快速放松吊绳，借桩自重下插。必要时可加以低锤慢打。

（6）围檩及支撑安装

在钢板桩施打结束后，进行钢围檩的安装。钢围檩安装前，先进行钢牛腿托架的安装，首先在钢板桩侧面一定的高度弹出水平墨线，作为牛腿托架安装顶面的控制线，牛腿托架顶面安装高度详见设计图纸，牛腿托架采用10 mm钢板焊接成形，与钢板桩采用焊接进行固定，确保牛腿托架的顶面在同一水平线上，便于钢围檩的搁置，沿钢板桩围护纵向每隔4.5 ~ 5 m安装一个牛腿托架。

牛腿托架安装结束后，进行钢围檩的安装，围檩采用HM400×300×10×16型钢，安装时采用捆绑法进行吊装，搁置在牛腿托架上，围檩接长采取在2根H形钢连接处采用10 mm钢板将其腹板及翼板进行焊接连接。围檩间支撑采用φ300×10钢管进行支撑。

3.基坑开挖

（1）开挖前检查

开挖前，核对承台位置及开挖深度，调查开挖位置处地下有无电力通信线路、地下供水、天然气管线、光缆、电缆等，同时对开挖区范围进行围护，做好警示标牌、标志，确保开挖区无外人进入。

（2）基坑开挖

基坑土方开挖采用机械与人工配合的方法。开挖时，按图纸要求自上而下进行，不得乱挖超挖。

①机械开挖基坑

开挖前根据现场放样的承台开挖线位置准确进行，基坑平面四周各增宽100 cm的工作宽度，同时可设置排水沟、集水坑等，开挖尺寸除根据承台底部轮廓外，还应考虑排水设施和安装模板等施工需要，留足余地。基坑开挖时，坑缘边应留有护道，静载及动载距坑缘不小于1 m，在垂直坑壁坑缘边的护道还应适当增宽，堆置弃土的高度不得超过1.5 m，同时注意观察坑缘顶面有无裂缝，坑壁有无松散塌落现象发生，确保施工安全。基坑开挖宜采用分层、分段依次进行，根据现场情况，可逐层下挖，层层进行，同时应抓紧连续不断施工，机械挖土挖至坑底时应保留不小于20 cm的厚度留作人工开挖。

②保护层土方人工开挖

待机械开挖至承台底面标高以上20 cm处，进行保护层土方开挖，出土就近堆放，以便结合土方回填，尽量做到一土两用。基坑开挖的弃土应弃放到指定的弃土区，不得随意乱放，保护层土方开挖结束后迅速进行铺设混凝土垫层。

③基坑明排水

在距基坑边缘1 m处开挖排水盲沟，宽500 mm，深300 mm，连通到坑道集水0.8 m×0.8 m×0.8 m，保证及时用水泵将集水排走，不致浸泡边坡和影响作业。

边坡坡面上如有大量渗水时，应设置过滤层，用草包或土工布覆盖，防止边坡滑入坑内，随时清理集水坑。

4.基坑回填

（1）待承台施工完成后，按照设计图纸对承台基坑采用碎石加砂进行回填。

进行承台基坑回填前首先清除回填处积水和杂物，承台基坑回填时，承台周边刷热沥青贴油毛毡，再进行碎石加砂回填，分层回填至承台顶，在承台顶至路面顶面以下36 cm采用C25砼（C25砼最小厚度为25 cm）回填，其上铺设18 cm水稳碎石和沥青面层。同时在水稳层下铺设一层钢塑双向土工格栅。

（2）在回填C25混凝土前，先拔除钢板桩并进行灌注水泥浆。

（3）承台位于中分带位置，采用素土回填，回填土采用合格的砂壤土回填，回填土中不得含有淤泥、植物根茎等，素土回填应满足一定的压实度。

1～3联支架现浇段处承台回填应采用机械结合人工回填，机械压实结合人工夯实，回填必须分层夯实，距原地面50 cm处应采用5%灰土回填并夯实，以确保支架现浇时地基最有足够承载力，以满足支架现浇的需要。

5.临边防护

（1）挖出的土要随挖随时运走，不得在坑边存放。

（2）边坡上部不准堆放弃土和材料设备等，堆放重物距土坡安全距离不得小于4 m，临时材料不得小于2 m。

（3）基坑四周应用钢管打入地下做立杆，搭设0.6 m、1.2 m高两道水平栏杆，并用密目安全网全封闭。

（4）夜间挂红灯警示。（在防护栏杆上部）

（5）栏杆刷一米长红白相间颜色警示。

（6）为了防止坍塌的危险，现场应设一名专职监护人员，进行全天监测，主要是位移监测，并做好记录，如发现有松动、变形、裂缝现象，立刻撤离现场作业人员，采取防范措施，确保安全生产（图7-28）。

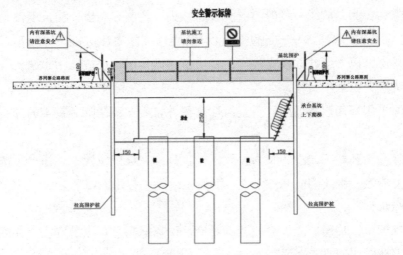

图7-28　承台基坑围护、上下通道示意图

（三）基础承台施工

本标段全桥共202个承台，全部承台均为矩形承台，承台高度为匝道2 m，主线桥2.5 m。

1.承台施工工艺流程图

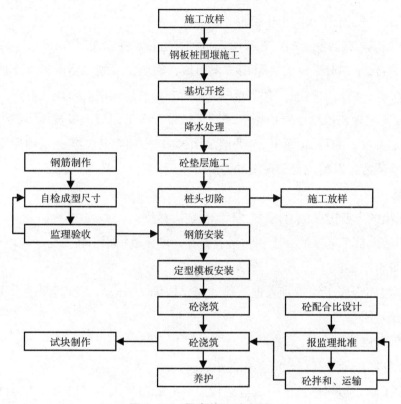

图7-29 承台施工流程图

2.承台施工

施工步骤为：测量放线—浇砼垫层、破除桩头—扎筋—立模—浇筑承台砼—养护。

（1）基坑开挖结束后，人工清理至设计高程后破除灌注桩桩头，浇筑封底混凝土和铺设混凝土垫层，以方便扎筋及立模。在基坑对角设集水坑，放入污水泵，及时抽取坑内积水，保持坑底无积水。

桩头破除采用环切设备切除，直至设计高程并且要保证凿除到密实的砼，且要保持钢筋的完整性。

桩头破除采用环切工艺。步骤为：放出桩顶标高—标记位置—环切桩头凿斜槽—桩头钢筋外混凝土清除—剥离钢筋—桩顶桩芯混凝土清除—桩顶面整平。

①位置标示

基坑开挖到位，垫层砼浇筑完成后，对设计桩顶标高进行测量定位，并用红漆在设计桩顶处，标出环向切割线。

环向切割线标识

②环向切割

施工前为保护桩头的整体性，先采用手持式砼切割机，沿桩顶标记红线进行环向切割，收到控制在 3 cm，避免伤及桩基主筋。

环向切割示意图

③环向开槽

桩顶标高处环向切割缝切割完成后，在桩顶环切线上部约 10 cm 位置再切一道环切缝，在两道环切缝中间用风镐小心地凿出一条环形槽，槽宽约 10 cm，深度以找出主筋为标准，在设计桩顶处形成一条保护隔离带，消除破桩头时砼裂纹向下延伸的可能。

环向开槽效果图

④剥离钢筋

剥离钢筋是桩头凿除施工的主要步骤，在环形槽以上采用手持式风镐凿出桩顶钢筋，使钢筋与砼彻底分离。

剥离钢筋效果图

⑤切断桩头

在环形槽位置水平打入钢钎，切断桩头。钢钎孔宜沿桩周对称布置四个，角度严禁向下倾斜，以免造成提桩头时桩芯标高低于设计标高。

打入钢钎钢

⑥桩头吊离

起吊前确保桩头和桩身完全分离，然后进行起吊，起吊时尽量慢起，以免对钢筋造成损坏，吊装过程中人员应远离操作范围，以防止桩头掉落发生事故。桩头吊离后放置在远离基坑的地方。

起吊桩头

⑦桩顶修整

桩头起吊后，在断裂面会有部分地方高低不平整，须人工凿除处理，按设计标高将多余的部分凿掉，并使桩顶新鲜混凝土面外露。

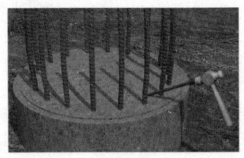

桩顶修整找平

⑧钢筋调整

待桩顶处理完成后，可将弯曲的钢筋进行调直，调直时人工手持钢筋扳手进行微调，整个基坑桩头钢筋调直完成后，用高压水枪对桩头浮渣等附着物进行冲洗，待冲洗完后将积水及时排除。

注意须嵌入承台内的锚固钢筋长度应符合图纸设计要求，如低于设计要求，必须采取措施进行处理。

桩基钢筋调整

图 7-30　桩头环切实例

（2）测量放线，弹出承台轮廓线，绑扎钢筋。承台钢筋事先在钢筋加工厂弯曲成形，现场进行绑扎、焊接及机械连接，按照设计要求钢筋直径≥25 mm，其接头应采用机械连接，钢筋直径≥12 mm，其接头应采用焊接，焊接采用气保焊，钢筋直径<12 mm，其接头可采用绑扎连接，钢筋的绑扎、焊接及机械连接应符合规范及设计要求。

承台钢筋绑扎完毕后，应绑扎好保护层垫块，保护层垫块应由专业厂家定制，其强度应满足图纸要求。

（3）墩身钢筋预埋

将墩身的平面位置在承台上层钢筋上精确放样，并拉线控制墩身预埋筋的安装。在基底设架立筋作为墩身预埋筋的支承，并将墩身钢筋焊在承台顶面钢筋上，以防浇筑承台砼时造成墩身预埋筋的偏移或倾斜。承台顶面距墩身边界四周15 cm处预埋钢筋头，焊接在承台骨架钢筋上，用于控制墩身施工时模板的位置。

（4）模板制作及安装

模板采用定型钢模，定型钢模由专业厂家进行设计并制作，运至现场进行组拼，拉力筋均采用φ25螺栓进行对拉固定。

承台模板安装前，先对模板表面进行清洁、校正、涂脱膜剂，吊机配合进行模板安装，模板安装应保证拼缝严密，确保浇筑混凝土时无漏浆现象。

模板安装结束后，应对其轴线位置及垂直度进行检查，符合规范要求后，报监理工程师验收后浇筑混凝土。

（5）承台砼浇筑

承台混凝土浇筑采用水平分层法施工，分层厚度不超过30 cm；浇筑时混凝土从浇筑层下部开始，逐渐上移。

承台混凝土设计为C30，拟一次浇筑完成。砼由搅拌站通过混凝土罐车运输，输送泵泵送入模。浇筑前充分做好准备，清除模板内的杂物，排除坑内积水，平整清理好场地。

砼的浇筑要连续进行，采用水平分层的方法，振捣混凝土按顺序进行，防止漏振，50型振捣棒插入下层砼内5 ~ 10 cm，振捣棒与侧模间应保持5 ~ 10 cm的距离。

（6）混凝土养护

混凝土浇筑完毕并初凝后，用湿润的土工布覆盖，每层土工布接缝不少于100 mm，派专人洒水养护，洒水次数应以土工布湿润为宜。

在砼浇筑过程及时做好砼试块，并在养生过程中放入一组或二组试块进行同条件养生。并用养生试块检查整个承台质量。

（7）拆模

当砼抗压强度达到2.5 MPa后可以拆除侧模，冬季施工应适当延长。拆模时注意保护结构边、角部免遭损伤。若有缺陷，及时报告监理工程师，并采取可靠的处理措施。

（四）下部结构墩台身施工

主线桥下部结构墩身结构形式为花瓶式框架墩、直立式双柱墩；匝道桥下部结构采用直立式独柱墩、U形桥台；地面桥下部结构采用柱式墩、桩柱式台（大姚桥）、U形桥台，全部墩台身均为钢筋混凝土结构，共467个。墩台身模板拟采用定型钢模，由于墩台身模板高度较高，最高的高度约为17.8 m，模板的结构、支撑及其辅助配件应具有足够的承载能力、刚度和稳定性，能可靠地承受混凝土的侧压力以及施工荷载，同时必须对模板及其支撑体系进行计算，加强质量控制，确保安全、高速、优质地完成施工任务。

1.墩台身施工工艺流程

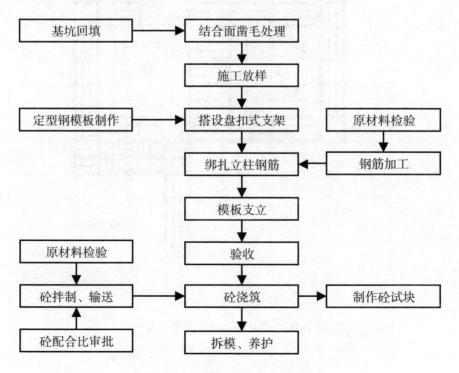

图7-31　墩身施工工艺流程图

2.墩身施工

（1）施工准备

墩身模板均采用定型钢模，当钢模到达现场后，应迅速完成整形、组拼、涂刷脱模剂等工序；同时按照设计图纸进行墩身钢筋下料并对承台面与墩身结合处进行凿毛。

（2）测量放线

待承台混凝土浇筑完成后，对墩身角点位置进行放线，并用钢尺校核各角点间距离。位置确定后用墨线精确弹出墩身位置线，作为墩身模板立模的依据；同时在墩身位置的外侧20 cm处再弹出一道控制线，作为校核模板垂直度的依据。

（3）盘扣式脚手架围护通道搭设（钢筋绑扎、立模、砼浇筑使用）

墩身围护通道采用盘扣式支架搭设，盘扣式支架原材经过验收，合格后方可搭设。进入施工现场的钢管支架及配件质量应在使用前进行复检，验收合格的配件应按品种、规格分类码放，挂上铭牌，堆放场地应排水通畅、无积水。钢管外径允许偏差应符合规范要求，钢管壁厚允许偏差应为 ±0.1 mm。

盘扣脚手架采用双排脚手架，其立面平面布置如图7-32 ~ 图7-34，水平杆竖向步距为2 m。

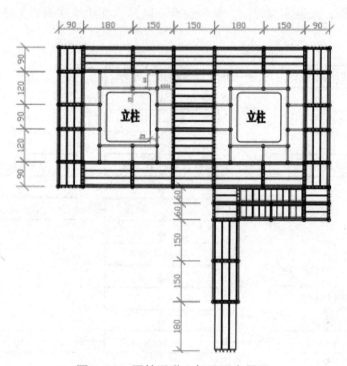

图7-32　围护通道立杆平面布置图

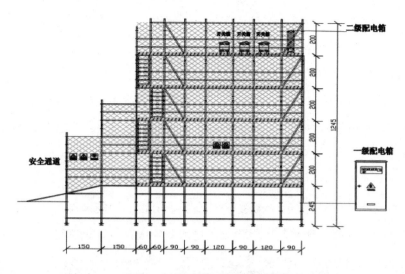

图7-33　围护通道立面布置图

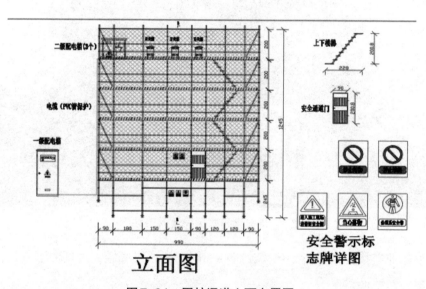

立面图

图7-34　围护通道立面布置图

在墩身四周采用盘扣支架搭设双排脚手架，按照立杆平面布置确定每根立杆的准确位置。双排脚手架首层立杆宜采用不同长度的立杆交错布置，错开立杆竖向距离不应小于50 cm，立杆底部应设置可调底座，支架拐角为直角的部位应设置竖向斜杆。

搭设操作人员必须经过专业技术培训和专业考试合格后，持证上岗。墩身围护通道搭设前，施工管理人员应按专项施工方案的要求对操作人员进行技术安全交底。严禁高血压、癫痫病、恐高症等人员搭设支架。

支架搭设作业人员应正确佩戴安全帽、安全带和防滑鞋。

插销外表面应与水平杆和斜杆杆端扣接头内表面吻合，插销连接应保证锤击自锁后不拔脱，抗拔力不得小于3 kN。

所有主节点，随搭设随敲紧，严禁全部搭设完成后，统一敲紧。

作业层设置应符合下列要求（图7-35）。

①应满铺脚手板。

②外侧应设挡脚板和防护栏杆，防护栏杆可在每层作业面栏杆的0.5 m和1.0 m的盘扣节点处布置上、中两道水平杆，并在外侧满挂密目安全网；作业层与主体结构间的空隙处应设置内侧防护网。

③踢脚板高度不小于18 cm。

④当脚手架搭设至顶层时，外侧防护栏杆高出顶层作业层的高度不应小于1500 mm。

⑤搭设完成后，由项目部和监理组验收通过后方可进行搭设钢筋施工。

图7-35 盘扣式围护通道现场图

⑥拆除作业应按先搭后拆，后搭先拆的原则，从顶层开始，逐层向下进行，严禁上下层同时拆除，严禁抛扔。

⑦墩身围护通道支架使用期间，不得擅自拆除架体结构杆件。如须拆除时，必须报请工程项目技术负责人以及总监理工程师同意，确定防控措施后方可实施。

⑧严禁在支架基础开挖深度影响范围内进行挖掘作业。

⑨拆除的支架构件应安全传至地面，严禁抛扔。

（4）钢筋骨架施工

本标段墩身钢筋施工拟采用两种安装方式

①直立式双柱墩、直立式独柱墩：墩身钢筋拟在大棚内弯曲绑扎成形，运至现场，然后用吊车进行吊装安装。优点：安装速度快，高处作业少，安全风险降低。

②花瓶式框架墩：如大姚桥花瓶墩，墩身钢筋拟在大棚内弯曲成形，运至现场进行绑扎到位。

墩身钢筋加工、安装。墩身钢筋在加工厂分类加工弯曲成形后，部分直接在场内绑扎到位，部分运至现场进行绑扎。绑扎过程必须控制其间距，安装保护垫块，呈梅花形布置。当墩身主筋长度大于 12 m 时，主筋接长采用套丝机械连接，墩柱钢筋绑扎工艺流程：主筋连接—在主筋上画箍筋间距线—套墩柱箍筋—绑扎箍筋—安装保护层垫块。

墩身保护层控制。钢筋骨架保护层厚度控制采用混凝土垫块，垫块采用 C40 混凝土垫块，由专业厂家定制。墩台身钢筋保护层厚应采用梅花形布置，绑扎时应使垫块凹槽与主筋紧密结合，绑扎牢靠，避免容易脱落，造成露筋现象发生。

垫块设置按每 0.8 ～ 1.0 m 设置一个，且直线段不少于 4 个/m²，曲线段可视实际情况适当加密。

支座钢筋预埋件（现浇箱梁）。将支座的平面位置在墩身上层钢筋上精确放样，并拉线控制好支座预埋筋的安装，其容许偏差应在允许范围内。

（5）墩身定型模板设计、制作及安装、拆除

①墩身模板设计制作

为了保证墩身外形美观，全桥所有的墩身均采用定型钢模，墩身钢模由专业厂家进行设计加工。模板的制作按照设计及一定的精度要求进行，模板制作的容许偏差应在规定的允许范围内。

②墩身模板安装

a.墩身模板的安装工艺流程

搭设脚手架—吊装组拼模板—检查对角线、垂直度和位置—设置缆风绳—模板固定—模板安装质量检查。

b.墩身模板安装的操作方法

立模前，应对模板彻底除锈，并完成涂刷脱模剂等工作。

立模时，注意模板内侧与墩身边线重合，模板角点与墩身角点重合，模板间相互密合，并不得有错缝出现；模板的拼缝螺栓应安装牢固、严密，以防漏浆。

一层模板立完后，采用水平尺、垂线、水准仪等方法校正垂直度，达到要求后，方可立下一层，以免问题累积到最后无法处理。

最上一层立模完成后，由测量班校正模板总体垂直度及位置偏差。符合要求后，四周拉紧缆风绳，缆风绳下部地锚固定在地锚桩上。

③墩身模板拆除

当墩身砼的强度大于 2.5 MPa 以上时，方可拆除墩身模板，墩身模板拆除时应自上而下、分层拆除。拆除第一层时，用木锤或带有橡皮垫的锤向外侧轻击模板上口，使之松

动，脱离混凝土。依次拆除下一层模板时，要轻击模板边肋，不可用撬棍从柱角撬离。

整体拆除模板时，先拆除缆风绳，然后拆除模板拼缝螺栓，用吊车吊紧模板上部，用撬棍撬离每面模板，然后用吊车吊离。使用后的模板应及时清理，按规格进行码放。

（6）墩身混凝土的浇筑

①墩身砼施工工艺流程

混凝土拌和—混凝土运输—混凝土入模—振捣—收面—养生。

砼由搅拌楼搅拌通过砼罐车运输到施工现场，砼的和易性坍落度均要符合要求。砼运到浇筑地点后如发生离析、严重泌水或坍落度不符合要求时，应进行第二次搅拌。砼垂直运输：墩身砼垂直运输采用汽车泵。

②混凝土浇筑的一般规定

第一，自高处向模板内倾卸混凝土时，为防止混凝土离析，应符合下列规定。

a.从高处直接倾卸时，其自由倾落高度不宜超过两米，以不发生离析为度。

b.当倾卸高度超过两米时，应通过串筒、溜管或振动溜管等设施下落。

c.在串筒出料口下面，混凝土堆积高度不宜超过1 m。

第二，混凝土应按一定厚度分层浇筑，应在下层混凝土初凝前浇筑完成上层混凝土。混凝土分层浇筑厚度不宜超过30 cm。

③浇筑混凝土时，应采用振动器捣实。用振动器捣时，应符合下列规定。

第一，使用插入式振动器时，移动间距不应超过振动器作用半径的1.5倍；与侧模应保持50～100 mm的距离；插入下层混凝土50～100 mm；每一处振动完毕后应边振动边徐徐提出振动棒；应避免振动棒碰撞模板、钢筋及其他预埋件。

第二，对每一个振动部位，必须振动到该部位混凝土密实为止。密实的标志是混凝土停止下沉，不再冒出气泡，表面呈现平坦、泛浆。

④混凝土的浇筑应连续进行，如因故必须间断时，其间断时间应不小于前层混凝土的初凝时间。

⑤在浇筑过程中或浇筑完成时，如混凝土表面泌水较多，须在不扰动已浇筑混凝土的条件下，采取措施将水排除。继续浇筑混凝土时，应查明原因，采取措施，减少泌水。

⑥结构混凝土浇筑完成后，对混凝土裸露面应及时进行修整、抹平，待定浆后再抹第二遍并压光。当裸露面面积较大或气候不良时，应加盖防护，但在开始养生前，覆盖物不得解除。

（7）墩身混凝土养生

墩身混凝土浇筑完毕后，隔2h左右进行蓄水滴灌养护。当混凝土达到规定拆模强度后，应立即拆模，用塑料薄膜将墩身整体包裹，塑料薄膜的接缝处采用胶条封闭，用尼龙绳捆紧，保证塑料薄膜无破损、不透气，同时在墩顶放置水箱进行渗水滴管养护，养护期不少于7d（图7-36）。

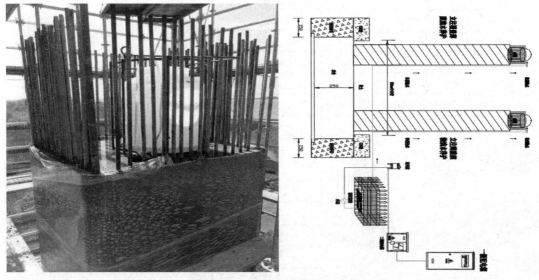

图7-36 墩身滴水养护示意图

（五）下部结构盖梁施工

下部结构盖梁分别为主线盖梁、匝道盖梁及地面桥盖梁。

主线盖梁采用大挑臂预应力结构，共109个，标准盖梁平面尺寸：24.2 m×3.2 m（宽），盖梁采用"倒T形"，倒T形盖梁肋宽1.3 m，肋高1.665 m（梁高1.6 m）或1.865 m（梁高1.8 m），盖梁全宽3.2 m，盖梁底缘宽2.4 m，盖梁牛腿部位在端部高1.2 m，在挑臂根部墩顶附近局部加厚0.8 m。

匝道桥盖梁采用独柱墩接盖梁形式，共64个，平面尺寸：7.7 m（宽桥9 m）/8.7 m（宽桥10 m）×3.2 m（宽），盖梁采用"倒T形"，倒T形盖梁肋宽1.3 m，肋高1.665m，盖梁全宽3.2 m，盖梁底缘宽2.2 m，盖梁牛腿部位在端部高0.8 m，在墩顶局部加厚0.5 m。

地面桥盖梁均在水中采用钢筋混凝土结构，共64个，其断面共三种形式：1.9 m×1.5 m（高）（大姚桥），1.6 m×1.2 m（高），1.65 m×1.3 m（高）（图7-37）。

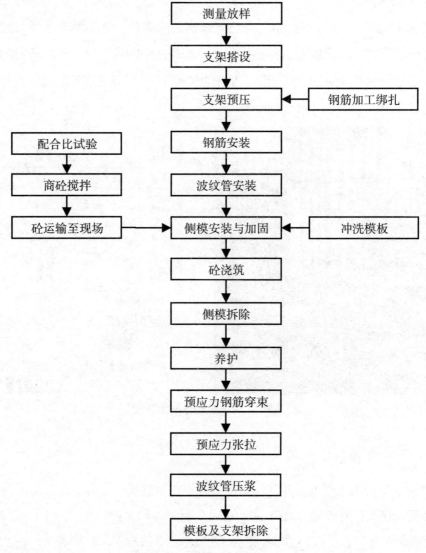

图7-37 盖梁施工工艺流程图

2.主线桥、匝道桥及地面辅道桥盖梁施工

（1）主线及匝道桥盖梁支撑体系设计

主线及匝道桥盖梁结构自重大，悬挑大，因此，盖梁模板支撑体系的设计是现浇盖梁施工的重点。考虑到墩柱高度不一，且考虑到施工中的安全风险。主线盖梁支撑体系拟采用两种形式。

①盖梁支撑体系高度大于10 m，拟采用钢管+工字钢+贝雷梁组合。

支架由钢管、工字钢及贝雷组合而成。支架结构自上而下依次为I25工字钢分配梁、贝雷、砂筒、双拼I36a工字钢、φ630×8 mm钢管柱（图7-38）。

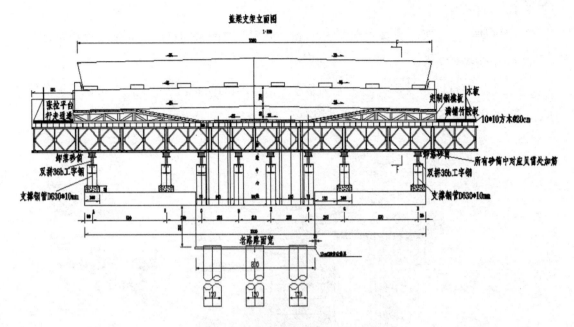

图 7-38 盖梁支架横桥向立面图

A. 条形基础

C30砼条形基础（可移动），为防止条形基础压裂，在条形基础里面布置两层钢筋网。另外在基础中心预埋一个吊钩，方便铲车移动，条形基础底面采用砂浆找平。

B. 钢管柱

钢管柱采用 $\phi 630 \times 8$ mm 钢管，支撑在承台面上和老路上，钢管柱下方均焊接钢板，减轻混凝土的承压应力。为加强钢管间纵横向的稳定性，设 [16槽钢平联及剪刀撑进行连接，剪刀撑与钢管间斜向角度控制在45°～60°。

C. 双拼I36b工字钢纵梁

双拼I36b工字钢采用焊接拼在一起，由专业电工用二氧化碳气体保护焊机进行焊接，焊缝必须饱满，焊缝不小于 8mm，双拼I36b工字钢对应砂筒处，应采用加劲板加强。

D. 卸落砂筒

砂筒安放前需要试压机加压，加压至不小于每个钢管计算受力，砂筒底面与I36b双拼工字钢焊接固定，砂筒高度不大于30 cm，由项目部测量组测量标高，根据支架系统进行调节砂筒高度。

E. 贝雷承重梁

单个盖梁支架承重梁采用贝雷梁，贝雷之间除支撑架连接外，还应用葫芦收紧加强，砂筒对应处，不在加强弦杆处的，均采用16锰钢以上材料加撑。

F. I25a工字钢分配梁

盖梁支架分配梁采用I25a工字钢φ50 cm，分配梁之间采用U形卡夹紧增加稳定性。

G.安全防护

盖梁支架底部防护及侧面防护尤为重要，盖梁侧面防护统一采用1.2 m钢管＋密目网18 cm踢脚板，底部防护采用全覆盖模板＋工字钢支撑，如下图。

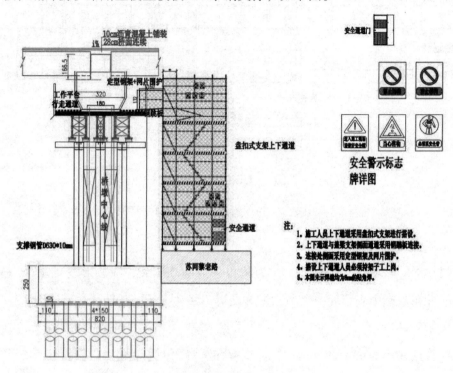

图7-39　盖梁支架纵桥向防护通道立面图

②盖梁支撑体系高度小于10 m，拟采用盘扣支架。（支架搭设、拆除方便，但按规范须满足高宽比＜3要求）

利用老路面进行支架搭设，同时考虑到承台顶面与老路高差约1.5 m，利用支架顶托和底托进行支架高度调节，确保支架水平杆在台阶处纵横向拉通。支架立杆纵横向间距为60 cm×60 cm，竖向步距100 cm。竖向斜杆应满布设置，竖向每隔4.5 m应设置水平层斜杆或水平钢管剪刀撑。支架可调顶托伸出顶层水平杆的悬臂长度严禁超过650 mm，且丝杆外露长度严禁超过400 mm，可调顶托插入立杆长度不得小于150 mm。

模板承重支架最顶层的水平杆步距应比标准步距缩小1个盘扣间距。模板支架可调底座调节丝杆外露长度不应大于300 mm，作为扫地杆的最底层水平杆离地高度不应大于550 mm。当单肢立杆荷载设计值≤40 kN时，底层水平杆步距可按标准步距设置，且应设置竖向斜杆；当单肢立杆荷载设计值＞40 kN时，底层水平杆步距应比标准步距缩小一个盘扣间距，且应设置竖向斜杆。

当模板支架搭设成无侧向拉结独立塔状支架时，架体每个侧面每步距均应设竖向斜杆。当有防扭转要求时，在顶层及每隔3~4个步距应增设水平斜杆或钢管水平剪刀撑支架顶托上方横桥向布置16#工字钢横梁，工字钢横梁上方纵桥向布置16#工字钢分配梁，间距60 cm，分配梁上方铺设盖梁底模。

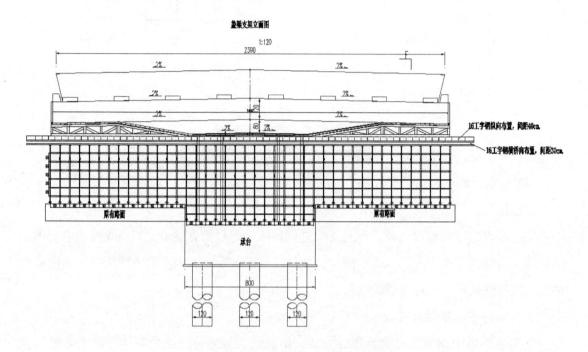

图7-40　盖梁盘扣支架横桥向立面图

（2）地面辅道桥盖梁支撑体系设计

地面辅道桥盖梁支撑体系拟采用钢抱箍+工字钢横梁。

在立柱一定的位置安放抱箍，抱箍采用两块半圆弧形钢板（板厚t=15 mm）制成，M24的高强螺栓连接，抱箍高50 cm，采用8根高强螺栓连接。抱箍紧箍在墩柱上产生摩擦力提供上部结构的支承反力。为了提高墩柱与抱箍间的摩擦力，同时对墩柱砼面保护，在墩柱与抱箍之间设一层2~3mm厚的橡胶垫。在抱箍上方立柱两侧各安放一根40#工字钢，40#工字钢上方横向安装10×10方木间距为20 cm，上铺竹胶板作为盖梁底模。

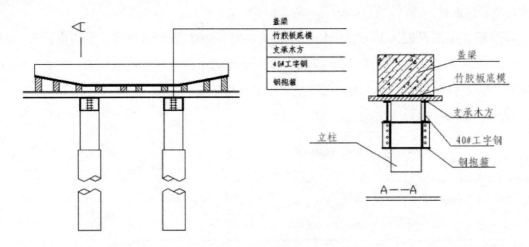

盖梁现浇支架示意图

（3）支架预压

①预压目的

支架搭设完成，铺设底模，须对支架进行预压。一是检查整个支架系统的承载能力，保证施工期间的结构安全；二是消除支架非弹性变形，准确测出支架弹性变形，为模板预拱度设置提供依据，保证盖梁的线形。

②预压方法、观测要求

支架预压采用钢筋加砂袋预压的方式，堆载的位置为分配梁中部的盖梁平面设计位置。堆载荷载为预压范围内的混凝土与模板重量之和的1.1倍。

加载顺序：加载时应从盖梁中间向两端对称加载。

A.第一级加载

第一级加载为总荷载的60%，第一级加载完成后，应进行测量监测。

B.第二级加载

第二级加载至总荷载的80%，第二级加载完成后，应进行测量监测。

C.第三级加载

第三级加载至总荷载的110%，第三级加载完成后，应进行测量监测。

每级加载完成后，应先停止下一级加载，并每间隔12 h对支架沉降量进行一次监测。当支架顶部监测点12 h的沉降量平均值小于2 mm时，可进行下一级加载。

在全部加载完成后的支架预压监测过程中，满足下列条件之一时，可判定支架预压合格：各监测点连续24 h的沉降量平均值小于1 mm时，各监测点连续72 h的沉降量平均值累计小于5 mm。

③观测点布置

观测点布设在盖梁纵桥向，共布置14个点，如图7-41所示：

图7-41 盖梁预压布置点图

④观测内容

为了找出支架在上部荷载作用下的非弹性变形、弹性变形以及沉降量，支架的监测包括以下内容：

A.加载之前监测点标高；

B.每级加载后监测点标高；

C.载至110%后每间隔24 h监测点标高；

D.加载6 h后监测点标高。

（4）模板制作与安装

①模板制作

盖梁底模及侧模全部采用定型钢模，委托有资质的专业厂家设计制作。模板制作时应按使用方便、拼接缝少的原则，加工成大块整体模板，并根据施工要求制作适当长度的调节段，模板加工必须保证模板有足够的强度和刚度，并保证板面的平整度、结构尺寸满足设计图纸和技术规范要求。

②模板安装

模板清理后涂刷专用清水模板漆，然后用吊车将模板分节进行拼装。模板安装时严格按照放出的边线进行控制。模板拼装时应注意保证拼缝的密封性和钢筋骨架的保护层，接缝之间应采用泡沫双面胶密封，防止漏浆。

侧模下方紧靠底模，纵向用螺栓连接，形成整体后安装对拉拉杆。拉杆固定后，由测量人员和模板工配合进行模板调整，并进行盖梁顶标高测量。模板安装完成后，及时对模板进行检查调整并做好支撑。

（5）钢筋加工与安装

盖梁钢筋绑扎成形步骤：骨架成形—安装上排主筋—安装箍筋—安装底部、侧面主筋及拉筋。

为保证钢筋施工精度及施工质量，制作钢筋时直径大于等于25 mm的主筋接长采取机械套筒连接，钢筋搭焊接采用二氧化碳气体保护焊，焊接必须按规范要求错开接头，同一断面接头不得超过50%，并且接头位置尽量设在受力较小部位。

（6）砼浇筑

由于盖梁混凝土方量较大，因此混凝土浇筑尽量选在气温较低时进行，同时降低混凝土的入模温度不超过28 ℃。浇筑时采用两台砼泵车同时浇筑，砼浇筑过程中应保证有足够的砼运输设备，以确保完成盖梁浇筑的砼运输和浇筑任务。混凝土初凝后，及时对混凝土表面覆盖养生，持续保持覆盖面的湿润。

（7）砼养护

砼浇筑完成后，及时进行晒水养护，养生期不得少于7d。盖梁砼的养护顶面采用洒水的养生方法进行，覆盖土工布，定时进行洒水养护，侧面采用蓄水滴灌养护。冬天采用土工布加彩条布养护。

（8）预应力张拉及压浆

①施工工序

盖梁预应力施工顺序为：波纹管及锚垫板安装、固定（与钢筋绑扎同时进行）—钢绞线穿束—锚具安装、千斤顶安装—盖梁砼强度达到设计强度90%且龄期达到7d后，在架梁之前预应力束第一次张拉—孔道压浆—封锚—支架拆除—架梁施工完成、施工湿接缝及横梁前，预应力束第二次张拉—孔道压浆—封锚。

②张拉注意事项（智能张拉）（图7-42）

A.张拉设备设专人保管使用，定期检验、标定、维护；锚具应保持干净并不得有油污。

B.预应力张拉的顺序严格按设计要求的顺序进行。

C.每次锚具安装好后必须及时张拉以防其在张拉前生锈。

D.张拉前检查锚具锥孔与夹片之间、锚垫板喇叭口内有无杂物。

E.拆卸油管时，先放松油管内油压，以防油压大，喷出伤人。

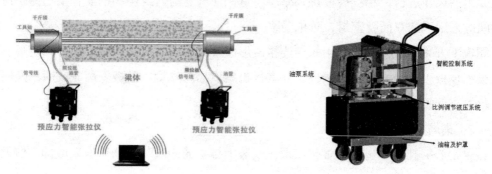

图7-42 智能张拉系统

③孔道压浆、封锚

预应力束张拉完成后，立即进行孔道压浆，孔道压浆应采用智能真空压浆施工工艺，确保压浆质量（图7-43）。

大循环智能压浆系统

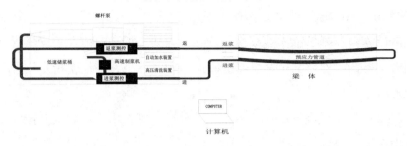

图7-43　智能真空压浆工艺流程图

A.浆液的主要技术要求

压浆采用专用压浆料，其浆液性能指标及强度须满足《公路桥涵施工技术规范》（JTG/T3650—2020）中有关要求。

B.智能真空压浆施工操作要点

张拉工序完成后，用水泥封堵锚头外面钢绞线，使压浆时浆液不会从钢绞线与锚头间缝隙中流出。封堵水泥有一定强度后，进浆管、出浆管由阀门控制。

压浆前，用高压水将孔道冲洗干净，然后用压缩空气将孔道内的积水排除。

压浆先压注下层孔道，并从低处压浆孔压入。

压浆应缓慢、均匀、连续地进行。

采用一次压浆时，压浆的最大压力宜为0.7 MPa，真空度不小于90%，并确保孔道的另一端饱满出浆，出浆的稠度应满足规定要求。操作过程中，当出浆口排出的浆液很浓时，关闭出浆口，并稳压2 min以上。停止压浆，关闭压孔阀门，拆除压浆管。

每次调制好的浆液应连续搅拌，并在30 ~ 45 min用完。

压浆时，每一工作班应制作留取不少于3组尺寸为40 mm×40 mm×160 mm的试件，标准养护28d，进行抗压强度和抗折强度试验，作为质量评定标准。

压浆过程中及压浆48h内，盖梁砼的温度及环境温度不得低于5 ℃，否则应该采取保温措施。当温度高于35 ℃时，压浆应在夜间进行。

压浆结束后，立即用高压水对盖梁被污染的表面进行冲洗，防止遗漏的浮浆黏结，影响盖梁外观质量。

压浆后24h进行切束，安装封锚钢筋网，浇筑封锚混凝土。

（9）支架拆除

在盖梁砼强度达到90%且龄期达到7h后，在架梁前预应力钢束第一次张拉压浆施工后，方可进行盖梁底模与支撑设备的拆除工作。模板、支架的拆除应遵循后支先拆、先支后拆的原则进行。待第一次张拉结束，提前把5条直径3 cm钢丝绳挂在盖梁顶部（每条钢丝绳长13 m左右，具体长度根据盖梁顶与原地面高差决定），注意钢丝绳与盖梁接触面垫旧轮胎，以免污染成品盖梁。底部10条钢丝绳（每条钢丝绳长度2.5 m）钩住I36b双拼工字钢，同时10个10 T葫芦收紧。操作步骤如下。

①利用砂筒降模，然后抽出底模板，拆除支撑架。拆除时应在盖梁悬臂两端对称均衡进行，利用人工拆卸，然后利用吊车将拆卸后的构件下吊，并运至指定位置，同时人工解除钢管间剪刀撑。

②待分配梁拆除完后进行贝雷的拆除，贝雷尺寸较大，拆除时应安排专门的安全人员和吊装人员现场统一协调指挥。

③钢管架拆除时利用吊车配合进行。吊车绳索将钢管捆绑临时固定，再进行钢管底部拆除。绳索顺着钢管下放，直接转至下一个墩柱处。

④钢管架移除后，采用10个葫芦落模，落模速度均匀一致，确保葫芦受力均匀，速度不大于5 cm/min，双拼I36b工字钢及底模系统至路面新泽西护栏支点上停止，然后用吊机移除转至下一个墩台处。

⑤支架拆除过程中在承台四周设置安全警示区，防止落物伤人。所有施工人员都必须系好安全带，穿防滑鞋。吊装作业须有专人指挥，安全人员全过程值班（图7-44和图7-45）。

图7-44　盖梁支架搭设图

图7-45　盖梁落架

参考文献

[1] 吕磊.桥梁工程施工技术[M].北京：北京航空航天大学出版社，2022.

[2] 王超，江浩，郑泽海.公路桥梁工程施工技术与管理[M].北京：中国石化出版社，2022.

[3] 李刚，宁尚勇，林智.公路桥梁工程施工与项目管理[M].武汉：华中科技大学出版社，2022.

[4] 罗春德，尹雪云，李文兴.公路桥梁工程施工技术与养护管理[M].长春：吉林科学技术出版社，2022.

[5] 宋宏伟，洪启华，洪俊财.公路桥梁工程施工技术研究及项目管理[M].北京：中国石化出版社，2022.

[6] 王立朋，张逸飞，黄天懿.道路桥梁工程材料及施工技术[M].长春：吉林科学技术出版社，2022.

[7] 陈咏锋，钟志光，朱明准.道路桥梁工程与路基路面施工技术研究[M].长春：吉林科学技术出版社，2022.

[8] 姜福香，王玉田.桥梁工程[M].2版.北京：机械工业出版社，2022.

[9] 王波，王思长.道路与桥梁施工技术[M].2版.北京：机械工业出版社，2022.

[10]张君瑞，林智，左宝仪.道路桥梁工程技术研究[M].长春：吉林科学技术出版社，2022.

[11]杨光耀，杨新，郑胜利.公路桥梁施工与维修养护研究[M].长春：吉林科学技术出版社，2022.

[12]温茂彩，胡建新，龙芳玲.桥梁工程施工与加固改造技术[M].武汉：华中科学技术大学出版社，2021.

[13]李燕鹰，张爱梅，钱晓明.公路桥梁工程施工与养护技术[M].长春：吉林科学技术出版社，2021.

[14]王展望，张涛锋，张林.公路与桥梁工程施工及质量控制研究[M].西安：西安交通大学出版社，2021.

[15]孙永军，林学礼，曲明.公路桥梁工程与施工管理[M].长春：吉林科学技术出版社，2021.

[16]王海良，张春瑜，贾磊.桥梁工程施工临时结构设计及案例分析[M].北京：中国铁道

出版社，2021.

[17]冯少杰，高辉，孙成银.公路桥梁隧道施工与工程管理[M].长春：吉林科学技术出版
社，2021.

[18]胡栾乔，聂丽群，吴耀南.公路桥梁工程施工与管理研究[M].北京：中国华侨出版
社，2021.

[19]蒲水山，董亚奎.桥梁隧道工程施工技术与监理[M].北京：中国石化出版社，2021.

[20]刘勇，郑鹏，王庆.水利工程与公路桥梁施工管理[M].长春：吉林科学技术出版社，
2020.

[21]张庆勋.桥梁工程与施工管理[M].长春：吉林科学技术出版社，2020.

[22]陈思平.桥梁工程施工技术素材库[M].北京：中国建筑工业出版社，2020.

[23]杨飞.公路桥梁施工与隧道工程[M].天津：天津科学技术出版社，2020.

[24]吴鸣，金晓勤.桥梁工程[M].武汉：武汉大学出版社，2020.

[25]马国峰，刘玉娟.桥梁上部结构施工技术[M].北京：北京理工大学出版社，2020.

[26]王国福，赵永刚，武晋峰.道路与桥梁工程[M].长春：吉林科学技术出版社，2020.

[27]王修山.道路与桥梁工程概论[M].北京：机械工业出版社，2020.

[28]王慧东，朱英磊.桥梁墩台与基础工程[M].3版.北京：中国铁道出版社，2020.

[29]张忠.道路与桥梁工程施工技术[M].北京：中国建材工业出版社，2019.

[30]李世华.桥梁工程施工技术交底手册[M].北京：中国建筑工业出版社，2019.

[31]盛希，杨春会.常见桥梁工程施工工艺标准[M].长沙：中南大学出版社，2019.

[32]王燕浩.公路桥梁工程桩基础施工技术[M].云南：德宏民族出版社，2019.